本书为"安徽省高校优秀拔尖人才培养项目"创新成果

协同创新：
新型智库助推
基础教育改革发展

钱立青 著

重庆大学出版社

图书在版编目（CIP）数据

协同创新：新型智库助推基础教育改革发展/钱立青著. --重庆：重庆大学出版社，2022.6
ISBN 978-7-5689-3204-2

Ⅰ.①协… Ⅱ.①钱… Ⅲ.①基础教育—教育改革—研究—安徽 Ⅳ.①G639.21

中国版本图书馆CIP数据核字（2022）第050776号

协同创新：新型智库助推基础教育改革发展
XIETONG CHUANGXIN：XINXING ZHIKU ZHUTUI JICHU JIAOYU GAIGE FAZHAN

钱立青　著

策划编辑：唐启秀

责任编辑：李桂英　　版式设计：唐启秀
责任校对：王　倩　　责任印制：张　策

*

重庆大学出版社出版发行
出版人：饶帮华
社址：重庆市沙坪坝区大学城西路21号
邮编：401331
电话：（023）88617190　88617185（中小学）
传真：（023）88617186　88617166
网址：http://www.cqup.com.cn
邮箱：fxk@cqup.com.cn（营销中心）
全国新华书店经销
POD：重庆市圣立印刷有限公司印刷

*

开本：720mm×1020mm　1/16　印张：15.75　字数：284千
2022年6月第1版　2022年6月第1次印刷
ISBN 978-7-5689-3204-2　定价：78.00元

前 言

探寻服务基础教育综合改革的新路径

　　2012 年 11 月，合肥师范学院与安徽省教育厅基础教育处实行"双主体"模式组建了"基础教育改革与发展协同创新中心"（以下简称"协同创新中心"），旨在将分散于政府、高校、科研院所、中小学的政策调控、理论研究、业务指导和实践创新等力量汇聚起来，对关涉基础教育改革的重大问题和面临的重大挑战开展跨学科、跨领域的综合研究创新，特别是当前面临的义务教育均衡发展、农民工子女教育、减轻学生课业负担等基础教育综合改革问题，迫切需要联合多元创新主体，合作攻关研究，实现有效的研究引导和技术支撑，走协同创新之路。

　　2013 年，协同创新中心获批为安徽省首批省级"2011 协同创新中心"。协同创新中心本着"高起点、高水准、有特色"的理念，瞄准办好人民满意的教育的重大社会需求，着力深化体制机制改革，整合人才、学科、科研资源，积极推进校际、校所、校地深度合作，通过校内融合、政校联手、校地共赢、校际共享等协同方式，积极吸纳创新元素，与合肥市、铜陵市、阜阳市、淮北市教育局等教育行政部门，华东师范大学基础教育改革与发展研究所、安徽省社会科学院、安徽省教育科学研究院等科研院所，台湾省铭传大学、澳大利亚达尔文大学等高校以及中小学等 80 多家单位签约，形成开放、互补、融合型的协同创新体，并以此为基础，组建了"安徽省基础教育发展联盟"。

　　协同创新中心秉持面向基础教育、研究基础教育、服务基础教育的宗旨，深化培养、培训、研究、服务、资政一体化建设，充分展示服务地方基础教育科学发展独具的优势。中心以落实基础教育改革的需求为牵引，加强"政、学、产、研"四位联动建设，汇聚创新要素，促进联盟合作；以融入省级政府教育统筹综合改革为导向，深度整合资源与队伍，建设服务基础教育改革的政策咨询、业务指导、应用研究和试验创新平台，建立人才高地、科研阵地和培养基地，努力建设成为服务基础教育发展的理论研究中心、决策咨询中心、应用研发中心和创新孵化中心。

协同创新中心围绕当前基础教育综合改革，整合资源，优化结构，进一步凝练协同创新方向：一是着力于县域义务教育均衡发展研究，探索全面深入推进县域义务教育均衡发展的制度和改革策略；二是致力于农民工子女平等就学研究，探索随迁子女教育体制构建、制度建设、机制创新与改革路径；三是重点开展减轻学生课业负担研究，探索规范中小学办学行为的制度保障、运行机制与行动策略。

协同创新中心始终聚焦基础教育综合改革，以重大问题为导向，创新协同机制，以打造区域基础教育理论形成与实践高地为目标，以服务教育决策、深化教育改革、创新教育理论、指导教育实践、引导教育舆论为任务。协同创新中心通过文献研究、数据分析、政策解读等方法，归纳梳理和提炼区域基础教育改革与发展的新成就、新经验、新问题与新对策，通过提升人才、学科、科研三位一体的核心创新能力，协同科研机构，凝聚研究力量，针对区域基础教育改革与发展的重点、热点、难点问题开展专题研究，科学预测基础教育改革与发展趋势，积极提供优质资政服务，切实为基础教育改革提供相应的教育理论支撑与实践技术支持，为教育行政部门决策提供及时有效的数据参考与理论依据。

协同创新中心自组建以来，充分发挥了跨学科、实体化、机制灵活的组织优势，实行"需求导向、创新引领、深度融合"的方针，在组织实施科研项目、国际合作交流、指导实验学校、转化创新成果等方面取得了一定的成效，组建了基础教育政策研究等12支创新团队，推进了400多项课题研究，研制了安徽省第一部基础教育发展蓝皮书等一批基础教育创新的标志性成果。更为重要的是，协同创新中心不忘初心，立足基础教育实际，恪守教育规律，强化示范引领，大力促进理论研究成果的转化与应用，有效地指导与助力当地的基础教育改革实践，充分彰显新型智库的功能与价值。

钱立青
2021 年 6 月

目 录
CONTENTS

发展报告

安徽省基础教育协同发展思路与目标指向

基于办好人民满意教育的要求，秉持深化教育领域综合改革的宗旨，协同创新中心将分散在政府部门、高等院校、科研院所、基础教育一线学校的政策调控、理论研究、业务指导和实践创新等创新要素与资源汇聚起来，形成协同创新的合力，对关涉安徽区域基础教育改革的核心问题和面临的重大挑战开展跨学科、跨领域的综合研究创新，通过协同创新方式，提升安徽省基础教育领域的研究能力，使得省内能够对区域基础教育改革与发展重大需求及时做出反应，并能够支撑本领域科学研究和人才培养的创新基地。这同时表明，协同创新中心对安徽省基础教育的发展有较大的贡献，对相应的学科发展也具有支撑作用，是真正致力于解决基础教育问题、推进基础教育发展的创新基地和研究中心。

一、协同创新的总体思路

《国家中长期教育改革和发展规划纲要（2010—2020 年）》指出：坚持基础教育重中之重地位；坚持以人为本、全面实施素质教育是教育改革发展的战略主题；要把改革创新作为教育发展的强大动力；要关心每个学生，促进每个学生主动地、生动活泼地发展，尊重教育规律和学生身心发展规律，为每个学生提供适合的教育。

2010 年，安徽省提出的"基础教育三项改革"被确定为国家教育体制改革试点项目。作为省级政府教育统筹改革试点，安徽省政府 2012 年出台了《推进安徽省县域义务教育均衡发展等三项改革实施方案》，设置 4 大类 9 项改革实施项目，确立102 个改革试点单位，明确了教育均衡发展的目标任务和改革措施，为促进教育公平提供了科学的发展路径和有力的政策保障。

协同创新中心紧紧围绕"基础教育三项改革"，聚焦推进县域义务教育均衡发展、完善农民工子女教育体制机制、规范办学行为减轻学生课业负担等领域改革的基本目标，深入开展协同研究。同时，协同创新中心积极推进协同体内学科间的交叉融合，促成政府部门、高等院校、科研机构和中小学深度合作，构建"需求导向、创新引领、深度融合"的基础教育改革与发展协同创新中心，充分发挥中心的跨学科、实体化、机制活的组织优势，努力建设一批立足基础教育实际、体现教育规律、具有引领示范功能的基础教育改革实验区、实验校，培养一批推进基础教育发展的拔尖创新人才和服务基础教育改革的复合型应用人才，取得一批基础教育创新研究的标志性成果。

1. 聚焦基础教育改革与发展中的核心问题和重大需求，协同创新资源，推进跨学科、跨领域联合攻关

围绕基础教育改革与发展中的主要问题和关键领域，协同创新中心联合协同体内高等院校、科研院所和基础教育一线学校，确立基础教育均衡发展、平等就学、减负提质三个研究创新方向，通过跨学科、跨领域研究，深入开展问题剖析，积极鼓励学术创新，主动支持改革实验，在推进县域义务教育均衡发展、完善农民工子女教育体制机制、规范办学行为、减轻学生课业负担等方面取得标志性理论成果和较大的实践突破，为基础教育发展创新和质量提升，提供有力的学术与技术支持。

2. 以服务基础教育改革与发展为目标，构建协同创新体系，推进协同研究的体制机制创新

协同创新中心加强协同创新体建设，形成"优势互补、资源共享"的协同创新架构体系，与政府部门、科研院所、高校、教育文化机构以及80多所中小学，构建开放、互补、紧密的协同创新体，并组建高校教育学科学术创新联盟、高校与地方教育行政部门改革创新联盟、高校与中小学合作联盟、中小学发展与文化产业合作联盟等若干个科研和社会服务联盟，形成结构合理、互利互赢的协同创新体系。

3. 依托优势主体学科，以学科交叉融合为手段优化资源配置，推进高层次人才培养模式的创新

协同创新中心在顺应经济社会发展需要和遵循学科建设规律的基础上，围绕"基础教育三项改革"，对相关学科的优质资源进行整体规划；实施人事制度、人才培养、科研模式、资源配置等综合体制机制改革，积聚和培养一批在国内有影响力的推进基础教育发展的拔尖创新人才；探索灵活、开放的运行机制和高效的管理模式，促进基础教育发展和教育学一级学科的教育资源、研究资源和人才培养资源的优化配置；注重发挥学科队伍建设在学科交叉中的核心作用，发挥项目建设在学科交叉中的整合作用和驱动作用，发挥一级学科对相关学科的引领作用，强化学科不同平台间的融通与对接机制建设，努力提升学科优质资源的交叉融合水平和质量，提高

学科面向实践、解决实际问题的能力和水平，培养一批服务基础教育改革与发展的复合型应用人才。

二、协同创新的发展目标

协同创新中心围绕基础教育改革与发展的重大理论和实践问题，遵循高校学科发展、科研创新和人才培养规律，坚持"研究、试点、示范"的三步走推进三项改革的发展路径，以学科交叉融合为手段，以高等院校、科研院所与基础教育学校协同协调为主要方式，以基础教育改革实验区（校）建设为主要载体，以内涵建设和特色建构为重点，扩大国内外学术影响力，增强学科综合实力，提升服务基础教育发展的能力。

协同创新中心以提升高校人才、学科、科研三位一体的核心创新能力为着力点，持续迈向学科生长有活力、学术创新有动力、科研转化有平台、服务基教有成效的高水平阶段，努力建成服务安徽并在全国有一定影响力的基础教育改革与发展的理论研究中心、决策咨询中心、应用研发中心和创新孵化中心。

1. 推进学科深度融合，催生服务基础教育改革与发展的系列创新型、标志性成果

协同创新中心将充分发挥跨学科、实体化和机制灵活的组织优势，在未来四年，积聚和培养一批推进安徽基础教育改革与发展的拔尖创新人才，产生创新型学术成果，成为具有一定影响力的学术高地，并以"创新"为根本宗旨，着力于基础教育改革的理论研究和实践研究，在安徽基础教育改革与发展的理论与政策创新、基础教育改革实验区建设、学校办学模式创新、教育教学方法改革创新、教育创新的资源供给和技术开发等方面联合攻关，产生一系列有利于推进安徽基础教育发展和提高安徽基础教育质量，并在全国范围内具有影响力的标志性成果。

协同创新中心致力于建设立足安徽、面向全国，与广大基础教育学校实践工作者共同研究、共同推广教育成果的紧密型"学术共同体"，力争在各类高层次科研项目中取得突破。

2. 深化基础教育改革，在服务基础教育的政策理论创新与业务指导方面取得新的突破

（1）以安徽省基础教育改革试点项目和实验区为实践平台，探索义务教育均衡

发展机制建设基本举措，初步建立区域内义务教育投入均衡配置机制和补偿激励机制，探索校长和教师定期交流制度。加强决策咨询服务，促进教育资源均衡配置机制基本建立，义务教育学校标准化建设基本完成，全省义务教育学校班额达到标准要求，城区学校择校生得到有效控制。

（2）探索以输入地政府管理为主和公办中小学为主的教育管理机制，进一步完善农民工子女接受义务教育的配套政策设计，进一步完善进城务工随迁子女平等就学体系和农村留守儿童关爱服务体系，深入研究分析农民工随迁子女平等就学的社会效应，探索强化留守儿童家庭的日常管理、活动开展与内涵建设的思路与举措。

（3）以安徽省基础教育改革试点项目和实验区为实践平台，以规范中小学办学行为为重点，以基础教育课程改革为抓手，将探索出的学科教学减负增效的"碎片化"有效措施进行归纳提炼，形成经验体系与模式，通过试点逐步破解规范办学行为和减轻学生课业负担面临的难题，形成政府统筹、部门协同、学校负责、家庭配合、社会支持的保障机制。

3. 构建高校与基础教育紧密联系的学术联盟，在服务基础教育改革方面取得突出成效，创设典型经验

协同创新中心围绕"基础教育三项改革"，采用跨学科的研究视野，对安徽省基础教育改革、办学模式、课程体系、教师专业发展等重要问题开展实验研究、实证研究和政策研究；紧密结合安徽省基础教育发展需求，构建高校与基础教育紧密联系的学术联盟，建设若干个有影响的基础教育改革与发展实验区，服务安徽省基础教育发展的决策咨询、问题诊断和经验推广；健全相应的运行机制、创新激励机制和评价机制，并以此引领基础教育学科建设、师资培养、校本研究和学校管理走上新高地，夯实基础，为安徽省教育实现跨越式发展提供智力支撑和人才支持。

三、协同创新的体制机制改革与运行

（一）主要体制机制改革

1. 创新"一主三辅"组织结构

创新组织管理体制；制订相关章程及文件，形成制度体系，成立中心理事会，并构建理事会主导、专家委员会和聘任委员会指导、工作委员会协同执行的管理体制；进一步理顺各协同创新要素间的关系，敦促创新要素横向深度融合，将协同创新中

心建设成一个高效、协同、开放的无边界组织。

2. 协同协作的协同体分工负责制

"基础教育改革与发展协同创新中心"是协同创新体的实体机构，其以政校合作为主体，联动校地、校校和校所等多方合作，遵循优势互补、合作共赢原则，按照"政府是主导、协同是基础、研究是支撑、应用是目标"的合作机制，明确任务分工。

（1）高等院校：合肥师范学院作为牵头单位，负责协同创新中心的顶层设计，加强协同单位间的协同与沟通，编制协同研究的项目规划；相关高校协同开展理论创新与实践指导，以及人才培养和学科建设；台湾省铭传大学等主要提供境外教改经验借鉴。

（2）科研院所：安徽省社会科学院为协同研究的政策创新与社会支持提供理论指导，发挥社科院多学科的研究优势，密切教育与社会发展的联系；省教育科学研究院作为中小学教育研究的业务指导单位，为基础教育改革与发展提供科研支持和智力支持；华东师范大学基础教育研究所、东北师范大学农村教育研究所重点通过项目引领或专业指导，促进协同研究。

（3）教育行政部门：安徽省教育厅基础教育处主要负责项目决策、过程实施和结果评估；合肥市、铜陵市、阜阳市、淮北市教育局促进教育理论创新成果转化，在基础教育改革与发展领域发挥实验研究与改革示范引领的作用。

（4）中小学：承担项目试点实施与总结工作。

（二）主要运行机制

1. 实行"协同研究、项目负责、一体化推进"的运行机制

协同创新，就是要通过体制机制改革创新，解决行政、科研、学校结合不紧，力量分散的问题。协同创新中心统筹协调多方力量，实行政策倾斜，重点支持和引导相关专家和教师主动参与协同研究。

协同研究，即提高研究的组织化程度和协同化水平。协同创新中心确立的总体性研究领域、研究方案和研究思路，需要在首席专家的引领下，吸纳国内外研究专家，进行深入的科研讨论和论证，达成研究共识，确立研究的长期规划与中短期计划。

项目负责，即提高研究的质量和效率。根据总体性研究目标和研究规划，将研究项目进行分解，成立相关的研究分支机构，并遵循"跨学科、多领域"的原则安排研究人员，实施项目分工负责制。

一体化推进，即提高科研、教学和社会服务的整体协调性。所有研究人员和研

究项目均围绕"科研、教学和社会服务"三位一体的目标展开，通过解决教育理论与实践中的重大问题和产生标志性成果的方式，提升协同创新中心的研究能力；通过培养复合型、创新型的本科生、硕士研究生等方式，优化人才培养的质量和结构；通过关注基础教育改革与发展的实践需要和制度需求，开展深入的实践研究和政策研究，提升协同创新中心的社会服务能力。

2. 创新团队的优化扶持机制

（1）实行首席专家负责制。因需设岗，公开招标，以重大项目为牵引，通过"流动不调动"的柔性方式引进高端人才，并由高端人才领衔，组建团队。

（2）突出创新应用导向。为创新团队在建设方向、人员选聘、设备配置、经费保障等方面给予一定的政策扶持，注重跨学科、交叉学科人才的引入，使创新团队的学科结构、源地结构更加合理、更加优化。在鼓励基础理论研究团队的同时，加强以应用研究、研发创新为特征的研究团队建设。

3. 创新人事管理机制

（1）创新"双跨单聘、专兼结合"的人事管理方式。通过包容性的人才引进方式，吸纳校内教育学、心理学、社会学、管理学等相关学科研究人员融入协同创新中心，同时向省内外相关院校和科研机构招聘亟需的专职研究人员。赋予中心在资源整合、人员管理、团队建设上的调控权，从而有利于科研团队的形成和方向的凝练。中心实行岗位聘任制，"因事设岗、依岗选人、事毕人去"。岗位根据研究目标和实际工作任务设置，采取聘任制度，岗位包括特聘专家、专职研究人员、兼职研究人员、流动研究人员和行政管理人员，各类聘任岗位可根据实际需要和协同创新中心发展状况进行动态调整和变更。

（2）创新"以需求为牵引"的人事管理制度。主要包括以任务为牵引的首席专家、团队负责人和岗位专家聘任制；身份在原单位，研究在协同创新中心的人才配置模式；建立以绩效考核为主的研究人员薪酬分配制度等。

（3）创新"以创新贡献为导向"的评价机制。以贡献主导、业绩互认开展双向考核，实行优质优酬的津贴分配；将创新作为科研考核的第一要求；围绕科研成果的原创性及国内外影响力、重大成果的产生与服务社会的成效等核心指标进行科研评价与考核。

（4）创新"以创新能力为主导"的人才培养模式。将创新能力和科研成果的转化能力作为人才培养的重要内容，促进协同体内联合培养、学分互认和导师互聘；

建立实践创新基地，强化本科生和研究生的创新能力培养。

（5）创新"有利于协同创新"的资源配置方式。包括建立跨学科、跨单位，人、财、物统一调配机制；建立共享平台服务体系，实现资源和信息共享。

四、协同创新的主要任务

（一）科研创新

以在研国家和省部级课题以及协同创新基地项目为牵引，深化对基础教育发展的重大理论与现实问题的研究。全力支持协同体开展联合攻关和实验研究，构建立足安徽、面向全国，并与广大基础教育实践工作者协同协作的紧密型"学术共同体"。力争建设具有一定国内影响力的学术高地，并在基础教育改革与发展的问题解析、理论阐释和实验总结等方面产生系列成果。

1. 基础教育发展的基本理论研究

以牵头单位教育学方向研究团队为主，联合协同体内相关高校和研究机构，围绕基础教育改革与发展的基本理论问题，开展跨学科、跨领域、跨学校的综合研究，探讨"教育学引领—学科交叉—国际比较—多元综合"的教育基本理论研究模式，实现基础教育改革与发展基本理论研究成果的创新。

综合运用理论分析、国际比较、实证分析等多种研究方法，在基础教育改革与发展的价值取向、内涵特征、问题挑战、改革重点等方面开展深入的理论研究，并围绕我国当前基础教育课程建设、教师发展、考试评价、学校管理、办学体制机制等方面开展学术反思与理论建构，为基础教育发展创新提供学术支持。

2. 推进县域义务教育均衡发展体制机制改革研究

开展义务教育均衡发展的实地研究和案例调研，实行规模化的实证研究和量化研究，深度剖析安徽省基础教育改革与发展的成效、特色和问题，探索义务教育均衡发展机制，采取有效举措；指导义务教育学校标准化建设，开展城乡间校长教师交流制度研究，有效解决区域内择校行为的机制建设问题，探索建立省域义务教育投入均衡配置机制和激励机制；发布安徽省基础教育均衡发展综合研究报告，为教育改革良性发展提供政策建议；以学科交叉、领域联合和项目整合为主要形式，培育并建设二级学科"基础教育改革与政策"，联合培养"基础教育改革与政策"方向教育硕士，在新兴交叉学科发展上取得突破。

积极推进教育学与行政学、管理学、社会学等学科的交叉融合，深化学科整合，优化教育学原理、教育领导与管理、教育政策学等学科关系结构，促进高校学科与基础教育发展领域整合，强化"理论与实践、学科与研究"的关联与耦合；围绕基础教育改革与发展改革的重大理论与实践问题，汇聚研究力量，开展跨学科的理论创新，形成关于基础教育改革的政策建议。

3. 完善农民工子女教育机制改革研究

探索以输入地政府管理为主和以公办中小学为主的农民工子女教育机制，完善农民工子女接受义务教育的配套政策设计；建立政府统筹协调机制，形成进城务工农民工随迁子女平等就学体系和农村留守儿童成长关爱服务体系；研究分析农民工随迁子女平等就学的社会效应；探索推进农村留守儿童家庭帮扶方案和寄宿制学校的建设方法、途径；通过与各市教育局等有关部门的合作，探讨"理论创新—政策支持—实验区引领—资源支持"的农民工子女教育改革创新模式。

积极探索并形成高校理论创新、教育行政部门政策支持、社会关爱、家校有机结合的协同研究模式，协同阜阳市教育局，在阜阳选择若干区域，建立"农民工子女教育改革实验区"，围绕留守儿童成长教育开展理论研究、实践研究和实验研究，构建学校、家庭、政府和社会深度沟通互动的教育新模式，探讨如何鼓励和吸纳社会资源参与成长关爱体系建设的方式；协同合肥市教育局，在合肥选择城区学校，专项研究农民工随迁子女就学政策问题，探索基于流动儿童平等就学改革的、令学生和家长高度认可的办学模式。

4. 规范办学行为减轻学生课业负担改革研究

针对中小学生个性化发展不足、学业负担重、应试教育问题破解难度加大，以及基础教育课程改革的社会支持系统匮乏的现状，充分利用合肥师范学院作为省级课改专家单位的综合研究优势，整合教育基本理论、课程与教学论、教育社会学、教育领导与管理等研究方向力量，探讨"问题诊断—科研创新—实验区建设—成果推广"的推进"减负"综合治理模式，开展学业负担问题的学理研究、教育教学质量的评价机制研究，并通过管理机制、招生考试制度等的系统研究，创新学科教学"减负增效"的模式，实现规范中小学办学行为、提高教育质量、形成长效机制的重大创新。

中心协同铜陵市、淮北市教育局，在铜陵市、淮北市选择若干小学和初中建立"减负实验区"，针对当前减负增效经验与问题，开展课程体系构建、评价制度改革、办学方式改革、创新人才培养实践工作站建设等方面的案例研究与实验研究，创设"以问题诊断为导向、以提高成效为目标"的教育行政部门、科研机构和中小学协同发展的科研生产方式，切实在"减负"上取得突破。

（二）学科发展

1.继续加强牵头单位教育学一级学科建设，孕育交叉学科，力争将教育学建设成为省级重点学科

加强教育学一级学科建设，积极发挥教育学科对其他二级学科的学术支撑和学术引领作用，强化学科特色建设。在学科建设中进行整体部署，注重二级学科间的适度打通和资源共享，同时通过发展交叉学科和拓展研究方向，培育新的特色和生长点，突出"基础教育改革与政策"等二级交叉学科的培育和建设。在基础教育改革的社会学研究、政策研究、实证研究以及基础教育发展问题诊断与监测等方面着力，推出具有原创性、突破性的成果，并力争在自主知识产权、学术创新等方面取得突破，推进教育学开展省级重点学科建设工作。

2.加强体现学科核心竞争力的平台建设和团队建设

将"基础教育改革与发展协同创新中心"建设成省内有一定影响力的高水平的"2011协同创新中心"；提高教师教育研究中心等重点研究机构在科研创新、社会服务和人才培养等方面的影响力。

整合协同体内教育学科整体力量，打造具有高度创造力、凝聚力、竞争力和富有生机、活力的研究团队，培育省级创新团队和优秀教学团队，增强学科可持续发展能力和学科综合实力，提升教育学作为一级学科的影响力。

（三）队伍建设

1.加强人才体制机制建设，根据学科发展和协同研究需要，优化学科结构和学缘结构

围绕人才队伍的引进培养机制、人才评价发现机制、人才选拔任用机制、人才流动配置机制和人才激励保障机制等，建立以任务为牵引的人员聘用方式，增强对国内外优秀人才的吸引力和凝聚力，造就协同创新的人才团队。充分利用学校的人才引进政策，逐渐接轨"2011计划"协同创新学术特区建设政策，积极引进高层次人才；协同、囊括、融合教育学科以外的经济学、社会学、管理学等学科人才，优化团队成员的知识结构和学缘结构；利用协同研究的优势，打造一支以基础教育发展为特色的研究团队。

2. 积聚和培养一批推进学科发展的拔尖创新人才和领军人才，培育高层次学术带头人

制订有利于人才竞争的更富力度的科研激励政策，完善体现科研创新团队建设需要、引导高质量成果产生的人才聘用机制和学术考核机制，出台旨在推进学科可持续发展的优秀学术方向带头人、学术骨干的培育政策，出台鼓励中青年拔尖创新人才科研创新的特殊激励机制，制订支持拔尖创新人才参加国家学术交流和开展出国访学的激励政策，全面吸纳和培育学科拔尖创新人才和科研领军人才。

（四）人才培养

1. 定制培养一批推进基础教育改革与发展的创新人才

依托牵头单位合肥师范学院教师教育专业群的综合优势，充分发挥培养、培训、指导、服务"四位一体"的办学模式作用，将创新资源优势转变成育人优势，构建以各类创新平台为载体、产学研用结合的创新人才培养体系，培养创新型、复合型、应用型高层次人才。结合当前安徽省基础教育改革发展的需要，培养一批在教育学研究、教育学与相关学科交叉研究的创新人才，为教育改革的持续推动补充力量。

2. 实施交叉学科建设与人才培育计划，培养服务基础教育改革与发展的复合型、应用型本科生和研究生

加强学科建设和专业建设，构建"学科引领专业、专业支持学科"的良性人才培养机制，围绕基础教育改革，优化本科生和研究生的知识结构和能力结构，培育与建设交叉学科和专业，打造特色专业和品牌专业，培养一批本、硕一体化的服务基础教育改革与发展的创新型、复合型、应用型人才。

3. 围绕教育改革创新要求，加强课程与教材建设

以优化基础教育改革与发展为引导，以创新型、复合型、应用型人才培养为目标，以培养学生的创新精神和实践能力为重点，不断优化教学内容、完善课程体系，全面加强课程和教材建设。根据《教育部关于大力推进教师教育课程改革的意见》和《教师教育课程标准（试行）》，组织编撰和出版"基础教育发展创新文库""教师专业成长丛书""教师教育学科教学经典案例文库""体育教师教育课程改革系列教材"。

（五）国内外合作交流

1. 提高协同创新研究的教育对外开放水平，支持和鼓励多种形式的教育对外开放

积极吸引基础教育改革与发展领域的国际创新力量和资源，集聚世界范围基础教育改革先进国家和地区的专家学者参与协同创新，加强协同领域国际化人才培养，大力推动与国外高水平大学、科研机构等建立实质性合作，显著提升协同创新中心的国际化水平。与美国、澳大利亚等国知名高校继续深化合作，共同探讨合作培养、合作交流等事项，聘请海外优秀教授来中心建设工作室。开展教育体制、人才培养、课堂教学等课题的比较研究，为改革发展提供基本范式。每年组织优秀硕士研究生、本科生赴海外进行学术交流和短期培养，推动人才培养的制度创新。以基础教育发展为主线，进一步推动皖台两地的学术交流和教育文化交融，探索两岸基础教育发展中共性问题的解决之道。

2. 围绕核心研究领域和重点研究方向，举办国际学术研讨，组织研究人员参与国际互派与交流活动

本着借鉴学习的目的，中心与美国、澳大利亚等国以及中国台湾等地的高校建立紧密型学术联盟，深化师资交流，在过去已有的本科生、硕士生联合培养等合作项目的基础上，开展"创新型人才合作培养模式"攻关项目研究。拟举办"国际基础教育发展论坛"和"海峡两岸基础教育发展论坛"；组织协同创新体内研究专家参加国内外访学和交流活动。

（六）社会服务与贡献

1. 建构安徽省基础教育改革与发展动态监测与问题诊断体系，增强安徽省基础教育改革的针对性

结合安徽省经济社会发展和教育的现状与特点，从素质教育和全面发展教育以及提升安徽省基础教育人才创新精神、实践能力、个性发展和社会责任感出发，设计安徽省基础教育改革与发展的多样路径和指标体系，开展基础教育发展的质量检测，及时分析与监测安徽省基础教育的特征、趋势与问题，有效促进基础教育的科学发展。

2.研制安徽省基础教育改革与发展的研究报告，综合设计安徽省基础教育改革的行动纲领，增强教育改革的科学引导性

围绕安徽省创新型经济发展和教育强省的建设目标，对基础教育发展现状开展深入的调查研究、实证研究，对安徽省基础教育改革与发展状况进行动态分析，综合设计并制定促进安徽省基础教育改革与发展的制度创新和行动建议。在深入开展实证研究和案例研究基础上，分析研制安徽省基础教育改革与发展的年度报告。

3.建立体现不同区域特征的教育综合改革实验区，增强安徽基础教育改革的示范性

在三项改革试点项目实施取得一定成效的基础上，与南陵县教育局、淮南市毛集实验区教育局建立教育创新综合改革实验区，将两地打造成为皖南、皖北区域样板区；结合安徽师范大学、淮北师范大学所在地的研究情况，协同开展区域性基础教育改革与发展体系、形态、政策、资源的整体设计和综合改革。

（2014 年 1 月）

安徽省基础教育改革发展态势和战略路径选择

"十三五"以来,经济社会发展进入新常态,特别是新型城镇化加速推进,对教育供给、布局和结构提出了新要求。安徽省坚持问题导向,以协同创新破除机制障碍,凭融合开放增创活力优势,教育综合改革不断深化,教育公共服务水平持续提高,基础教育领域发展成果显著,学前教育实现跨越式发展,义务教育均衡发展取得明显成效,高中阶段教育普及程度大幅提高,教育公平取得重大进展,主要指标历史性全面超越全国平均水平。基础教育的稳步发展,有力地推动了区域经济发展、社会进步和民生改善,增进了人民福祉。

第一部分 安徽省基础教育改革发展的基本态势

一、教育优先,发展动力持续增强

2015年,安徽省委、省政府从科教兴皖的战略高度,积极适应经济发展新常态,做出了一系列加快基础教育改革与发展的决策部署,切实保障落实教育优先发展的战略地位。全省教育经费总投入和各级各类教育的生均支出稳步增长,为满足基础教育事业的发展需要提供了强劲的动力保障。

(一)投入保障机制进一步健全

2015年,安徽省委、省政府继续完善义务教育经费补偿机制,农村义务教育保障水平不断提高。安徽省委、省政府从2015年第二季度起,在全省实施义务教育经费保障机制改革季报及通报制度;进一步实施《安徽省深化义务教育经费保障机制改革实施方案》,敦促城乡同步推进义务教育经费保障机制改革。安徽省全年投入义务教育保障资金69.04亿元人民币,农村义务教育阶段学校校舍维修改造单位面积补助标准每平方米由2014年的600元人民币提高到800元人民币,特殊教育学校和随班就读的残疾学生公用经费生均补助标准提高到5000元人民币;进一步加大对农村寄宿制学校、村小学和教学点等小规模学校的经费保障力度。2015年,农村义务教育阶段学校生均公用经费补助标准在 2012 年的基础上提高 100 元人民币，达到小学 625 元人民币，初中 825 元人民币。安徽省生均公共财政预算教育事业费支出和生均公共财政预算公用经费支出增长明显。

（二）补齐短板提升资金使用效益

安徽省各级政府根据教育改革发展重点和难点的变化，加大统筹财力，调整投入分配结构，加大重点领域和薄弱环节投入，资金使用效益持续提高；重点实施三项教育民生工程，推动教育资源向皖北地区、大别山片区倾斜；启动实施教育扶贫全覆盖行动，分别安排下达皖北地区和大别山集中连片特困地区基础教育等转移支付资金 63.1 亿元人民币和 35.59 亿元人民币，占全省资金总量的 52.6% 和 29.7%。2015 年，省政府将义务教育经费保障机制改革、家庭经济困难学生资助、乡镇公办幼儿园建设纳入全省民生工程，并对家庭经济困难学生加大资助力度，提高高中阶段国家助学金资助标准。自 2015 年春季学期起，中职和普通高中学生国家助学金标准由每生每年 1500 元人民币，提高到每生每年 2000 元人民币。

二、促进公平，教育普及再迈新阶

2015 年，安徽省委、省政府高度重视教育，提出并实施了一系列加快教育改革发展的政策措施，基础教育事业取得了显著的成就，学前教育实现跨越式发展，义务教育均衡发展取得明显成效，高中阶段教育普及程度大幅提高，教育公平取得重大进展。

（一）学前教育实现跨越式发展

"十二五"期间，学前教育事业以落实《安徽省学前教育三年行动计划（2011—2013 年）》和《安徽省第二期学前教育三年行动计划（2014—2016 年）》为抓手，坚持兼顾公益性和普惠性，努力增加学前教育资源，并取得了长足发展。全省完成公办幼儿园新建项目 1730 个、改扩建项目 2525 个，2015 年学前三年毛入园率达到 80.1%，比全国水平高出 5.1 个百分点，提前完成了安徽省发展规划纲要设定的目标。

"行动计划"重在落实。一是加强公办园建设，截至 2015 年，全省幼儿园 6988 所，其中公办园 2537 所，较 2010 年增加 1438 所；实施奖补政策，积极引导民办幼儿园普惠性发展，全省民办幼儿园 4451 所，其中普惠性民办幼儿园 2682 所，公办园和普惠性民办园占全省幼儿园总数的比例由 2010 年的 27.4% 增长到 2015 年的 74.7%。二是加强师资队伍建设，提升保教能力，全省幼儿园教职工数量逐年递增，由 2010 年的 4.6 万人增加到 10.9 万人，其中专任教师达到 6.7 万人，增加了 3.7 万人。"三年行动计划"实施以来，学前教育教师被纳入"国培""省培"计划，每年培训 7000 多人次，结合其他多种形式的专项培训工作，有效提升了学前教育教师科学保教水平。三是加强政策保障，《安徽省学前教育条例》《安徽省幼儿园办园基本标准》《安徽省学前教育重点工作目标实施管理办法》等文件的颁布，加强了制度建设，保障了学前教育事业稳步发展；与此同时，加强动态监管和规范管理，整改无证园，办园质量稳步提升。

（二）义务教育均衡发展全面深入推进

义务教育均衡发展作为安徽省基础教育事业的一项重大民生工程，受到政府高度重视。在义务教育均衡发展推进过程中，安徽省各级政府采取种种举措，整体规划，大胆创新，取得了显著成效。

其一，通过制订相关法律条文加强政策引领。自安徽省人民代表大会通过《安徽省实施〈中华人民共和国义务教育法〉办法》，以法律形式明确规定了县级以上人民政府应当合理配置教育资源，促进义务教育均衡发展以来，安徽省政府先后制定《关于进一步推进义务教育均衡发展的意见》《关于深入推进义务教育均衡发展的意见》《推进县域义务教育均衡发展改革实施方案》等一系列文件，保障了义务教育均衡发展的整体规划与落实，义务教育管理体制进一步理顺，优质教育资源不断增加。

其二，加大财政投入，缩小城乡差距，推进义务教育学校标准化建设。2011 年起，义务教育已成为安徽省财政支出的重点领域。"十二五"期间，全省在基础教育领域共投入各类项目资金 735.4 亿元人民币，其中义务教育阶段约占 90%。截至 2015 年底，全省标准化率由 2010 年实施前的不足 10% 提高到 2015 年的 85%，并重点向农村贫困地区倾斜，城乡学校间办学条件差距显著缩小。此外，省委、省政府合理规划，突出重点工作，高度重视教育信息化工作，以"三通两平台"建设为抓手，积极探索信息化在促进教育公平、改善教育管理、提升教育质量等方面的作用，截至 2015 年，班级多媒体覆盖率由 2010 年的 14% 增长到 94%；与此同时，加大了教师交流、培训力度，师资配置向农村倾斜，建立并完善了教师补充、培训、对口交流和待遇保障机制。

其三，完善农村义务教育寄宿制学校保障措施，推进农村留守儿童关爱工作常态化。按照"两为主""两纳入""三个一样"要求，消除进城务工人员随迁子女就学障碍，随迁子女在公办学校接受义务教育的比例达90%。实施特殊教育提升计划，投入3600万元人民币建设随班就读学校的特殊教育资源教室或中心。

截至2015年，安徽省义务教育普及率几近100%，九年义务教育巩固率为93%，全省小学净入学率99.96%，初中净入学率99.9%；[1] 全省中小学生均占地面积、生均图书、生均教学仪器等义务教育办学条件得到显著改善。

（三）普通高中普及程度大幅提升

安徽省高中教育以提高质量、促进多样化、特色化发展为重点，实现了规模、质量的协调发展，在普及高中教育和提高教育质量两方面取得显著成效。

在普及高中教育方面，安徽省通过加大财政投入，较大地改善了学校办学条件，提高了普及水平。2015年，安徽省高中教育阶段毛入学率达到92%，较全国水平高出5个百分点。在提高教育质量方面，注重高中内涵建设，主要通过加强师资队伍建设和着力推进课程改革等方式，以省示范高中建设为抓手，增加优质教育资源，提高教育教学质量和办学水平。2015年，安徽省普通高中专任教师总数为76341人，比五年前增长了16.3%，通过"国培计划"、网络研修、校本研修等形式开展教师培训，提升了教师的业务素质和专业能力。在推进高中课程改革的过程中，建立高中学业水平考试制度和学生综合素质评价制度，推动高中多样化发展，高中教育理念、教育内容、人才培养方式和考试评价制度发生深刻变革，促进了学生全面发展和教育质量的全面提升。目前省示范高中达到193所，实现了省示范高中县域全覆盖。

（四）考试招生制度改革积极稳妥推进

制订《安徽省深化考试招生制度改革实施方案》《普通高中学业水平考试实施办法》《普通高中学生综合素质评价实施办法》。调整和规范高考加分，加分项目减少45%。职业院校分类考试试行一生多录、自主确认的模式，2015年单独录取考生4.8万余人。畅通农村贫困地区学生就读重点高校的升学渠道，单独录取5621名贫困地区学生，比上年增加1118名。首次实施普通中专招生网上录取，中招规模保持稳定。

三、追求质量，坚持内涵发展道路

安徽省基础教育立足公平的同时把追求质量作为发展的根本，坚持学校走内涵

---

1 安徽省统计局.安徽省2015年国民经济和社会发展统计公报［EB/OL］.人民网，2016-2-28.

发展之路，强调校长、教师的专业成长与能力提升，从基于升学率评价转向以全体学生综合素养评价为主，不懈追求教育质量。

（一）学校内涵发展效果显著

安徽省在促进学校内涵发展、提升学校教育质量方面做出了种种努力，分层次、分阶段有序开展相关工作，取得显著成效。针对高中阶段教育，遵循多样化、特色化发展理念，在全省范围以建设省级示范高中为抓手，突出学生全面发展、尊重个性差异的教育宗旨，致力于多样性、选择性和开放性的课程体系建设，创新教育教学模式，以科研促教学，积极推进学业水平考试与综合素质评价改革等。合肥一中、马鞍山二中和阜阳一中等一批省示范高中，正逐渐走出一条注重内涵建设的特色发展之路，正如时任安徽省教育厅厅长程艺所强调的，"省级示范高中要成为从升学领先到特色发展的示范，开创了引领省内高中全面提升教育质量的良好局面"。

另一方面，在义务教育阶段，安徽省各地市出台相关政策，鼓励优质学校创建。2014 年初，合肥市启动"义务教育'新优质学校'创建工程"，以"办老百姓家门口的优质学校"为目标，计划用三年时间为合肥市新增百余所优质学校。2015 年，合肥市新增第二批 35 所"新优质学校"创建试点学校，目前合肥市"新优质学校"创建试点学校已达 76 所。该项工程充分体现了政府提升教育品质的决心。

（二）校长与教师队伍建设成效斐然

在突出学校的内涵发展、质量提升中，学校的人力资源要素是最活跃也很重要的。2015 年，安徽省各中小学在校长和教师队伍建设上坚持常抓不懈、稳步推进。

（1）全面提升中小学校长、教师能力素质。一是加强骨干梯队建设，全省实施中小学名师好校长梯级培养工程，构建选拔、培养、任用与管理于一体的中小学名师、好校长梯级建设体系，推动省、市、县、校四级联动培养。二是推进教师专业发展。组织实施年度"国培计划"，招标遴选培训项目承办单位，承担 8.88 万名教师的培训任务，其中，培训乡村教师 8.42 万人。14.5 万名教师参加信息技术应用能力提升培训。实施省级培训，培训骨干和薄弱学科教师 2650 人，培训校长（园长）1650 人，全省示范高中校长 900 余人参加了"考试招生评价改革背景下深化学校课程改革和教育教学管理改革"专题研修，有效提高了教育行政部门教育治理水平和学校综合改革能力。三是实施中小学教师队伍建设改革省级示范项目，出台中小学教师职称制度改革实施方案。

（2）加强乡村教师队伍建设。省政府办公厅出台了《乡村教师支持计划》，提出了编制管理、师资来源、待遇提高、职称评审、人员交流、能力提升、表彰奖励、师德建设等八个方面的系列政策举措，为加强乡村教师队伍建设提供了有力的制度保障；在32个县招聘"特岗教师"2665名；统一招聘中小学新任教师9029名，80%以上安排到农村学校。全省80个县（区）15.1万名乡村教师享受乡村教师生活补助，年金额约3.6亿元人民币。

（3）出台《关于推进县域内义务教育学校校长教师交流轮岗的实施意见》，交流轮岗比例达到10.7%。积极推进中小学教师"无校籍管理"和校长职级制改革，马鞍山市博望区、合肥市肥西县被确定为国家首批教师"县管校聘"管理改革示范区，教师管理体制改革案例"校长脱'官帽'，教师无'校籍'，激发内驱力"入选第四届全国教育改革创新典型案例并获得特别奖。

（三）素质教育与学生全面发展切实推进

安徽省将实施素质教育，促进学生全面发展作为教育改革发展的战略主题，通过加大基础设施建设投入，颁布实施推进素质教育工作的相关文件，优化完善素质教育环境，在学生德育、体卫艺科、综合素质评价以及课程建设等方面做出了大量卓有成效的工作。

在开展素质教育的各项工作中始终坚持德育为先，落实立德树人根本任务，加强和改进中小学德育工作，把社会主义核心价值观和中华优秀传统文化的基本内容融入中小学课程和教学体系，开展"少年传承中华传统美德""小公民道德实践""学雷锋志愿服务""三爱""三节"等主题实践活动；组织开展中华优秀传统文化、民族团结教育，推广亳州市开展优秀传统文化教育的经验做法；有针对性地开展中小学法制教育，出台了《关于实施全省中小学法治教育的意见》；开展心理健康教育，8所学校成为全国中小学心理健康特色学校；开展生态文明教育，制订研学旅行地方和行业标准，16个市均开展研学旅行活动；加强中小学网络道德教育，引导中小学生文明上网、自觉抵制网络不良信息。

以体卫艺科活动作为素质教育的切入点，全省上下将素质教育推向深入。根据《安徽省学校体育三年行动计划（2013—2015年）》，重点深入开展阳光体育活动，开足、上好体育课，落实每日1小时校园体育活动等。合肥市包河区被教育部认定为全国校园足球试点区县，省内共有425所学校被认定为全国校园足球特色学校。同时，安徽省遴选150所中小学作为学校体育工作评估监测点学校、100所中小学校作为学校体育工作示范学校；不断改进美育教学，组织学校积极开展校园文化建设，一大批具有浓厚地方特色的艺术表演先后走进校园，提升了学生的审美能力和艺术素养；组织参加全国第四届大学生艺术展演活动，一批艺术节目、作品和论文在全国获奖。

此外，从综合素质评价、课程和教师队伍建设等方面不断推进素质教育保障体系的建立。品行、身体素质、阅读等综合素养成为素质评价的重要考察内容，全省从 2013 年开始将学生年阅读量纳入中小学学生综合素质评价体系，对学生阅读提出明确的质量要求。进一步推动综合素质评价与考试招生紧密结合，例如省内全面推进初中毕业生体育考试工作，提高考试分值，芜湖市等地积极探索将体育考试成绩与体育课教学以及学生日常锻炼相结合，较好地发挥了中考体育在加强学生体育锻炼方面的引导作用。在课程建设方面，不断健全完善符合素质教育目标的课程体系，注重德育课程、卫生健康课程和公共艺术课程的开发，并积极加强校外活动场所和实践基地建设，2015 年共建设青少年校外活动场所 99 个，国家示范性综合实践基地6 个，全国中小学社会实践基地 18 个以及一批乡村少年宫，进一步拓宽了中小学生社会实践的途径。

四、合作开放，区域协作稳步推进

当代教育是开放的教育，教育的区域协作日益紧密与频繁，在安徽省域内及与其他区域的教育协作已经成为教育改革与发展的重要拓展方向，无论从促进教育公平角度而言还是从追求教育质量来说，多途径、多形式地推进区域教育协作都具有举足轻重的意义。

（一）推进优质教育资源共享

教育的开放意味着资源的共享，特别在促进义务教育均衡发展、强调学校内涵发展的教育战略主题下，让学校更多地共享优质教育资源，需要建设各种平台加强教育协作。安徽省在省内外的各类教育协作中积极融入，大胆创新，取得了可喜的成果。

2012 年 5 月，安徽省加入了由江苏、浙江、上海三地教育行政部门牵头的"建立长三角教育协作发展会商机制协议"，三省一市教育行政部门及有关高校与地区联合签署了多项协作协议，以项目合作为纽带，积极执行，努力推进，在实施长三角地区优质教育资源共享、师资合作培养、校际合作联盟、教育联动发展机制创新等方面，取得了积极的成效。

2015 年 7 月，第七届长三角教育协作发展会议在马鞍山市召开。时任安徽省副省长谢广祥、时任教育部政策法规司副司长柯春晖及长三角地区三省一市教育厅（教委）有关负责人到会讲话。会上，三省一市签署了《长三角地区加强青少年学生法治教育合作协议》《长三角地区联合推进现代学校制度建设协议》《扶持长三角地区社会力量跨省市办学协议》《长三角地区教育协作项目联合监管协议》，全面落实《教育部关于进一步推进长江三角洲地区教育改革与合作发展的指导意见》，推动长三角地区教育合作与交流不断深化。同年 9 月，中国长三角校长高峰论坛在安徽省合肥八中举行，论坛聚焦校长视角下的管、办、评分离。同年 11 月，第四届长三角地区中小学班主任基本功大赛在安徽省举行，该赛事已成为长三角地区中小学班主任交流学习的平台和技能比拼的展台。在这些平台基础上，四省市将进一步建立起沟通合作的长效机制，丰富平台内涵，促进优势互补，实现资源共享，为基础教育发展提供更多借鉴的空间。

省内各项教育协作工作稳步推进，安徽省基础教育改革与发展协同创新中心本着"资源共享，协同发展"的原则发挥了重要引领作用，有效地组织与汇集多方力量，协同推进安徽基础教育改革与发展，为广大教育管理者、教育研究者和教育实践工作者搭建了一个经验交流、深度合作和协同发展的平台。

（二）构建教育联盟促进协作发展

随着教育改革不断深入，为支撑长三角教育协作发展，三省一市教育科学研究院联合组建了长三角教育科研联盟，主要对三省一市签署的协作合作协议的项目执行情况进行监测、评价，并以课题研究为纽带，建立学术交流和联合科研机制。近几年已先后完成《长三角区域性立法立规可行性研究》《长三角教育联动发展项目绩效评价指导体系研究》《长三角教育资源优化配置研究》等，并且确定每年组织撰写《长三角教育发展报告》。[1] 面对基础教育学校教育科研存在的标签化、浅表化和功利化的问题，如何正确认识教师研究的价值，区域、学校性的教育科研应实现怎样的转型，每年举行"长三角城市群教育科研论坛"，探讨和分享区域、学校、教师不同层面的研究成果与实践经验。

为创新区域教育合作，经省教育厅同意，2015 年 9 月，合肥师范学院牵头，联合地方教育行政部门、中小学和科研机构组建了"安徽基础教育发展联盟"，在省

1　参见长三角地区教育发展年度报告编写组《长三角地区教育发展年度报告（2014）》，第 95 页。

内搭建了政府、高校和中小学联系、交流、合作的平台。联盟将以"开放、合作、共生、发展"为原则，每年组织"五个一"活动，即举办一次主题论坛、开放一批研究课题、邀请一批名师巡讲、组织一次论文评比和编写一本案例文库。安徽省基础教育发展联盟的成立，不仅能更好地服务安徽省基础教育发展，也填补了安徽省内基础教育协作组织的空白，对提升全省基础教育质量，圆满完成安徽省教育综合改革试点省任务，实现安徽省由教育大省向教育强省转变具有深远意义。

2015 年，安徽省基础教育改革与发展协同创新中心充分引领基础教育科学研究：由政府、高校和中小学三方合作编撰的"基础教育发展创新文库""安徽省基础教育改革与发展创新案例""安徽省基础教育改革与发展指导与参考"等方面的作品陆续出版；全面指导与推进安徽省教育科学规划三项改革专项课题，研制的行业标准和多项资政报告被政府部门采纳，承接区域"十三五"教育规划发展编制调研工作以及启动建设安徽省基础教育大数据应用平台等，有效地支撑了省内教育协作发展。

（三）创设省内外多纬交流平台

区域教育协作的稳步推进，促进了省内外多种形式的教育交流活动。如通过举办教育论坛、沙龙的形式，推进基础教育领域的多向交流。皖台基础教育论坛和长三角中小学校长论坛近几年在省内外已形成广泛影响。皖台基础教育论坛已在安徽成功举办了四届，该论坛由省教育厅、省台办主办，合肥师范学院与台湾省铭传大学为主要协办单位。每届论坛上，两岸学者和基础教育一线工作者都会围绕基础教育亟待探讨的热点议题开展有针对性的交流和探讨。2015 年 9 月，第四届皖台基础教育论坛的主题为"公平与卓越：统筹推进基础教育均衡发展"。目前该论坛已经成为皖台交流的重要平台。另一方面，培训学习的形式也已成为一种常态化的交流方式，自 2011 年与台湾省铭传大学在台湾共同设立"安徽教育中心"以来，皖台基础教育交流进入常态化，4 年多来，安徽省先后有 12 批次中小学校长前往"安徽教育中心"接受培训，学习先进的教育理念，促进皖台基础教育经验交流。此外，长三角中小学名校长联合培训项目通过"通识培训""专题培训""实践培训"和"海外培训"组合的联合培训模式，提升了参训校长的理论素质和学校规划、课程领导等多种实践能力。

五、统筹融合，加快协同创新步伐

（一）中小学与大学合作模式呈现活跃之势

统筹区域教育资源达到有效整合利用。2015 年，合肥经济技术开发区与合肥师范学院签订合作协议，将区内两所义务教育阶段学校挂牌为合肥师范学院附属实验学校，首创省内政府统筹促进中小学与大学合作的 U-G-S 模式在实践中的应用。为促进合肥经开区基础教育发展，发挥区内高校优质教育资源的辐射带动作用，进一步解决学区居民子女"上好学"问题，实现优势互补、共赢发展，即政府办学、高校指导、学校自主发展，共同办人民满意的学校迈出了重要一步。该合作模式实现区域内优势资源互补，同时也为发挥高校自身办学特色和促进中小学内涵发展搭建了良好平台。

（二）教育信息化

国家教育信息化试点省建设扎实推进。基于省级教育数据中心建成资源应用平台和管理公共平台，是全国首个互联互通、共建共管的基础教育信息化共享平台。截至目前，全省中小学宽带接入率 99.67%、校园网建有率 97.36%、班级多媒体配备学校覆盖率 96.38%。实施第二批在线课堂项目，覆盖范围扩大至 59 个县 1986 个教学点。在首届国际教育信息化大会上，安徽省的实践被教育部列为 6 个"中国信息化应用模式创新的探索"案例之一。

（三）改革创新落实管、办、评分离

积极推进政府职能转变，不断完善省级政府教育统筹，分级管理、分级负责、管办评分离、权责明确、规范有序、充满活力，适应社会主义市场经济体制的现代教育体系。改变管理方式，综合运用立法、拨款、规划、信息服务、政策指导和必要的行政措施等加强宏观管理；积极推进中小学自主办学，进一步完善学校教职工代表大会制度，制定实施"教职工代表大会规程"；鼓励培育面向学校需求的社会化教育资源和服务市场，积极探索建立第三方机构对教育的评估及监测机制。

创新督导工作机制，坚持问题导向，推动督导激励与问责常态化。创新督导评估公告制度。定期在"安徽教育督导网"发布督导评估公告，建立重大事项通报督办制度等。强化督导问责机制。坚持激励性评价和追责性评价相结合，把义务教育

均衡发展与县级党政领导干部教育督导考核、教育强县评审认定刚性挂钩。

第二部分　问题和讨论

一、非义务教育阶段投入显现不足

"十二五"期间，学前和高中教育发展很快，但是因为底子薄、负债多，生均公用经费标准和生均财政拨款标准没有建立，经费投入缺乏长效机制，公办幼儿园和普通高中发展还存在不少困难。

一是学前教育资源仍然缺乏。目前，全省在园幼儿185.6万人，仍有40多万幼儿没有入园。学前教育三年毛入园率的较快增长是建立在低水平、内涵不丰富的基础上，无证民办幼儿园（看护点）4100多所，涉及幼儿38.2万人，这些幼儿接受的是低质量的学前教育。二是现有幼儿园结构不合理，公办幼儿园比重低，只占全省幼儿园总数的36%。三是高中经费投入标准偏低且欠债较多。2015年普通高中生均预算内公用经费低于全国平均水平；公办普通高中因扩大优质教育资源，改善办学条件，以自筹、贷款和社会融资等方式背负的债务已近50亿元人民币；此外，取消高中招收择校生使得约占事业收入三分之一的择校费失去来源，学校发展捉襟见肘，日常运转矛盾和问题更加突出。

二、推进义务教育均衡发展任务依然十分艰巨

"十二五"期间，义务教育均衡发展成绩显著，全省有70个区县已经通过国家验收，占全省区县总数的66.7%，比全国平均水平高22个百分点。但是推进义务教育均衡发展的任务依然十分艰巨。

2013—2014年，已通过国家认定的40个区县中有个别区县均衡发展差异系数指标[1]不降反升，甚至超出国家规定限度。将在2016—2017年接受国检的35个县（市、区）中，8个县的小学、初中综合差异系数有1~2项不达标，另外半数以上的区县在校舍建筑面积、运动场地面积、生均图书册数、生师比以及生机比等方面均存在缺口。产生这一结果的主要原因除了财政投入不足外，也有其他层面原因，特别在城镇化

---

[1] 义务教育均衡发展差异系数的测算涉及8项指标，分别为生均教学及辅助用房、生均体育运动场馆面积、生均教学仪器设备值、每百名学生拥有计算机台数、生均图书册数、师生比、生均高于规定学历教师数、生均中级及以上专业技术职务教师数。

进程中，进城务工人数及随迁子女人数呈上升趋势，造成义务教育阶段有入学需求的适龄儿童人数增加与现有教育资源的有限性及其建设滞后间的矛盾。

三、城镇义务教育大班额问题仍然突出

城镇义务教育大班额问题在"十二五"期间得到有效控制。2015 年，全省小学大班额比例较 2010 年降低 7.6 个百分点，比全国水平低 3.1 个百分点；全省初中大班额比例较 2010 年降低 36 个百分点，比全国水平低 6.7 个百分点。但随着新型城镇化加速推进，城镇学校逐步成为义务教育适龄儿童少年就学主体，城镇教育资源不足的矛盾依然突出。2011—2015 年，安徽省在城镇学校就读的义务教育阶段学生占学生总数的比重如图 1 所示。在此期间，小学阶段城镇学生占比提高 17.3 个百分点，初中阶段城镇学生占比提高 15.2 个百分点。随着进城务工的农民工子女人数增多，城镇教育基础设施的压力增大，出现生均校舍面积、图书仪器设备设施水平下降，学校教师不足等问题，客观上导致城镇义务教育大班额问题依然严重。2015年，全省义务教育超过国家规定班额的班级总数达 22953 个，其中，县城、建制镇的大班额班级总数占全省大班额班级总数的 58.4%，超过 66 人的超大班额比重达到60.3%，这说明县城和建制镇的大班额问题更为突出。

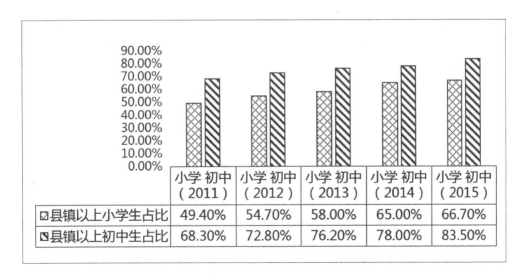

	小学 初中 （2011）	小学 初中 （2012）	小学 初中 （2013）	小学 初中 （2014）	小学 初中 （2015）
县镇以上小学生占比	49.40%	54.70%	58.00%	65.00%	66.70%
县镇以上初中生占比	68.30%	72.80%	76.20%	78.00%	83.50%

图 1　安徽省在城镇学校就读的义务教育阶段学生占学生总数的比重（2011—2015 年）

四、全面实施素质教育的各项要求有待进一步落实

安徽省六安市毛坦厂中学"万人送考"等现象，反映出教育现状与倡导实施的素质教育仍有一定差距。学生及其所在的家庭、学校都面临严重的"高考压力"。其中，课外辅导是一个典型例子。据2015年安徽省基础教育改革与发展协同创新中心组织的"全省中小学生课外辅导状况调查"结果显示，安徽有86.9%的学生参加过不同形式的课外辅导班，而选择语文、数学、物理、化学等学科类课程补习的学生比例达35.8%。由此可见，应试教育是落实素质教育的最强劲的对手。不改革高考评价制度，不建立与素质教育相配套的教育评价制度，不发挥综合素质评价在教育管理中的导向作用，就无法从根本上解决素质教育的落实问题。而只重智育，轻视德育、体育、美育的传统教育观念，以及教师素质尚不适应素质教育需要等问题也是在切实推进素质教育全面实施过程中有待着重解决的。

五、师资队伍结构有待进一步优化

加强师资队伍建设应整体规划、统筹安排，特别是要充分考虑师资队伍的结构问题。目前安徽省基础教育阶段的教师队伍在学科、性别、年龄、学历层次等方面存在不同程度的结构不合理。

学科结构不合理主要表现为：一方面教职工总人数足够，许多教学岗位却又缺人，这主要是因为非专任教师所占比重偏大；另一方面体育、音乐、美术、信息技术等学科的教师严重缺编。从师资队伍的性别结构看，男女教师比例严重失调，学前教育阶段的教师、园长基本上是女性，小学阶段教师的男女比例明显失调。2015年安徽省"基础教育公众满意度"调研访谈过程中，许多家长反映男性教师将成为小学教育的一种"稀缺资源"。有的孩子从一年级入学到六年级毕业，所在班级任课教师仅有一位是男性。而年龄结构的不合理主要表现在年龄较大的教师所占比例过大，特别是农村地区，教师老龄化现象严重。在学历结构方面体现为高一层次学历教师比例偏低，上海、浙江和江苏地区义务教育阶段高一层次学历教师的比例高于全国平均水平，而安徽这一指标略低于全国平均水平。

师资队伍结构存在的多种不合理情况，除了要从教育领域寻找原因，也要从社会层面寻找原因。以性别结构不合理为例，幼儿园和小学教师以女性为主，一是因为目前师范生中男性占比不多；二是因为女性职业规划更加合理，求职准备更加充足，

竞争力强;三是因为男性从事幼儿园和小学教师工作,会面临社会和经济的双重压力,如合肥市某知名民办幼儿园,聘任过不少对幼教事业满怀热情的青年男教师,但他们基本都因社会压力、经济压力过大而选择离职。

六、学生发展需要的教育合力对家庭教育提出新要求

教育的责任不能只由学校独自承担,还需要政府、社会、家庭的积极引领和共同参与。目前与学校联系相对直接、紧密的是学生家长,但目前普遍存在的问题是,家长缺乏科学的教育指导理念,教育方法不当,同时绝大多数农村留守儿童面临家庭教育缺失的现实问题。作为国家级贫困县,潜山县 2014 年总人口接近 60 万,其中外出务工人员约有 12 万,农村留守儿童比例在 90% 以上。而同时期潜山县义务教育阶段共有学生 6 万多人,其中留守儿童近 3 万人。如潜山县天柱山镇河西村林郭慈贞纪念小学目前有在校学生 109 人,而留守儿童占比 93% 左右,其中"女生占比稍微偏多一点"。[1] 由于缺乏来自父母的直接保护,留守儿童普遍存在生活失助、学业失教、安全失保、心理失衡等现象。

家庭教育面临的诸多问题,与其长期以来未受到足够的重视有很大关系。家庭教育早于学校教育,伴随人一生的发展,特别在个体的早期发展阶段(青年期以前)至关重要。但是自学校教育产生后,特别是伴随着近代公立学校教育的大规模发展,其受重视程度已大不如前,人们习惯性认为学校教育比家庭教育更主流、更有用、更重要。不过,随着社会现代化程度的不断提高,人们逐渐意识到个体发展是受到多个因素影响的,当代社会的家庭教育又重新开始受到人们的重视,20 世纪 90 年代后期,西方国家开始流行 "在家上学"就是一个很好的证明。如何营造和谐的家庭育人氛围,提升家长教育子女的能力,从而更好地使家庭与学校间的有效互动形成教育合力,已成为当今社会的一个重要课题。

七、教育治理服务水平有待提升

推进管、办、评分离,构建政府、学校、社会之间的新型关系,是全面深化教育领域综合改革的重要内容,也是依法治教的必然要求。但是现实中,管、办、评

---

1 中国新闻网.安徽一国家级贫困县调查:农村留守儿童超 90% [EB/OL].2015-08-08.

分离的推进面临着诸多困境。

从政府层面来说，难点和焦点在于能否真正简政放权，由于从中央到地方暂时未出台相关政策文件，对政府放权后的权力清单做出详细规定，所以教育领域中权力越位、缺位、错位的现象普遍存在。在学校层面，部分学校既有自主发展的需求，又缺乏自主发展的能力。从目前的情况看，一方面办学主体自主办学意识不强，另一方面其自主办学的能力和行动力滞后于自主办学意识。从引进第三方测评或政府购买服务层面上看，存在社会组织机构不健全，数量不足、人力不足、专业化程度缺乏良好培育等问题。以教育评价为例，省、市成立的教育评估院，虽然可能会有相当一部分专家学者参与，但短期内苦于人力、财力不足等问题，很难做到全面开展工作，特别是在基础教育领域，点多面广，教育评估的内容也十分繁杂，相关工作人员经常心有余而力不足；此外，与教育行政部门组织的评价相比，第三方评价存在成本高、周期长，反馈与矫正不够直接的问题。

第三部分 对策与建议

一、进一步加大基础教育投入，提高生均教育经费

充足的办学经费是基础教育发展的重要保障，各阶段生均教育经费水平亟待提高，特别是学前和高中教育阶段需要更多的财政投入。首先，各级财政拨款是教育经费投入的主渠道，必须予以保证。各级政府在安排财政预算时，要优先保证教育的需求，切实做到纲要提出的"三个增长"，即政府对教育拨款的增长要高于财政性经常性收入的增长，按在校学生人数平均的教育经费逐年有所增长，保证教师工资和生均公用经费逐年有所增长。其次，多管齐下拓宽经费来源渠道。针对非义务教育办学成本由国家、社会、个人分担的情况，实行政府投入为主的同时，进一步建立并完善教育经费的分担机制，加快实现办学主体和投资主体的多元化，通过财政拨款、扩大征收城市教育费附加、收取学杂费、发展校办产业、动员社会捐集资以及建立各种教育基金等多种渠道筹措教育经费，使教育走向投资多样化格局。在坚持社会主义办学方向，贯彻党和国家教育方针的前提下，更加积极大胆地鼓励社会力量办学。再次，深化教育改革，努力提高经费的使用效益。进一步明确各级政府应承担的教育投入责任，建立健全教育投入责任追究制度，确保教育经费法定增长目标的落实。最后，教育的均衡发展并不意味同一标准，各地应根据自身需求状况，

在保证标准性投入基础上，对存在迫切需求的地区合理增加投入。

二、加强省级统筹，推进基础教育综合改革

党的十八大报告提出"深化教育领域综合改革"，符合教育规律和我国当前教育改革的实际，这既是对改革目标的要求，也是对改革方式的总结。推进基础教育领域的综合改革，要依靠体制机制创新，其中，加强省级教育统筹是推进综合改革的重要推手。省级教育统筹的"省级"并不仅指省级教育行政机构，即省教育厅，而是包括省委、省政府、省人大以及与教育发展相关的其他省级职能部门。省级教育统筹的关键是"统筹"。[1] 具体来说，省级政府要统筹管理义务教育，推进城乡义务教育均衡发展，依法落实发展义务教育的财政责任；加快普及学前和高中阶段教育，重点扶持困难地区学前和高中阶段教育发展。其次，建立一个能够统筹全省各部门的联动工作机制是实现省内教育统筹的前提。加强省级政府教育统筹，应该立足中国国情，借鉴国际经验，构建起省级教育决策、执行与监管相互配合的教育行政运转机制。教育的改革与发展不仅仅是教育行政部门责任与义务，还涉及各个社会层面，包括就业制度改革、户籍制度改革、社会保障制度改革等。省级政府教育统筹综合改革的实施要坚持以政府为主导，要建立政府统筹协调、各部门联动的工作体制，切实将省级政府教育统筹综合改革各项任务落到实处。此外，应进一步完善省级政府教育统筹下的教育财政体制，加大省级政府教育财政的统筹力度。作为区域内教育事业发展的首要责任人，省级政府应主动承担区域内教育投入的责任与义务，坚决执行国家增加教育经费的相关政策，在逐年加大财政性教育经费投入时应更加注重教育经费的结构优化及监管。

三、完善素质教育评价制度与指标体系

长期以来，基础教育教学体系架构以高考、中考为导向，"结果制约过程"一直是教学体系思考和运作的惯例，并且成为一种"社会标尺"，导致素质教育难以真正落实。因此，国家若要切实推进素质教育，让学校实施综合素质评价，应首先改革中、高考制度。2014 年 9 月，《国务院关于深化考试招生制度改革的实施意见》公布，同

1　李立国. 以省级教育统筹推进教育领域综合改革 [J]. 清华大学教育研究，2013（1）：14-16.

年 12 月，《教育部关于加强和改进普通高中学生综合素质评价的意见》出台。这是当前普通高中对学生实施综合素质评价的具体依据，对制度层面的评价内容、评价主体、评价程序和保障措施等做出了规定。有章可循对落实学生综合素质评价至关重要，所以应在评价意见的基础上，进一步完善评价制度设计，制订详细规划，规范评价的组织、评价的内容、评价的程序；缩小自由裁量的范围，堵塞可能出现的漏洞，把评价主体的评价行为装进制度的笼子里，做到诚信评价。这样才能在高校招生录取中真正发挥重要参考作用，也才能更好地促进学生的全面发展和个性发展。

对学生进行综合素质评价要有可依据的标准，所以当务之急应是建立素质教育评价指标体系，其建立的目的应以科学发展观为指导，以促进学生全面发展为目标，通过建立一套科学的、客观的指标，科学地评价学生的发展水平，关注学生的发展趋势，淡化评价的甄别与选拔功能，发挥评价的激励与促进功能，促进学生健康成长。值得借鉴的是，上海市推出"中小学学生学业质量绿色指标"综合评价，致力于构建新的评价理念，促成新的评价机制，从而为推进素质教育提供"再生动力"，为学生全面发展健康成长提供"绿色生态"。2011 年，上海市以"绿色指标"为依据，首次对义务教育进行全面质量测评，覆盖上海所有区县和各类义务教育阶段中小学校。从 2011 年与 2014 年"绿色指标"综合评价的分析数据看，三年来，上海义务教育阶段学生学业成绩保持较高水平，道德意识和体质健康水平得到提升，城乡之间教育水平差距总体缩小，学生学习自信心、学习动机、对学校认同度明显提高，学生课业负担过重的情况得到有效抑制，师生关系、教师教学方式、学校课程领导力也有一定改善，上海市义务教育的全面质量和均衡水平总体呈上升态势。[1]

四、优化师资结构，多维保障农村教师生存与发展

师资队伍建设，总体上应从学科、年龄、性别、学历层次等方面把握并不断优化师资结构，这不仅需要进行教育改革，也需要全社会的关心和参与。提高学科专任教师比例，需要解决缺编问题，提高教师的学历层次，需要为教师创造继续教育机会，教师老龄化和性别失衡问题的解决，这些都需要财政、人事等部门的积极参与，而全社会对教师职业价值的重视更是不可或缺。以改变教师性别失衡这一社会现象为例，仅靠教育改革（如改革教师招考聘用制度、师范培养制度等），是解决不了

---

[1] 吴善阳. 上海市中小学学业质量绿色指标综合评价报告发布 [EB/OL]. 央广网，2015-10-28.

问题的，必须从社会角度出发，关心教育，支持教育，使从教人员真正感受到荣誉感，使教育事业不被谋生压力限制，切实降低男性从事教育行业的社会压力和经济压力。同时，"教育优先发展"，意味着应不断推动各级政府积极承担发展教育的责任，力争早日实现教育财政投入达到国际中等发达国家平均水平的目标，进一步提高各阶段教师的职业吸引力。

对农村教师而言，优化师资结构也是刻不容缓的，缺乏优质师资、教师老龄化、学历层次低的问题尤其突出且更为普遍。因此，农村教师队伍建设首先要从落实保障性政策入手：完善任教津贴与奖教津贴制度，提升农村教师经济地位；建立专业奖励性制度。该制度不仅需要给予农村教师经济支持，而且还要给予其他发展机会和社会待遇上的补偿，确保农村教师具有扎根农村任教的意愿与幸福感，从而提升农村教师的职业吸引力。如日本的《偏远地区教育振兴法》规定，都、道、府、县必须对偏远地区学校教职工增发特殊津贴，还必须为服务于偏僻地区的教师提供充分的进修机会，以提升农村教师的专业水平；英国从 2009 年开始，向合格的农村薄弱学校新任教师和校长给予授予教学硕士学位的奖励，从而吸引优秀教师到农村薄弱学校任教。[1]其次，从促进农村教师发展提升教师质量的角度来说，可以完善流动制度与退出补充机制，目前安徽省部分地市区县已在辖区内试行教师流动制度。在这一政策的实施过程中，还需要建立起一些具体的保障措施，保证流向农村任教的教师能够消除后顾之忧，安心从教；同时，可以建立高等学校定向支持农村教师培养的机制以及建立促进农村教师自我成长的发展机制，这方面可以借鉴国内外先进经验。

五、进一步促进家校教育协同发展

学校教育、家庭教育和社会教育的多方协作已经成为当代教育发展的一个重要趋势，家长作为一股重要力量参与学校的教学与管理，可以形成家校合作共育的和谐氛围，不仅有利于学生的成长，而且有利于家长教育能力的提升，还有利于学校的发展。但是，从目前家校合作的现状看，无论是内容与形式，还是家长参与学校教育的广度与深度，皆位于较浅层次和较低水平。而家长在家校合作中的角色定位，更多是第一层次（学习支持者），较少达到第二层次（学校教育自愿参与者）和第

1　孙德芳，林正范．农村教师的生存发展现状及政策建议 [J]. 教师教育研究，2014（6）：40-46.

三层次（学校决策参与者）。[1]

如何进一步促进家校教育协同发展？美国、英国、日本等国家的教育界已达成一种共识，即：能否吸引家长的参与和支持，已经成为评判学校办学是否成功的关键。西方学者的研究也已经表明：家长是一种极具潜力的、实惠且有效的"教育资源"。[2]因此，家校教育协同发展应首先从观念层面充分认识到家长作为教育资源的重要价值，提高学校管理者、教师和家长对家校合作重要性的认识，消除学校与家庭在教育思想观念上的分歧，加强共育的责任意识，同时改革教育管理体制，赋予家长参与学校教育的权利，真正发挥出家长作为教育资源的重要价值。其次，可以通过立法及健全组织机构等方式，从制度和组织层面保障家长参与学校教育的权利，从法律层面明确政府、学校及家长在学校教育中的权利及义务，使家长有权对学校教育提出意见及建议，有权参与学校相关活动，尤其是学校的教学及管理，并逐步建立家校协同发展的合作组织，保障家长对学校教育的知情权和参与权，使家庭与学校、家长与教师真正成为致力于学生教育的平等合作伙伴。最后，注重家校协同的科学发展，保障家长参与学校教育和管理的权利与能力，创新家校协同发展的理念、模式、内涵，形成科学化、制度化、规范化的家校协同管理机制和多样化经费投入机制，强化家校教育协同发展指导队伍的专业化建设和师资队伍的专业培训，提高家校协同的办学质量和教学水平，这是促进家校协同科学发展的必由之路和有效策略。

六、构建先进的教育公共治理结构与服务体系

深化教育领域综合改革的主要任务之一，就是把治理体系和治理能力的现代化建设放在更加突出的位置，转变政府管理教育的方式，建立教育公共治理新机制。教育公共治理主体多样化的特点要求，必须分清政府、市场、社会、学校、公民的教育职能边界。其一，要进一步明确政府的主要职能是区域教育事业规划、教育资源配置、公共财政投入、教育政策设计、教育质量监控、服务平台建设等；其二，要明确学校的主要职能是法人地位的确立、法人治理结构的形成、实现自主发展，包括教职工聘任、学校课程开发、教育教学指挥、自主评价等；其三，要明确社会及公民的主要职能是实现对区域和学校教育的知情、参与、监督、诉求以及评估；

---

1 美国学者大卫·威廉姆斯通过研究发现家长在家校合作中角色定位由低到高分为三个层次，即学习支持者、学校教育自愿参与者和学校决策参与者。

2 邹强. 国外家校合作问题研究及其启示 [J]. 教学与管理，2011（10）：86-88.

其四，要明确市场的主要职能是发挥辅助作用，自主规范发展，提供多样的、可供选择的教育。在分清各自职能边界的基础上，政府应把属于政府的职能"划归"给自己，并且进一步强化；把属于学校的职能"划让"给学校，赋予学校法人地位的相关权限，提升学校的主动发展意识，引导学校成为自我约束、自主发展的主体；把既不属于政府也不属于学校的职能坚决地"划转"给市场和社会，让社会教育机构、教育公益组织以及社会团体等得到充分发育。

当分清政府、市场、社会、学校等主体之间的公共责任和权责关系后，下一步则是要深入推进管办评分离，这是成功构建先进的教育公共治理体系的重要标志。但从目前的情况看，承担"办"与"评"的相关主体独立性都还不够高，需要政府进一步下放权力，推动这些治理主体不断走向成熟。如建立公众参与、专家论证、政府决定相结合的教育决策机制，建立重大教育决策审议、听证制度，提高教育决策回应公众和社会需求的能力；培育面向学校需求的社会化教育资源和服务市场，通过签订契约、购买服务等形式，丰富教育公共物品的样式，提高教育服务的质量，形成多样化的教育服务格局。

此外，由于当前基础教育改革处于内涵发展的关键期，建立教育系统监测与评估机制，强化教育质量的第三方监测至关重要，这也是教育公共治理能够实现有效运转的一个重要基础。如经合组织（OECD）自2000年开始实施的国际学生成绩评估项目(PISA)受到各国的普遍重视，学习成绩评估的数据，为衡量教育系统的品质奠定了基础。加强第三方评测机构对教育系统及其质量的监测，一是要进一步促进政府职能转变，加大力度培育专业化的第三方教育评估监测机构；二是要有效解决实施第三方评估监测的体制机制难题；三是要加快建立健全有关政策标准；四是完善基础数据信息平台；五是强化结果的使用效能并加强监督监管。

（2016 年 12 月 ）

决策咨询

统筹推进全省城乡义务教育一体化改革发展的六点建议

项目来源：安徽省教育厅基础教育处委托为"全省统筹推进城乡义务教育一体化
　　　　　改革发展工作推进会"提供材料
时　　间：2018年11月
成果形式：采纳证明；相关内容吸纳于会议报告中

推进城乡义务教育一体化改革发展，主要目标是推动县域内城乡义务教育学校建设标准统一、教师编制标准统一、生均公用经费基准定额标准统一、基本装备配置标准统一和"两免一补"政策城乡全覆盖，基本消除城乡二元结构壁垒，基本实现县域义务教育均衡发展和城乡基本公共教育服务均等化，义务教育普及水平进一步巩固提高，乡村教育质量明显提升，教育脱贫任务全面完成。

全面加强党对教育工作的领导，进一步落实教育优先发展战略，全面贯彻党的教育方针，发展素质教育，加快城乡义务教育协调、均衡发展，统筹推进城乡义务教育一体化改革着力解决义务教育"乡村弱"和"城镇挤"问题，着力解决义务教育发展不平衡不充分问题，着力提升农村义务教育质量和水平。进一步补齐短板，着力推进义务教育以一体化发展带动教育公平，进一步强化措施，努力推动义务教育从规模增长向质量提升转变。

一、整合资源着力补齐乡村教育短板

根据部分学校"20条底线要求"不同程度存在的短板和弱项，细化整改措施，补缺补差，做到应改尽改；对五年规划库内的项目进行全面梳理，开展"回头看"，加强督察指导；聚焦2020年目标，对照新修订的基本办学标准、标准化建设标准、优质均衡标准和学校管理标准，科学谋划，做好调研测算和项目储备工作。统筹乡村学校布局，妥善处理小规模学校撤并问题；加快学校标准化建设，加快推进乡镇中心学校和同乡镇的小规模学校一体化办学、协同式发展、综合性考评，统一课程设置、教学安排、教研活动和教师管理，加强控辍保学工作，加快智慧学校建设，推进优质教育资源向小规模学校覆盖。优先支持贫困地区教育发展，努力提高贫困地区教育基本公共服务水平。切实将项目规划和资金安排向贫困地区倾斜，改善贫困地区学校办学条件。加快基础教育信息化建设，实现全省教学点在线课堂全覆盖，帮助贫困地区薄弱学校共享优质教育资源。专门面向贫困地区实施特岗计划、人才支持计划教师专项计划和乡村教师生活补助政策，倾斜贫困地区实施乡村教师定向培养计划和国培省培计划，健全贫困地区中小学师资补充、培训和保障机制。

二、努力化解热点难点问题

全面消除义务教育大班额问题。坚持多管齐下、综合施策、标本兼治，制定消除大班额专项规划，强化督导督查，实行工作台账销号制度，确保今年底前基本消除 66 人以上超大班额，2020 年全部消除大班额。要通过城乡义务教育一体化、实施学区化集团化办学、学校联盟、均衡配置师资、教育信息化等方式，加大对薄弱学校和乡村学校的扶持力度，扩大优质教育资源覆盖面，完善招生入学管理办法，限制班额超标学校招生人数，避免学生向少数学校过度集中。扎实推进校外培训机构专项治理行动。省政府高度重视校外培训机构专项治理工作，遵循"依法规范、分类管理、综合施策、协同治理"的原则，要求将专项治理作为民心工程来抓实抓好，将列入到对市县政府的目标考核。在贯彻落实《安徽省校外培训机构设置标准（试行）》《安徽省校外培训机构管理办法》《安徽省教育厅安徽省人力资源和社会保障厅安徽省物价局关于进一步做好中小学课后服务工作的通知》的基础上，建立和完善长效机制，建立公布黑白名单制度，促进校外培训机构的规范发展，使其真正成为学校教育的有益补充。规范招生管理。深入推进义务教育免试就近入学改革，严格按照标准班额招生，适当稳定乡村生源，合理分流学生，缓解城镇学校就学压力。实施高校招生倾斜政策，增加贫困地区学生接受优质高等教育机会。拓宽了农村和贫困地区考生向上发展的通道。持续实施国家、地方、高校三个专项计划，力争农村和贫困地区考生录取年均增幅在 10% 以上。

三、深化义务教育教学改革

深入推进新课程改革，进一步通过教学视导等方式引导教师采取启发式、讨论式、合作式、探究式等教学方式。定期开展教学质量分析，建立基于过程的学校教学质量保障机制，统筹课程、教材、教学、评价等环节，主动收集学生反馈意见，及时改进教学。实施综合素质评价，建立学生综合素质档案，做好学生成长记录。创新作业方式，并根据学生掌握情况布置分层作业。有效控制考试次数，依据课程标准的规定和要求确定考试内容。运用在线课堂等信息化手段，解决农村教学点、村小教师结构性缺编问题。进一步构建优质学校辐射、带动薄弱学校的现代远程在线教育网络，实现区域内优质教育资源共享，增强教育信息化兜底线、保基本、促公平的能力，促进全省教育的均衡发展。

四、切实加强教师队伍建设

一要加强师德师风建设。紧密结合师德师风建设提高年活动和开展"铸师魂、守师道、立师表"师德师风建设活动，以争做"四有"好老师为核心，以"德为人先、学为人师、行为世范"为准则，加强教育实践，选树先进典型，强化师德监督，引导广大教师和教育工作者不忘教育初心，牢记育人使命。坚持把师德师风作为评价教师队伍素质的第一标准，建立新时代师德规范，健全教师诚信体系，强化师德考评，推行师德考核负面清单制度。要完善师德考核办法，健全教师、学生、家长、学校"四方"测评机制，突出教育教学实绩和师德要求，扭转中小学单纯以升学率和学生考试成绩评价教师的倾向。将师德考核结果纳入教师个人师德档案、教师绩效考核、事业单位工作人员年度考核和诚信体系记载当中，作为教师资格定期注册、职称评聘和评先评优的重要依据，实行师德问题"一票否决"。二要优化教师资源配置。创新和规范中小学教师编制管理，进一步盘活事业编制存量。全面推行中小学编制周转池制度，加大编制统筹配置和跨区域调整力度。全面推进"县管校聘"和"无校籍管理"改革，加强县域内中小学教师统筹管理，打破岗位资源校际壁垒，实行集中管理，统筹使用。三要加强教师培训工作。开展中小学教师全员培训，启动"智慧＋乡村教师队伍建设"行动，用信息化和人工智能手段扩大优质教育资源覆盖面。四要完善中小学教师准入和招聘制度。按照"放管服"要求，落实市县教师招聘主体责任，保障各地教师招聘自主权。加大农村中小学教师和紧缺学科教师补充力度，招聘贫困地区、革命老区、山区、库区、行蓄洪区教学点教师，可按规定适当放宽条件。五要深化教师职称和考核评价制度改革。进一步优化中小学中级、高级教师岗位比例，畅通教师职业发展通道。在乡村连续任教满30年且仍在乡村学校任教的教师，可不占岗位结构比例评聘相应教师职务。进一步完善义务教育绩效工资总量核定办法，确保义务教育教师平均工资收入不低于当地公务员平均工资收入水平。切实落实乡村教师享受乡镇工作补贴、集中连片特困地区生活补助和艰苦边远地区津贴等政策，鼓励有条件的地区适当提高标准、扩大实施范围，继续建设乡村教师周转宿舍，进一步增强乡村教师职业吸引力。

五、构建质量综合评价体系

一是扎实推进中小学生综合素质评价工作，促进学生德智体美劳全面发展。基于"安徽省中小学生综合素质评价管理系统"，开展全省中小学生综合素质评价工作，并将综合素质评价作为高中阶段学校招生录取的依据。原则上从 2020 年秋季初中一年级学生开始，在全省全面实施基于初中学业水平考试成绩、结合综合素质评价的招生录取办法。

二是进一步完善初中学业水平考试，加强考试招生管理。将《义务教育课程设置实验方案》所设定的全部科目均列入初中学业水平考试的范围，引导学生认真学习每门课程，确保初中教育的基本质量。加强考试内容改革，增强与学生生活、社会实际的联系，在全面考察学生基础知识和基本技能的前提下，注重考查学生综合运用所学知识分析问题和解决问题的能力，正确引导学校教学和学生学习。实行优质普通高中和优质中等职业学校招生名额合理分配到区域内初中的办法，招生名额适当向薄弱初中和农村初中倾斜，其中省示范性普通高中招生名额分配到初中学校的比例不低于 80%，且不设最低控制线。

六、扎实推进智慧校园建设

一是积极推进智慧学校建设。安徽省委、省政府高度重视智慧学校建设工作，时任安徽省委副书记、省长李国英在中小学智慧学校建设调研座谈会上指出，智慧教育是促进优质教育资源均等化、办好人民满意教育的重要途径。坚持"试点先行，稳步推进"的原则，统筹设计，谋划智慧学校建设总体战略性布局，将智慧学校试点建设工作纳入 2019 年 33 项民生工程。根据《安徽省普通中小学智慧学校建设指导意见》《安徽省智慧学校发展规划（2018—2022）》，建设智慧学校示范学校和实验学校，省级资金重点考虑贫困地区，着力补齐贫困地区薄弱学校教育资源短板。

要将智慧学校建设内容设计为起步阶段的基础版和提升阶段的标准版，通过乡村学校扶智攻坚工程，大力扶持促进农村地区学校的建设应用。力争到 2022 年，全省中小学智慧学校建设实现全覆盖，所有中小学均达到基础版建设要求。到 2019 年，农村教学点 50% 达到基础版所确定的智慧教学、智慧管理等主要建设要求；到 2020 年，农村教学点 100% 达到基础版所确定的智慧教学、智慧管理等主要建设要求。形成具有地方特色的智慧学校发展模式，全面提高教育信息化应用水平，为实现教育现代化提供有力支撑。

二是优先扶持乡村智慧学校建设。将全省教学点在线课堂智慧教学升级改造与大别山等偏远山区以及皖北地区、贫困县农村小学智慧学校建设纳入省民生工程予以推进，让更多偏远山区的孩子享受优质教育资源，实现每个学生受教育机会平等，实现乡村教育高质量跨越式发展。应用安徽省中小学生综合素质评价信息管理系统，帮助高中学生科学制定人生规划和职业发展方向。重点支持大别山等偏远山区、皖北地区和贫困县农村高中的信息化提升建设。

（2018 年 12 月）

关于《安徽省统筹推进城乡义务教育一体化改革发展的六点建议》的采纳证明

合肥师范学院：

为深化基础教育领域综合改革，全面推动我省义务教育由基本均衡向优质均衡迈进，自 2018 年 10 月份以来，我处委托合肥师范学院基础教育改革与发展协同创新中心，通过专项研究形式组织专家团队开展"城乡义务教育一体化改革发展工作"调查研究。以钱立青为组长的研究团队提交了相关研究报告与建议：《安徽省统筹推进城乡义务教育一体化改革发展的六点建议》，该报告与建议内容翔实，观点清晰，客观地分析了我省城乡义务教育一体化改革创新发展的基本思路与政策指向，为教育教学改革、师资队伍建设、质评体系构建、智慧校园建设等提出了针对性的策略建议，在今后推进工作中将具有一定的参考价值和实践意义。由此，决定对《六点建议》的核心内容予以采纳。

特此证明。

安徽省教育厅基础教育处

2018 年 12 月 28 日

安徽省中小学教师队伍建设及融入长三角情况调研报告

项目来源：安徽省教育厅师资处委托调研
时　　间：2019 年 12 月
成果形式：调研报告

长期以来，安徽省一直高度重视教师工作，坚持强师兴教，尊师重教，统筹谋划教师队伍发展。目前，全省中小学教师队伍建设基本呈现师资数量稳中有升、教师队伍结构不断优化、教师素质明显提升的良好发展态势。但受制于诸多原因，教师队伍建设中也存在一些发展性问题与挑战，特别是在长三角区域教育一体化进程中，还尚未充分体现出安徽省域的优势与特点，随之推进的教育改革系统性、整体性、协同性有待增强，融合度、贡献度需要进一步提升。

一、安徽省中小学教师队伍建设基本现状

近年来，安徽省中小学教师队伍建设注重顶层设计，在师德建设、专业标准制定、教师校长培训、教师资格制度改革、教师队伍管理等方面出台了多项政策举措。同时，教育、编制、人社、财政等部门相互协作，加强统筹、深化改革、创新举措，着力加强师德建设、统筹教师配置，优化教师管理、增强培训实效、强化待遇保障、维护队伍稳定，多措并举，积极推动全省中小学教师队伍建设。

（一）贯彻落实乡村教师支持计划，全面促进城乡师资均衡

一是实现师资配置向农村学校倾斜。新任教师优先分配到乡村学校任教，实行城乡统一的教师专业技术岗位结构比例，基本保证了乡村教师队伍的稳定。二是职称评聘向乡村教师倾斜，为乡村学校切块提供岗位。三是实施乡村教师定向培养计划，为农村学校的持续发展储备了师资。四是加大乡村教师补充力度。实施特岗计划和定向培养"一专多能"全科型乡村教师制度。同时通过外聘"夕阳红"编外教师方式，一定程度上补充了乡村学校的师资力量。

（二）深化人事管理体制改革，稳步落实教师"县管校聘"制度

在全国较早开展"县管校聘"管理改革，建立了系统人管理机制、编制动态管理机制、教师竞争上岗机制和校长教师交流轮岗机制，全面推行中小学教师"无校籍管理"。各地积极探索出全员聘任制、学科走教制、职称局管制相结合的工作思路，形成"小步先行、快慢交替"实施模式。强化教师的支教与交流工作，缓解了乡村教师结构性缺员和城镇师资不足等问题。统筹存量编制资源，建立城乡统筹、余缺调剂、周转使用的中小学教职工编制周转池制度。推进教师合理流动，优化师资配置，进一步激发教师队伍活力。

（三）强化培训管理改革，着力提高教师业务素质

推进教师培训改革，探索建立"专题＋自主"双向选择的全员培训制度，构建"省级规划、市级统筹、县级落地"三级协同的运行机制。将教师继续教育专项经费列入县级财政预算，为教师继续教育提供了坚实的经费保障。推进国培、实施改革，进一步下移培训管理重心，落实县（区）和学校教师培训主体责任，实现教师培训工作内涵式发展。搭建名师成长平台，组建省、市、县级名师工作室，充分发挥名校长、名师、名班主任的示范引领作用。借助"国培""省培""市培"三级平台，积极推动教师校本培训，突出骨干教师培养，带动本区域教师共同成长。

（四）全面实施乡镇工作补贴制度，切实保障教师待遇

依法执行有关教师工资政策，开展学校年度目标管理考核，依据考核等次，地方财政每年安排专项资金为乡村教师发放乡镇工作补贴。大多数区县能结合实际解决对偏远地区学校教师实行交通费和午餐补贴，所需经费由财政承担。加大农村教师周转宿舍建设力度，按照规定将符合条件的乡村教师住房纳入当地住房保障范围。坚持乡村教师荣誉退休制度，对乡村教师在退休时颁发荣誉证书，并给予一定的物质奖励。

（五）加强师德师风专项治理，倡导争做"四有"好老师

坚持师德为先，通过开展"师德师风建设提高年""安徽最美教师"师德师风优秀案例评选等活动，进一步巩固师德师风专项治理成果。大力弘扬优秀教师先进事迹，讲好师德故事，弘扬高尚精神，把榜样力量转化为广大师生和人民群众的生动实践，营造崇德向善、见贤思齐、德行天下的浓厚氛围。注重正面引导，激励广大教师争做党和人民满意的好老师和学生健康成长的引路人，在全社会积极营造尊师重教的良好风尚。

二、中小学教师队伍建设中存在的问题与短板

（一）教师队伍总量不足与结构性缺编，城乡师资矛盾凸显

调研发现，随着城镇化的推进，城区学校学生数不断增加，农村边远地区学生数量剧减，导致城区学校教师紧缺，农村学校教师相对富余。教师编制普遍不足，音乐、体育、美术、信息技术等学科的教师结构性缺编严重。从学段来看，学前教师增长速度远远滞后于在园人数的增长速度。面对新高考改革学生选课走班的挑战，目前高中师资储备难以满足走班的需要。农村寄宿制学校生活指导教师、安保等人员没有核定编制，以及外聘人员与在编人员待遇不平衡以及学校管理成本的提高，又带来了新的管理问题。

（二）"无校籍管理"改革推进缓慢，教师交流轮岗存在体制机制障碍

推进"无校籍管理"改革牵涉面广，敏感度高，主要受制于传统的教师编制到校、职称岗位到人的人事管理制度，教师交流轮岗存在体制机制障碍。同时，部分跨学区交流的教师住房等生活保障设施建设也不能满足轮岗交流的需求。随着新型城镇化进程加快，城区学校教师也亟待补充，造成了到农村学校支教存在"派不出、走不开"等问题。

（三）教师流失现象较严重，乡村教师职业吸引力有待增强

农村教师的工资待遇偏低，工作条件艰苦。然而工作负担与压力相对较重，教师从事教育工作的幸福感不强，职业认同感较差，导致了乡村学校教师的"招聘难，留不住"，流失现象比较严重，一定程度上影响了乡村教师队伍的稳定，谈不上吸引优秀的人才来从事教育事业。乡村教师职业吸引力有待增强。据统计，安徽省12个连片县乡村教师生活补助发放学校和教师的覆盖率分别为85%和74%，与全国平均水平相比，覆盖面居全国各省的末位。

（四）教师的职后培训绩效不彰，教师专业发展后劲不足

安徽省近年来实施"国培"等培训项目，虽然发挥了示范引领作用，但诸多培训反馈的结果依然体现在培训针对性不强、内容泛化、方式单一，培训质效难以达到预设的目标。主要归因：一是受项目参与多元主体的影响，培训课程多属"预设"，实际开展的培训与教师的需求相背离，培训个性化需求难以满足；二是培训的激励

机制缺乏刚性，质量监控能力薄弱；三是学习者缺乏自主发展意识和专业进取精神，没有内化形成学习提高的紧迫感和危机感，参加学习培训处于被动行为。而在农村，由于学校地处偏僻，教师数量少，专业发展氛围不浓，青年教师在专业化成长过程中缺少同伴引领和互助，整体素质有待提高。

（五）教师男女性别比失调，教师使用与管理面临困境

鉴于教师的社会地位与经济待遇，诸多男性大学毕业生不愿从事教师职业。近年来新入职教师中女性教师比例逐年上升，男女性别比趋向失调，同时给队伍管理带来了新问题。如考虑到年轻女教师人身安全问题和生活实际，教育主管部门一般很少将她们分配至农村边远学校和教学点，严重影响了乡村教师的有效补充。随着计划生育政策的调整，女教师"产假式"缺员现象也非常严重，影响了乡村学校教师队伍的稳定与工作安排。

三、长三角区域教育一体化进展情况

（一）长三角区域教育一体化的背景与挑战

长三角区域教育一体化发展的本质内涵是一种基于时代发展新需求的教育体制机制创新尝试，旨在以现代化的理念和机制创新破解长三角区域原有的"地域行政壁垒"阻碍与"僵化传统"的发展思维及发展模式，实现区域内教育诸要素的自由流动与优势互补。开展区域一体化，力争在国家宏观政策与规划的指引下，通过错位发展、优势互补、统筹协调等手段，提高长三角区域教育总体的发展速度与竞争力。

长三角三省一市正在不断地创新一体化发展的管理机制，以"共商共建共享"的现代化发展理念，与长三角区域教育一体化发展的管理机制创新紧密结合，着力解决区域内教育同质化、无序化、不均衡化发展的体制机制问题和深层次矛盾，实现长三角区域教育一体化发展的管理机制创新。

目前，江浙与上海地区正积极创造区域内良好的人才、信息、资金流动的制度环境、法制环境和社会环境，破除"一亩三分地"的固化理念，建立长三角区域教育共同体，激发长三角区域教育一体化发展活力。相对安徽省而言，目前发挥省级政府的统筹作用显得尤为重要和迫切。实现区域一体化发展，就必须打破包括省域内和省际之间行政区障碍，推进全面合作、科学分工，逐步实现开放与互融，充分发挥市场机制在资源配置中的决定性作用，要通过政府主导的科学规划和教育布局、

专业设置、教育体系构建等，增强各类教育资源的整合与配置，激活各种教育要素的流动与互融，提升教育发展的活力与创造力。

（二）积极融入长三角区域教育一体化发展

目前，安徽省积极参与了长三角区域校长（教师）培训合作项目，为教师和校长队伍建设提供好的发展平台。既可以深入学习江浙沪先进地区的教育理念和办学实践，也为四省市参训教师与校长们搭建了经验交流和思想碰撞的优质平台。大多数参训校长逐渐成长为本地区教育发展的领军人物，辐射带动了一大批骨干校长专业成长，有力地推进了区域基础教育改革与发展。

（1）长三角中小学名校长联合培训项目。这是由长三角三省一市共同着力打造的长三角教育联动发展平台的品牌项目。该项目以培养教育家型校长为目标，通过共享长三角优质中小学校长培训资源，促进三省一市基础教育领域校长交流、理念更新、办学水平提升及长期合作共进，有效推进长三角地区教育联动发展不断深化。安徽省 2012 年开始加入联合培训计划以来，共遴选推荐高中、初中、小学、幼儿园等 7 个类别 214 名优秀校（园）长参加培训，实现了对基础教育阶段各类校长全覆盖培训。作为项目承办单位之一，安徽省教育厅与江浙沪教育行政部门通力协作，充分调动全省校长培训优质资源，先后组织实施了 2 次长三角幼儿园园长专题培训、2 次长三角名校长论坛及 6 次长三角名校长跟岗实践培训，共计培训了 840 余名来自江浙沪皖的优秀校长。

（2）中小学教师校长领航工程。项目旨在共享长三角地区优质教育资源，通过打造优秀骨干教师（校长）成长平台、教学改革示范平台、教研科研攻关平台、教师发展创新平台，培养一批专家型教学名师或教育家型好校长，造就一批高水平教学（管理）品牌团队，引领全省中小学教师（校长）队伍建设，促进课程改革纵深推进和素质教育全面实施。2019 年计划从中小学特级教师和校长工作室首席负责人中选送 40 名教师、校长赴江浙沪地区名校跟岗研修一个月。

四、全面融入长三角区域教育一体化的发展思路与举措

（一）全面融入长三角区域教育一体化的基本思路

为深入贯彻落实全国教育大会精神和习近平总书记关于推进长三角区域一体化发展重要讲话精神，落实党中央把长三角一体化发展上升为国家战略的重大决策部

署，加快推进长三角教育一体化综合改革发展步伐，根据长三角地区教育更高质量一体化发展会议精神、《长三角地区教育更高质量一体化发展战略框架协议》和《长三角地区教育一体化三年行动计划》要求，加强长三角区域教育深入合作的广度与深度，进一步实施优质资源共享、师资合作培养、校际合作联盟、教育联动发展机制创新，提供基础教育优质资源创建和应用经验，助力安徽省基础教育教师校长队伍发展和教育家型教师和校长的成长。

（二）全面融入长三角区域教育一体化的主攻方向与重大项目

安徽省全面融入长三角区域教育一体化，中小学教师队伍建设领域的主攻方向应是与长三角区域教育一体化拉伸标杆，等高对接，实现中小学教师整体素质明显增强，普遍具有良好的品德修养、先进的教育理念、扎实的专业基础和较强的教育教学能力。在项目安排上，应继续做实做精长三角中小学名校长联合培训项目和中小学教师校长领航工程，统筹推进国培计划，集中支持乡村教师提升整体素质，构建选拔、培养、使用与管理于一体的中小学名师梯级建设体系。通过干部挂职、名师工作室联盟、名师助皖等举措，鼓励广大教师大胆探索，创新教育理念，改进教学方法，努力成为新时代教育名家。

（1）实施长三角中小学优秀后备干部跨省市到名校挂职。为加快推进长三角教育综合改革发展步伐，根据《长三角地区教育更高质量一体化发展战略框架协议》和《长三角地区教育一体化三年行动计划》要求，围绕"共建党政干部互访交流平台，搭建中小学校优秀后备干部跨省市、到名校挂职的机制"这一师资领域的重点任务，建立长三角中小学校优秀后备干部跨省市、到名校挂职机制，引领后备干部共享长三角名校资源，参与名校高质量建设和发展工作。本项目拟从2019年开始启动实施。

（2）共建长三角区域开放协同的教师教育体系。整合长三角教师教育资源，创新开放协同的教师教育发展机制。全程规划设计教师职前教育、入职教育和在职培训，把职前与在职教育的渠道打通、融合，加强吸纳职后培训实践或经验资源，以培训反哺培养，增强培训能力，创新教师培养模式。四省市开放融合长三角区域内多类创新元素，实现U（高校）、G（政府）、S（中小学）协同推进区域教师教育改革。率先推进教师教育领域内师范院校资源的整合，建立与中小学合作的长效机制，敦促师范院校与基础教育一线的深度融合，促进培养、培训、研究、服务一体化，为教师专业成长发挥示范引领作用。充分利用四省市的优质高校资源，结合师范类专业认证工作，着力改革教师教育培养模式。调研分析师范生人才培养目标、规格与岗位间的衔接问题，实现教师培养开放化、综合化和师范性与专业性的统一，明确教师教育专业服务面向。系统推进合作式育人机制、对接性标准体系、模块化课程体系，促进专业教育与创新创业教育的有机融合。实施以知识基础、素质为本、能力取向的学业评价淘汰机制，构建适应教师专业发展的良好生态。

（3）组建长三角区域"名师工作室联盟"。名师工作室联盟是基于共同的学术价值取向而缔结的一个学术团体，可以让教育理念传播、资源流动、成果共享，实现联盟成员的共赢和发展。遴选工作性质类似、学科背景相近、研究方向聚焦的工作室跨省集结在一起，组建多层次、多学科、多类型的名师工作室联盟，交融优质教育教学资源，力求解决具有共性的问题和困难，让发展较好的工作室起到"传、帮、带"的功能和作用。名师工作室联盟能凝结教育的资源，合作提升区域内教师专业素质，培养和成就一批具有区域特色的名师。

（4）设立"名师助皖"项目。依托长三角区域丰富的教育培训资源，通过引智手段，引入或吸引具有国培资质的高等院校和机构参加安徽省国培项目招投标，借助长三角优质的教师教育资源，促进安徽省中小学教师队伍专业发展。同时，以课题项目委托方式，共同构建教师职后培训考评体系。分类研制各类教师培训质量指标体系，采取专家考评、年度监测和第三方评估等多元评价手段，切实形成监测与质量保障的有效统一。通过互联网大数据建立教师专业成长档案，并借此进行培训绩效考量与评价，实行教师培训跟踪问效，不断优化教师专业发展的路径与方法。

（5）共同探索卓越教师和全科型教师培养。针对当前教师教育类生源质量总体不高，应在长三角区域试点性地拓展师范教育优惠政策，吸引优质生源，从源头上确保生源质量，探索师范生定制培养的组织模式。通过在学免费、学费返还等方式，支持实施免费师范生教育，制定激励措施吸引优秀高中毕业生报考师范类专业，吸引优秀人才从教。以教师专业化为导向，围绕教师专业核心能力和基础教育新课改，深入实施卓越教师培养计划。实施"双导师"导学，通过第二课堂，引导师范生早进入、全接触基础教育一线，有效提升师范生的学科素养、实践技能和教研能力。拓展招生通道，提供多学科交融的文化环境，探索学科专业与教师专业培养相叠加、校内培养与基地学校培养互嵌入的全科型教师培养课程体系建设，为农村中小学定制培养本土化的复合型全科教师，探索招生、培养、就业三位一体定制培养的组织模式，破解农村中小学教师的培养质量和职业认同感不高的难题，切实形成"下得去、留得住、教得好"的师资配置格局。

（三）全面融入长三角区域教育一体化的支持与保障

（1）强化组织保障。加强党对新时代教师队伍建设的领导，强化思想引领，落实党组织的意识形态工作责任制。强化组织观念，提高教育决策科学化水平。

（2）注重统筹推进。率先规划，做好顶层设计、框架构建，与经济社会、国家教育规划衔接。四省市制定实施方案，加强协作，明确具体责任分工，制订时间表与路线图，确保项目真正落地。

（3）强化督导评估。完善监管和评价制度，强化项目实施的过程管理与监控。突出任务驱动和成果考核交流，进一步提升项目实施的质量和层次。

（2019 年 12 月）

乡村振兴战略视角下的乡村教育发展研究

项目来源：协同创新中心年度项目"乡村振兴与乡村教育研究"
时　间：2018 年 10 月
成果形式：研究报告

一、乡村教育的现状和面临的主要问题

近年来，国家出台了不少政策，大力支持农村教育事业，三个增长持续兑现，农村学校办学条件不断改善，但在城镇化快速推进的过程中，一些农村地区的教育事业发展速度仍然落后于时代进步，还存在着不少不容忽视、亟待解决的突出问题。

（一）农村教育资源规模效益低下

农村教育经费投入比例过去一直偏低，近年来虽然加大了投入力度，但农村义务教育经费投入增速低于全国平均水平。农村教育资源投入效率短板主要源于农村学校规模普遍偏小，相同的经费投入水平、相同的师资配置标准或相同的办学条件，在农村教育和城市教育中具有不同意义。据统计，2016 年，全国小学和教学点有 276070 所，其中城区 28180 所，镇区 54687 所，乡村 193203 所，分别占全国的 10.21%、19.81%、69.98%。不足 100 人小学和教学点有 123143 所，其中城区 2605 所，镇区 12208 所，乡村 108330 所，分别占城区、镇区和乡村小学和教学点数量的 9.24%、22.32%、56.07%。农村小学和教学点数量多，不足 100 人小学和教学点数量占比大。农村小规模学校依然普遍存在。

以公用经费为例，为维持小规模学校的正常运转，按照《国务院办公厅关于规范农村义务教育学校布局调整的意见》（国办发〔2012〕48 号）要求，对学生规模不足 100 人的村小学和教学点按 100 人核定公用经费。2016 年农村 1~99 人小学和教学点 111034 所（表 1），即使我们把 1~99 人小学和教学点在校生平均值相对保守地确定为 50 人，11.1 万所农村小学和教学点，约需额外增加 555 万人的公用经费。

（二）城乡教育投入差距显著

教育经费投入是教育稳步发展的保障条件，更是资源合理配置的基础。我国农村教育投入近几年呈现递增趋势，城乡差距缩小显著，但也存在一定的问题。2017年我国生均教育经费投入农村小学只有普通小学的95.78%、农村初中只有普通初中的91.84%，生均公用经费农村小学只有普通小学的91.35%、农村初中只有普通初中的89.83%（表2），整体来说农村教育经费投入有所提高，但是农村学校与普通学校的投入仍存在差距，投入增长速度也低于普通学校。另一方面，农村经费投入渠道呈现单一化。我国农村教育当前主要以义务教育为主，其经费来源主要依赖于国家财政拨款，社会组织或个人、企业参与相对薄弱。统计资料显示，2005—2015年，我国财政性教育经费呈现"单条腿"快速增长的局面：公共财政教育经费的年均增速继续保持在10%以上的高水平，但社会和私人教育投入的增速仅有3.6%。

表1　2016年农村1~99人小学和教学点各段比例情况

学校或教学点规模	城　镇		乡　村		合　计	
	数量/所	占比	数量/所	占比	数量/所	占比
1~10人的小学和教学点	2113	18.94%	25833	25.86%	27946	25.17%
11~50人的小学和教学点	4660	41.77%	43548	43.60%	48208	43.42%
51~99人的小学和教学点	4383	39.29%	30497	30.53%	34880	31.41%

表2　2016—2017年中国教育经费投入情况

学校类别	经费类别	支出/元人民币		增长比例	农村/普通
		2016年	2017年		
农村小学	生均教育事业费	9246	9768.57	5.65%	95.78%
	生均公用经费	2402.18	2495.84	3.90%	91.35%
普通小学	生均教育事业费	9557.89	10199.12	6.71%	104.41%
	生均公用经费	2610.80	2732.07	4.64%	109.46%
农村初中	生均教育事业费	12477.35	13447.08	7.77%	91.84%
	生均公用经费	3257.19	3406.72	4.59%	89.83%
普通初中	生均教育事业费	13415.99	14641.15	9.13%	108.88%
	生均公用经费	3562.05	3792.53	6.47%	111.32%

资料来源：教育部、国家统计局、财政部2017年全国教育经费执行情况统计公告。

（三）乡村学校教师岗位吸引力低

教师是教育发展的第一资源。但诸多地区呈现优秀人才不愿意到乡村学校任教，农村教师队伍出现"下不去、留不住、教不好"的现象。究其原因，是由于农村学校教师岗位吸引力低影响教师特别是优秀教师主动选择农村教师岗位。调查资料显示，农村教师的工作负担较重，农村教师的平均周课时数普遍高于城市教师。同时，农村教师工资待遇又相对较低。2016年，乡镇教师、乡村教师的月收入分别达到3965.23元人民币和3550.38元人民币，虽略高于县城教师的3446.37元人民币，但与城市教师相比仍存在一定差距。乡村教师高职称比例较低，城市学校高级和一级教师所占比例达65.04%，而县镇和乡村学校分别只有59.96%和54.44%，乡村比城市低10.6个百分点。除了农村教师工作量、工资、职称等因素外，农村经济社会文化条件相对落后加剧了农村学校教师岗位吸引力方面的劣势，农村教师向城市流动意愿强烈。调查发现，村屯、乡镇教师向城市流动意愿的比例超过70%。教学能力突出、素养较高的教师会通过选调、特聘、晋升等渠道逐步流向城镇，反之，却鲜有城镇教师流向乡村。教师队伍已成为制约乡村教育质量提升甚至学校运转最关键的因素。据调研，即便像江苏泰州市经济比较发达的农村，教师年龄结构老化、年轻教师补充难，学科结构不合理、专业教师短缺等问题依然严重。

（四）家庭教育缺失极大影响农村留守儿童发展

2018年9月，民政部公布目前全国农村留守儿童数量为697万人，农村留守儿童数量总体呈现下降的趋势，但在中西部贫困地区，留守儿童依然具有数量多、比例大、分布广的特点。有78.2%留守儿童集中在义务教育阶段。调查发现，留守儿童中有1/3属于隔代监护。留守儿童教育面临的最大问题是家庭教育功能弱化问题，长期处于一种放养式的状态，隔代监护导致其缺乏必要的辅导与良好的家庭环境，使得农村留守儿童的基本权利与社会需求难以满足。由于"亲情饥渴"，容易导致的认识、价值上的偏离以及个性、心理发展异常等问题而厌学、逃学、弃学，甚至养成了不良嗜好。一些学生性格孤僻，越轨现象时有发生。留守儿童给社区和学校教育带来巨大的压力与挑战。

二、振兴乡村教育的对策和建议

教育是民族振兴、社会进步的重要基石，乡村教育则是帮助乡村孩子学习成才、阻止贫困代际传递的基本通道。振兴乡村教育，要努力补齐乡村农村教育短板，当务之急是要将教育资源向农村地区倾斜，加快缩小城乡、地区教育差距，协同破解乡村教育存在的优质教育资源紧缺、教育质量亟待提高等普遍性问题,着力改变乡村教育存在的"不平衡不充分的发展"状况,逐步破除城乡二元结构,缩小城乡差距,用优质教育为乡村振兴注入更多活力。

(一)着力推动城乡义务教育一体化发展

首先调整乡村教育结构。针对当前农村小学基数大、生源散、校园学生规模分布失衡的现状,提升学校资源供给与利用率。按照乡村振兴计划和城镇化规划编制义务教育学校布局规划,优化教育资源配置,推进义务教育城乡一体化。加强乡村小规模学校和乡镇寄宿制学校建设,通过"互联网+"等形式,促进优质资源下沉。充分调动农村教育资源服务功能,有条件的乡村形成小学与初中一体化发展,提高九年一贯制学校在农村义务教育学校中的比例,逐步推动农村义务教育从侧重小学向小学、初中均衡发展,也一定程度上避免了"撤点并校"所带来的缺陷。就以人为本的教育而言,这种"合类并校"也有利于未成年人身心发展,契合于乡村振兴战略的总体要求与建设目标。

(二)健全乡村教育经费投入机制

要加大乡村教育投入,特别是重点加大向农村教育薄弱地区倾斜力度,强化农村教育基础设施建设,扩大优质教育资源供给,大力促进教育公平。第一,强化政府投入为主体的政策体系。针对我国城乡教育差距显著、农村教育投入力度仍然薄弱的现状,在保障正常的教育拨款政策外,国家需要就校舍修建、教学实验设备、图书、计算机、多媒体教室配置、网络信息覆盖等办学条件扩大扶助、资助政策,加强农村教育扶贫、奖贷政策力度,同时注重各政策之间的系统性、协调性与全面性,利用政策工具规范国家层面的农村经费投入机制,提升农村增长比例优于城镇,缩小城乡教育投入差距。第二,建立多元渠道筹措经费的机制。针对我国农村教育经费来源渠道单一化现状,应鼓励社会组织、个人、企事业单位参与农村学校办学,形成以国家经费拨款、社会自主捐助、企事业单位参与投资为一体的多元化乡村教育经费来源渠道。第三,合理配置农村教育环境资源。农村教育环境建设强调实用性,教育教学需要怎样的办学条件,就设立怎样的环境,以"装有所用、用有所需、需有所备"为配置教育资源原则,同时农村教育资源实现区域内协调、共享,各类教育间沟通互助,尽可能使农村办学条件的规模、质量、使用效率实现最优化,推动农村教育发展。

（三）内外发力增强农村学校教师岗位吸引力

农村学校教师岗位吸引力的相对弱势，是由教育系统内外部条件造成的。农村学校教师岗位在工资待遇、发展机会等方面的内部条件劣势使增强农村学校教师岗位吸引力面临巨大挑战，农村经济社会文化等外部条件劣势使增强农村学校教师岗位吸引力更具艰巨性、长期性和复杂性。从改进教育系统内外部同时发力，才能有效增强农村学校教师岗位吸引力。要基于对教育内外部具体情况的分析，建立补偿＋激励的农村教师岗位吸引力提升策略。各地贯彻《乡村教师支持计划（2015—2020 年）》，依据学校艰苦偏远程度实行差别化的补助标准，取得很好的社会效益。《中共中央国务院关于全面深化新时代教师队伍建设改革的意见》明确规定，"确保中小学教师平均工资收入水平不低于或高于当地公务员平均工资收入水平。"在此基础上，要进一步加大对乡村教师的补偿和激励力度，比如，教师去偏远地区教学或定居偏远地区的教师进城，都会产生一定数额的额外交通、生活费用或专业发展培训费用，要把这些费用列为补偿范围。再根据艰苦偏远程度，设置补助额度和鼓励措施，补助额度和鼓励措施要达到一定力度，要对一个区域内多数教师到乡村学校任教有吸引力。与此同时，要进一步改善农村交通条件、基础设施、生活条件和信息条件，缩小区域城乡学校教师生活条件差距和信息鸿沟。优化教育资源配置，通过统一城乡教师编制标准、职称（职务）评聘向乡村学校倾斜、推动城市优秀教师向乡村流动、建立乡村教师荣誉制度等改革措施，提高乡村教师职业吸引力。

（四）群策群力健全好农村留守儿童关爱体系

解决农村留守儿童问题需要治理思维，需要政府、村（居）民委员会、教育行政部门与学校、群团组织、社会力量、家庭多主体参与。其次，必须明确各主体的责任顺序与优长，在明确、强化父母对留守儿童的第一责任的基础上，发挥各主体在关爱教育儿童方面的职责与优长，细化问责，建立问责制度。第三，努力在保证留守儿童关爱教育工作上贯彻"三无"原则，保证留守儿童关爱教育工作在空间上无死角，时间上无空白，责任上无推诿，切实解决留守儿童问题。

乡村振兴不仅是经济、生态、社会的振兴，也是文化、科技、教育的振兴。扎实推进乡村振兴战略实施，应坚持农业农村优先发展，按照产业兴旺、生态宜居、乡风文明、治理有效、生活富裕的要求，加大城乡融合发展力度，为日渐堪忧的乡村教育营造良好的外部环境。

振兴乡村教育，重在补齐农村教育短板，推动建立以城带乡、整体推进、城乡一体、均衡发展的义务教育发展机制，改善办学条件，健全资助机制，夯实乡村振兴的教育根基，建构营造良好的乡村教育生态环境，为乡村振兴战略实施培养储备一批优秀本土人才，提供人才支撑和保证。

（2018 年 10 月）

"两调两激"提升中小学教师素质

项目来源：国家教育体制改革领导小组办公室委托"对重大教育理论和实践问题
　　　　　提出咨询意见建议"
时　　间：2017年3月
成果形式：咨询报告

　　加强教师队伍建设，提高师德水平和业务能力，培养造就有理想信念、有道德情操、有扎实学识、有仁爱之心的"四有"教师队伍，是基本实现教育现代化、全面建成小康社会的坚强有力的师资保障。十八大以来，各地积极深化教师工作改革，探索建立现代教师教育体系和制度，加强教师教育模式改革，不断提高教师教育质量，教师队伍整体素质大幅度提高。然而，随着基础教育高位优质均衡发展的深入推进，人民群众对更加多样、更加公平、更高水平的基础教育需求与教育优质资源供给能力相对不足的矛盾日益突出，提高教师素质又一次摆在首要位置，必须坚持问题导向和需求定向，建立健全"调并体系、调好方式、激活要素、激励主体"的机制和制度，强化政策引领和优化供给，进一步加强教师队伍建设，不断提高中小学教师素质。

一、存在问题及成因

（一）教师教育与终身教育体系和制度中出现了各自的边界要求

　　20世纪90年代末以来，我国教师教育体制逐步从定向封闭向多元开放转型、从粗放转型向强化应用转变，教师教育制度演变为师范教育、教师教育和终身教育。目前存在体系和制度多元，协同要素不一，各自边界清晰，职责壁垒分明。如加快构建政府、企业、社会共同参与的终身学习激励机制，建设覆盖全国城乡、开放便捷的终身学习公共服务体系。完善高等学校、地方政府、中小学"三位一体"的协同育人机制。建立以师范院校为主体、教师培训机构为支撑、现代远程教育为支持、立足校本的教师培训体系。整合高等学校、县级教师发展中心和中小学校优质资源，建立中小学教师校长专业发展支持服务体系，等等。这些概念内涵应该是一致的，由于分开实施，导致了政策举措多头设计、基础设施多头建设、条件资源多头投放，其结果是难以共享教育改革发展的实践和成果，难以提高供给体系的质量和效益。

（二）教师培养培训机制中出现了沟通与衔接的制度断裂

教师教育标准化是现代教师教育制度的基本内容，也是师范院校和师范专业建设的基本指南。由于在教师教育体系开放的过程中，教师培养培训一体化政策工具，诸如，建立非学历培训与学历教育的衔接机制等，看起来动静很大，但很难对其实际效果进行评价，因为教师专业成长需要一系列政策保障。目前沟通衔接政策，缺乏机制和制度保障，缺乏专业化、个性化、科学化服务平台支持，缺乏教师教育质量评估和监管标准与办法，激励约束教师专业自主受到限制，影响教师专业自主发展，表现出某种程度的"粗放"特征，教师培养培训一体在供给层面出现断裂。绝大多数地方教师教育管理机构不统一，培养培训又是多个部门管理，治理和服务职能较为分散，尚未形成一体化管理，教师培养培训一体在治理层面出现断裂。

（三）教师教育制度面临着利益冲突出现了再次弱化倾向

从加强和发展师范教育开端，到加强教育学院建设、师范院校布局调整、改制升格和转型发展等政策的实施，师范院校体系受到了较大冲击，一些优质教师教育资源流失，教师教育出现弱化边缘化的倾向。由于缺乏教师教育质量评估和监管标准与办法，难以保证教师教育院校参与水平与能力。师范院校作为一个利益主体，为了服务地方经济社会建设，扩大学校办学社会声誉，增设服务地方的新技术新产业新业态的学科专业，对那些传统的师范类专业虽具有很强的公益性，却因社会吸引力不强就业率不高而弱化甚至取消了。地方原设的教师教育要素，为了谋求新的生存和发展，经升格（合并）或改组等变革，升格（合并）的教师教育处于边缘地位，改组的持续建设有不到位现象，地方教师培训机构的培训能力相对不强，这与"发展教师教育是国家教育战略"的主流教师教育思想不够协调。

（四）教师职业吸引力不足是教师教育在供给端遭遇的主要瓶颈

教师职业还没有真正成为令人尊敬和羡慕的职业，高学历连读制度尚未建立，免费师范生招生规模较小，难以吸引优秀中学生报考师范专业，师范生生源质量总体上呈下降趋势。教师工资待遇总体上仍然偏低，教师（尤其是区县教师）收入低于当地公务员平均水平比较普遍。教师住房和社会保障问题突出，青年教师买不起房的现象比较普遍，农村青年教师性别失衡找不到对象的问题较为严重。教师培养供给与需求之间断裂，师范院校发展转型强调学术性忽略师范性的状况依然存在，综合大学教师教育体系和制度不够健全处于低端供给未来教师。与之相对，社会对教育的要求与期望越来越高，优质教师的巨大需求不断增长，而与师范毕业生"进不去"的矛盾也日益突出。

二、主要对策和建议

（一）调并体系，统筹建设共享共用

制定国家教师教育院校布局结构调整指导意见，构建以师范院校为主体、综合大学参与、布局结构更加合理、教师教育特色更加鲜明、适应基础教育高位优质均衡发展需要的灵活开放的现代教师教育体系。强化省政府、地市政府对教师教育的统筹规划，建立一批教师教育改革实验区，遵循教师专业发展这一主线，促进教师专业成长这一核心，融教师培养培训研究服务与基础教育研训用实践为一体，形成省级政府统一规划、市级政府主导建设、高等学校主动作为、县级教师培训机构支持、优质中小学参与的相对稳定、责权清晰、相互协同的教师专业发展支持服务体系（简称"GUIS"体系），形成"体系+"运作模式。推动教师教育信息化，采取政府购买服务方式，建设一批示范性网络研修社区（工作坊或工作室），搭建开放灵活、覆盖城乡的教师终身学习平台，支持开展多种形式的网上研修活动，形成支持教师专业持续发展的长效机制。

（二）调好方式，培养培训有机衔接

制定国家教师教育标准化框架，构建教师教育目标、质量和评价标准体系，构建教师培养培训标准体系，优化完善实践育人、教育实践标准体系，以及技能训练标准体系与考核办法，形成教师教育质量体系的基本框架。落实国家教师教育课程标准，研定教师培养培训学分互认标准和认定办法，优化完善教师教育类（包括师德类、教育类、教研类、培训类和实践类）课程教师分类管理和考核评价办法，搭建起教师专业成长的"立交桥"，拓宽教师终身学习通道，促进教师培养培训走向统一，推进学习型社会建设。

制定国家终身教育资历框架，与之对应，修订中小学教师继续教育规定，优化完善教师培养弹性学分制度，开发全国教师教育信息管理平台，建立个人学习统一账号和学分银行制度，建立多种学习成果互认制度和平台。通过部分地区试行探索，推进国家教师教育学分银行建设，逐步实现自主学习与他组织学习、学历教育与非学历教育、职前教育与职后教育的沟通衔接。

（三）激活要素，服务教师专业发展

国家出台扶持教师教育院校改革发展的政策，提高师范生生均拨款，大力支持教师教育院校和师范专业建设，积极培育教师教育特色。地方政府完善教师教育的相关制度配套，建立"省级规划、市级统筹、县级落地"的支持机制，夯实市县级政府的实施主体责任，大力支持属地的教师教育院校设立专门的教师教育学院，高等学校主动与属地政府加强校地合作、校地联姻，协同建设地方的教师发展学院，建成一个机构两块牌子的教师之家，落地地方与高等学校在教师培养培训研究和服务职能相互嵌套与资源叠加。国家和地方出台县级教师发展中心建设标准，推进县级教师培训、教研、电教等部门整合，建成集教研、培训和指导师范生实习等为一体的县级教师发展中心。加强区域内的片区研修中心和培养培训实践基地学校建设，真正把培训（培养实践）阵地前移到县、把培训课堂前移到基层学校，开展立足校本的精准高效的教师培训。

制定国家教师教育资质框架，包括教师教育机构资质认定标准与办法、师范类专业认证标准与办法、教师教育质量评估标准与办法。开展教师教育机构资质认定，保证教师教育院校的"合格"办学资质，提高教师教育准入门槛。开展师范类专业认证，强化认证结果应用，与教师资格考试挂钩。开展教师教育质量评估，通过评估不断引导教师教育院校提高办学质量。制定国家教师教育者（培训者）专业标准，提高培养培训教师的整体质量。

（四）激励主体，增强职业吸引定力

国家出台师范专业招生改革的政策，建立"连读"培养制度，实行高中起点五年制教育硕士、六年制学术硕士、七年制教育博士、八年制学术博士培养（医类院校从 2004 年就开始试办八年制医学教育医学博士学位）。建立实行提前批次、大类招生制度，优化完善校内面试、二次选拔标准和办法，录取乐教适教的优秀学生攻读师范类专业。扩大国家免费师范生和地方公费定向培养师范生招生规模，扩大教

育硕士和教育博士招生规模。

　　加强供给改革，营造乐教适教氛围，创设会教善教环境，建立"三个第一"的人才培养模式，推开"一制双创三化"的人才培养改革，建设如"书院书屋"等自主学习交流研讨场所，引导师范生加强理想信念与师德师品、专业知识、专业能力和科学文化素养的学习和养成。突出实践环节，强化教师基本功训练，培养具有解决问题能力、实践精神和高度社会责任感的未来教师。

　　加强继续培养，国家和地方出台关心青年教师（尤其是农村青年教师）发展的倾斜政策。关心青年教师生活，解决青年教师生活困难，通过给予教师更高的自治自信，更丰厚的工资待遇，更多的有意义有价值的学习机会，吸引优秀人才长期从教。关心青年教师工作，实施"减压"制度，保护青年教师对教育事业的感情，调动青年教师对教育工作的热情，激发青年教师对教书育人的激情。关心青年教师发展，帮助青年教师进梯队明方向，让青年教师潜心问道，引导青年教师自主持续发展专业素质能力。

　　总之，回应理论关注，回应社会关切，应对诸多挑战，需要进一步加强中小学教师队伍建设，建立和实施"两调两激"的机制，以发展素质能力建设作为突破口，促进教师队伍整体师德素养高和业务能力强，做中小学生锤炼品格的引路人、学习知识的引路人、创新思维的引路人、奉献祖国的引路人。

（2017 年 4 月）

中小学教师队伍建设调研报告

项目来源：2017 年安徽省基础教育重点工作专题调研与督查
时　　间：2017 年 10 月
成果形式：调研报告

根据《安徽省教育厅关于组织开展基础教育有关重点工作专题调研和督查的通知》精神，中小学教师队伍建设调研工作共分成五个组，于 2017 年 11 月 21 日至 30 日对合肥市肥西县、淮南市田家庵区、蚌埠市怀远县、滁州市凤阳县、宿州市埇桥区、淮北市烈山区、马鞍山市当涂县、芜湖市南陵县、铜陵市铜官区、安庆市潜山县、池州市东至县等 16 个区县的中小学教师队伍建设及管理情况进行了专题调研。调研组事先认真做好各项准备工作，按照调研分类工作清单"队伍建设类"的主要内容，研究拟定了调研程序、座谈会座谈提纲等。采取听取汇报、查阅有关资料、走访学校、召开校长和教师座谈会、随机抽查与询问等方式进行调研和督查。现将有关情况报告如下：

一、教师队伍建设基本情况

（一）贯彻落实乡村教师支持计划，全面促进城乡师资均衡

各地重视《乡村教师支持计划（2016—2020 年）》的实施工作，先后印发了本区域乡村教师支持计划的实施办法。加大乡村教师支持力度，落实各项支持政策。一是实现师资分配向农村倾斜。许多区县严格执行新任教师优先分配到乡村学校任教，或新招录教师原则上先到乡村学校任教 3 年以上，确保了乡村学校教师队伍的稳定。按照城乡统一标准核定中小学教职工编制，其中村小和教学点按照生师比和班师比相结合的方式核定。实行城乡统一的中小学教师专业技术岗位结构比例。二是职称评聘向乡村教师倾斜。有些区县实行城镇教师职评须乡村和薄弱学校工作经历作为一条硬性条件。让部分学校的富余教师流动起来，保障了缺编学校教育教学工作的正常开展。三是实施乡村教师定向培养计划，选送高中毕业生签约送到相应

师范院校培养。

（二）深化教育人事管理体制改革，落实教师"县管校聘"制度

扎实开展义务教育阶段学校教师竞争上岗工作。实施超编学校教师向缺编学校流动，通过支教、交流，有效解决了乡村教师师资结构性缺员和城镇师资不足等问题，充分调动了教师工作积极性。有些区县设立了"县教师管理服务中心"，建立了系统人管理机制、编制动态管理机制、教师竞争上岗机制、校长教师交流轮岗机制，有效推动了教师队伍建设。各地均于2016年下半年开始启动中小学教师"无校籍管理"改革工作，确定试点区县，探索出全员聘任制、学科走教制、职称局管制相结合的改革思路，形成了先易后难、先试点后推广、先造势后推进和深谋划、细安排的改革模式。2018年安徽省四部门关于推进"县管校聘"管理改革指导意见印发后，各市积极制定市级实施意见，并在此基础上制定了与所辖区县实际情况相结合的本地落实方案，计划"小步先行，快慢交替"，2018年市域全面推进。无校籍管理试行，激发学校和调动教师工作积极性作用已经显现。

（三）全面实施乡镇工作补贴制度，切实保障教师待遇

全面落实乡村教师工作补贴。依法执行国家、省、市有关教师工资政策。开展中职中小学校年度目标管理考核，依据考核等次，县级财政每年安排专项资金为乡村教师发放乡镇工作补贴，补助标准为每人每月200～500元人民币。为保持教师队伍稳定，对边远地区学校教师实行交通费和午餐补贴，所需经费由财政承担。重视乡村教师身心健康，不少区县做到每年组织乡村教师免费体检一次，结合实际解决乡村教师午餐问题。加大农村教师周转宿舍建设力度，按照规定将符合条件的乡村教师住房纳入当地住房保障范围。建立乡村教师荣誉退休制度，对乡村教师在退休时颁发荣誉证书，并给予一定的物质奖励。

（四）落实中小教师继续教育专项经费，着力提高教师业务素质

各地根据《安徽省教育厅关于"十三五"中小学教师培训工作的指导意见》，大力推进教师培训改革，探索建立"专题＋自主"双向选择的全员培训制度，构建"省级规划、市级统筹、县级落地"三级协同的运行机制，建立"高等学校、远程教育机构、县级教师发展中心、优质中小学学校"四位一体的教师发展服务体系。扎实开展教师继续教育工作，强化经费保障。不少区县均按中小学教师工资总额的1.5%比例，将教师继续教育专项经费列入县级财政预算，为中小学教师继续教育提供了坚实的

经费保障。同时，搭建名师成长平台，组建名师工作室。充分发挥名校（园）长、名师示范引领作用。借助"国培""省培""市培"三级平台，积极推动教师校本培训，突出骨干教师培养，带动本区域教师共同成长。

（五）加强师德师风专项治理，倡导争做"四有"好老师

各地坚持师德为先，先后印发了《中小学教师职业道德考核暂行办法》或《中小学教师从教行为规范》，结合工作实际开展师德考核工作。规范教师从教行为，积极开展师德师风专项治理工作，印发有关师德师风专项治理工作实施方案，建立师德师风专项治理月报制度。加大在职教师有偿补课等问题监督和查处力度，创新推出教师"三项承诺"进班级，有效遏制了有违师德现象。表彰师德标兵，充分发挥师德师风先进典型的模范带头作用。严禁在职教师从事有偿家教，杜绝教师体罚学生，加大对师德师风监管的力度。评选"教书育人楷模""师德先进个人"，树立师德正面典型，营造了师德师风建设的良好氛围。有些地区以开展"恪守职业道德、严守六条禁令"专题教育活动为契机，以做党和人民满意的"四有"好老师为努力方向，充分运用微讲团师德典型宣传成果和先进典型的发掘评选为抓手，进行正面引导，教师违反师德师风行为得到扼制。

二、教师队伍建设存在的主要问题

（一）教师职业吸引力低，乡村学校教师流失现象严重

从近年教师资格证考试和教师招聘工作情况看，参加教师资格考试人数呈现爆发式增加，粗看起来教师职业很热门，但仔细分析起来，发现教师性别比例严重失调，男性毕业生不愿意从事教师职业；教师专业水平堪忧，特别是职业认同感差强人意，导致农村教师队伍不够稳定，农村偏远学校的交通不够便利，生活相对不便，乡村学校教师流失现象严重。调查的东至、潜山、怀远等地教师待遇普遍不高，年轻教师流失现象非常严重。东至县流失率占新招聘教师比例高达 32.7%，严重影响了乡村教师队伍的稳定。教师工资福利待遇偏低，新招聘教师每月工资只有 2000 元人民币左右，仅可维持一般生活，导致教师招进了也留不住，不能吸引优秀的人才从事教育事业。特别是不少县没有落实年度考核效能奖金（或一次性工作奖励），让诸多教师有意见。乡村教师工作补贴界定存在一定问题，在农村乡镇的县直学校教师没

有发放乡镇工作补贴。农村学校教师存在留不住问题,原因是待遇低、工作条件艰苦。省统一招聘教师未对在编教师服务年限作出规定,导致刚入编教师再次报名考试,加大了教师流动性,造成教师、学校和县教育局之间的矛盾。

(二)教师队伍呈现总量不足与结构性缺编

一是乡村学校教师编制普遍不足。现行教师编制核定标准难以适应"无校籍管理"和县管校聘管理改革新形势,乡村学校点多面广,布局分散,教学点众多,专任教师普遍不足,学校自聘教师与在编教师待遇不平衡,又带来新的管理问题,不利于乡村教育事业的可持续性发展。同时乡村学校教师结构性缺编严重,尤其是音乐、体育、美术、信技、心理等学科普遍缺失,难以开齐开足国家规定课程,严重影响了学生的全面发展,导致有条件的学生流向城区学校,又给城区学校班级容量带来新的压力。城区学校教师缺编,城区学校教师下乡支教存在一定困难。根据省职称评审要求,支教是城区学校教师评审职称的必要条件,支教经历缺失将导致部分优秀教师无法参加职称评定。近年来,农村人口向城市集中,进城入学的也越来越多,多地城区义务教育阶段在校生规模逐年增加,师资需求量快速增加。偏远农村学校缺编,城区周边教师超编,实施乡镇补贴后,年龄稍大的教师不愿流动,导致城区教师总量不足,配备和交流困难。二是学前教师严重短缺。编制部门未核定幼儿园教师编制,公办园师资力量严重不足,民办园教师学历亟待提高。目前幼儿园专任教师增长速度滞后于在园人数的增长速度。虽然近年来各地幼儿园生师比虽较往年有所改善,但较国家标准为15:1还有很大差距。三是高中教师储备不足。新高考改革面临的学生选课走班问题,对教师的学科结构提出了更高要求。新高考政策实施后,走班制教学需要教师数量来保障,但现行的高中编制政策还未跟上改革的变化步伐。高中教师队伍建设面临高考改革的挑战。职业学校专业课教师存在招聘难、留不住问题。幼儿园教师队伍建设仍需进一步加强。幼儿园教师核编工作滞后,造成公办幼儿园在编教师只退不进,人员年龄老化;民办幼儿园教师保教水平存在一定差距。农村寄宿制学校生活指导教师、安保人员、食堂后勤人员没有核定编制,加之学校教师编制原本不足,学校只能采取外聘人员的办法解决,由于各级财政部门不承担外聘人员工资,无形中又加大了学校的管理成本,导致学校经费运转困难,影响了学校的可持续发展。

（三）"无校籍管理"改革实施推进缓慢

推进无校籍管理改革牵涉面广，敏感度高，需要编制、人社、财政、教育等相关部门通力合作才能实现，需要从政府层面强力推动，纳入政府重点工作。推行中保障机制尚未健全。主要表现为现行编制和人事制度管理不能适应轮岗交流需要，编制调整备案制还未建立。教师住房等生活保障设施建设不能满足轮岗交流的需求，部分跨学区交流的教师住房、交通、生活等方面问题突出。现行教师编制核定标准难以适应"无校籍管理"和县管校聘管理改革新形势，乡村学校点多面广，布局分散，教学点众多，专任教师普遍不足，学校自聘教师与在编教师待遇不平衡，又带来新的管理问题。同时，城区学校教师到农村学校支教问题，随着新型城镇化进程加快，城市学校教师亟待补充，造成到农村学校支教存在"派不出、走不开"等问题。

（四）乡村学校教师专业发展后劲不足

乡村学校因地处偏僻，办学规模偏小，教师数量较少，加之学校专业学科不全，在专业化成长过程中缺少同伴引领和互助，整体素质有待进一步提高。同时由于专业氛围不浓，难以满足年轻教师专业追求，也是导致乡村教师不断流失的重要原因。特别是有些地区由于历史原因导致教师超编，造成部分教师职称因无岗位而无法聘任。

（五）新招聘教师男女性别比失调

近年来，新入职教师中女性教师比例逐年上升，一方面考虑到年轻女教师人身安全问题和生活实际，教育主管部门一般很少将她们分配至农村边远学校和教学点，严重影响了乡村教师的有效补充；另一方面随着国家计划生育政策的调整，乡村学校女教师产假式缺员现象也非常严重，影响了乡村学校教师队伍的稳定。

三、加强教师队伍建设的几点建议

（一）进一步完善教师编制管理政策

启动新一轮中小学教师核编，形成慎重核编、动态管理的长效机制，确保中小学教师编制总量不减，统一城乡学校编制标准并向乡村学校倾斜。从调研中发现，部分区县教师虽然数量上出现超编，但专业教师结构性缺编现象依然存在。一是建议在新一轮教师核编过程中，制定分类核定标准，对乡村学校尤其是村小和教学点班额不足的现实情况，按班师比核定编制，确保乡村学校开齐开足各类课程。如要率先制定适应新高考改革的编制政策，以满足新高考改革课程建设对师资的需求。二是建议对寄宿制学校核定一定量的生活指导教师、安保人员、后勤保障服务人员编制，或者通过政府购买服务的方式，将这部分人员工资纳入财政预算，明确不占或尽量少占中小学教师总编等政策。三是建议核定一定数量教师储备编制，以应对在编教师参加继续教育培训、因病缺员及女教师"产假式"缺员问题，教师储备编制建议通过政府购买服务的方式实现。四是争取核定公办幼儿园教师编制。根据学前教育迅速发展的实际情况，如果长期不核定幼儿园教师编制，而采取政府购买服务或人事代理的方式补充幼儿园教师，很难保证教师质量和稳定，将严重影响幼儿园办园水平的提升。

（二）进一步完善教师补充机制

一是建议按每年教师自然减员的实际数量补充教师，以解决乡村中小学教师结构性缺编的问题。二是建议在教师编制无法突破的前提下，积极探索政府购买服务的方式，按照"同城同待遇""同岗同待遇"的基本原则，用于招聘乡村学校紧缺教师。三是进一步加大乡村教师定向培养指标，让更多的本地户籍教师补充到乡村学校，以增强乡村学校教师的相对稳定性。四是建议对乡村学校教师补充采取更加灵活的方式，适当放宽一些政策限制，如果乡村学校未完成年度省考招聘计划，在编制部门核定的用人计划总量内，可以由区县自主招考，更好地解决乡村学校师资不足的问题，保障乡村学校可持续性发展。

（三）加大"县管校聘"实施力度

"县管校聘"存在人社、编办、教育难协调一致的问题，存在学校教师管理与稳定的问题。同时随着城镇化进程的不断加快，城市学校教师每年需要大量补充，城市学校教师下乡支教存在"派不出、走不开"的现实问题。建议城市学校教师下乡支教采取帮扶的形式，不到乡村学校驻点任教，而是帮助支教学校上示范课、开设讲座、指导教科研工作等，加强对支教学校教师的培训，帮助乡村学校教师提高教育教学水平。

（四）进一步加大乡村教师支持力度

加大奖惩力度，完善教师与学校激励机制。为确保当地教师平均工资不低于当地公务员的平均工资，除基本工资外，公务员有考核奖的应对教师设立相同数目的考评奖励，同时细化考评方案，把提高教师待遇落到实处。一要进一步提高乡村教师经济待遇，大幅度提高乡村教师工作补贴，更好地改善乡村教师的后顾之忧，促使乡村教师乐于扎根乡村教育，推动乡村教育事业的良性发展。二要建议教师乡镇工作补贴发放范围以学校坐落地为标准，切实解决当前部分区县教师乡镇工作补贴不平衡的问题，维护乡村教师队伍稳定。三要建议进一步加大乡村教师的政策扶持力度，对在乡村任教累计 25 年且仍在乡村学校任教的，符合晋升一级教师、高级教师申报条件，可不受学校岗位职数限制，对已具备高级教师专业技术资格标准条件的城镇教师，本人自愿到乡村学校任教 3 年以上的，职称评聘可不受学校岗位职数限制，以更好地解决乡村教师安心从教的专业成长之需。加大教师职称评聘对乡村学校的倾斜力度。建议省教育厅协调省人社厅修改相关职称评聘政策，对于"凡在乡村学校任教累计 25 年且仍在乡村任教的乡村教师，符合晋升一级教师、高级教师职称（职务）申报条件的，或者教龄满 30 年、有高级教师职称资格而未聘任的城镇教师，本人自愿到乡村学校支教 3 年以上，可不受学校岗位职数限制。"也不受县域中小学教师相应岗位总量限制。如果"在县域中小学教师相应岗位总量内"，则 25 年、30 年教龄以上教师评聘职称无法由区县操作。继续提高职称结构比例，促进教师职称随教师交流而流动，切实向乡村教师倾斜。参照市级以下公务员职级并行政策，对凡一直在乡村学校任教的乡村教师，二级教师满 15 年、一级教师满 15 年的，可不受学校岗位职数限制，享受一级教师、高级教师职称（职务）工资待遇。

（五）进一步完善新教师招聘、管理及培养使用模式

一要进一步优化新招聘教师性别结构。建议在新教师招聘中，对同一招聘岗位入围考生，分设男女 2 个组，按照男女 1:1 的原则，确定最终招录人员，优化新入职教师男女性别比。二要建议参照公务员招聘的相关做法，修订新教师招聘政策，对新任教师设定一定的服务期限，服务期内不得参加全省中小学教师招聘考试，以保证乡村教师队伍的相对稳定性。三要建议改变新进教师分配方式，对于计划分配到村小和教学点的新任教师，先让其到城区或乡镇学校任教，通过名师传帮带，经过 2 到 3 年培养成熟后，再放到村小或教学点，切实提高乡村学校教师整体素质。

（六）进一步营造尊师重教的浓厚氛围

健全激励与约束相结合的教师管理机制。通过师德模范的引领作用和正面宣传报道，提升教育和教师形象。依法依规保障教师待遇，按照公务员实际收入核拨教师绩效工资总量，同时在绩效工资总量之外争取政策来设立校长、班主任津贴、专

项任务奖励等专项资金。进一步加大乡村教师补贴力度，加快农村学校教师周转房和食堂建设，适当增加农村偏远学校教师的生活补贴，为交流支教的教师发放交通补贴等。严格实施教师准入制度，建立健全师德师风考评机制，加强师范类学校师资培养力度，让真正具备教师资格条件，对教育充满热爱的人从事教育，努力做到办优质的教育。

（2017 年 12 月）

师德建设长效机制建设的研究

项目来源：安徽省教育厅师资处委托项目"师德建设长效机制研究"
时　　间：2018 年 8 月
成果形式：提交研究材料

《中共中央国务院关于全面深化新时代教师队伍建设改革的意见》印发以来，安徽省全面加强师德师风建设，着力提升教师思想政治素质和师德涵养，推动教师成为先进思想文化的传播者、党执政的坚定支持者、学生健康成长的指导者。提出要进一步加强中小学师德师风建设，规范中小学校办学行为和教师从教行为，大力推进素质教育，切实减轻学生学业负担，坚决纠正人民群众反映强烈的教育行风问题，形成治理中小学教师有偿补课的长效机制。

一、工作基本情况

（一）建立健全责任机制

2015 年印发了《安徽省教育厅印发〈关于开展全省治理中小学校和在职中小学教师有偿补课专项行动实施方案〉的通知》（皖教师〔2015〕9 号）。各地市、区县教育局根据教育部和省教育厅的文件精神，结合本地实际情况，分别出台和制定了《治理中小学校和在职中小学教师有偿补课专项行动实施方案》，并成立专项行动领导小组，分工明确，落实责任。各地教育行政主管部门与学校、学校与教师层层签订责任书，强化教师的自律意识，规范教学行为。进一步明确了目标责任，全面安排了专项行动进程，认真部署了治理重点，强调了工作要求，建立健全了工作责任机制，确保了专项行动各项工作的扎实、有序、高效开展。

（二）树立形象弘扬正气

各地采用多种形式、多种渠道，开展积极广泛的宣传教育活动，向广大教职员工、学生、家长宣传学习国家、省、市有关专项治理活动的文件精神，明确要求，提高社会共识。设立公开的投诉意见箱，公布举报电话，形成强大的舆论宣传氛围。通过一系列的宣传教育活动，使广大教师了解严禁中小学和在职中小学教师从事有偿补课的有关规定要求，引导广大教师践行社会主义核心价值观，立德树人，自觉拒绝有偿补课，充分展现当代教师无私奉献、崇德向善的精神风貌，积极传播教育正能量，不断扩大师德先进典型引领示范和正面教育的作用。

（三）多渠道开展师德教育

采用多种形式、多种渠道，开展积极广泛的宣传教育，引导广大教师践行社会主义核心价值观，立德树人，自觉遵守《严禁教师违规收受学生及家长礼品礼金等行为的规定》。在新学年开学的第一周，要求各地以校为单位，对全体中小学教师集中开展师德专项教育。设立公开的投诉意见箱，公布举报电话，形成强大的舆论宣传氛围。同时加强先进典型宣传。通过一系列的宣传教育活动，使广大教师了解严禁中小学教师违规收受礼品礼金的有关规定要求，充分认识开展专项整治工作的重要性和必要性。教育引导广大教师践行社会主义核心价值观，立德树人，自觉拒绝有偿补课，充分展现当代教师无私奉献、崇德向善的精神风貌，积极传播教育正能量。

（四）不断完善监管体系

认真落实国家、省、市专项治理行动方案，严格检查和管理，畅通举报渠道，强化明察暗访，积极构建教育行政部门、学校、教师、学生、家长及社会广泛参与的监督体系，坚决杜绝学校、教师组织或参与有偿补课行为，对违规行为做到发现问题，及时查处，切实把专项行动落到实处。通过组织中小学校和在职中小学教师自查、对学生和家长进行问卷调查、邀请社会有关部门帮查等多种形式，全面开展自查自纠工作。在自查自纠过程中，按照"自查从宽，被查从严"的原则，对从事有偿补课的中小学校和在职中小学教师，加强引导，要求立即自行停止有偿补课行为，并及时退还相关费用；对有禁不止，继续从事有偿补课的中小学校和在职中小学教师，依法依规予以严肃查处。省、市教育主管部门在学校自查、区县复查的基础上，组织有关人员采取定期与不定期检查相结合的方式，分组对各县（市、区）有关学校进行有偿补课整治明察暗访工作，重点紧盯节假日、双休日等时间节点，通过明察暗访、召开座谈会等方式开展全面检查和重点抽查，了解各校的活动开展情况和在职教师从事有偿补课的情况。根据群众投诉举报情况，对违纪违规行为认真查处，严格按照有关规定追究相关人员的责任，并依据督查情况予以通报。

二、全面推进中小学师德建设

在认真总结经验，查找问题的基础上，安徽省将全面加大坚守中小学师德"十条红线"的宣传和检查力度。在建立有偿补课和教师违规收受礼品礼金两个主要问题的长效机制和监督机制同时，还针对教师体罚或变相体罚学生问题、侵害学生家长权益问题以及教师职业倦怠问题的整治及查处，切实做到警钟长鸣，常抓不懈，发现的问题及时处理，始终保持对"十条红线"问题整治的高压态势，督促各地市、区县将整改工作落实到位。

（一）严格教师日常管理

认真落实教师管理、师德建设有关文件要求，把师德建设工作业绩作为校长任用的重要依据；将师德表现作为教师年度考核、岗位聘任、职称评审、定期注册、评优奖励的重要内容，实行师德问题"一票否决"。对群众反映、媒体曝光、检查发现的教师有偿补课和违规收受礼品礼金问题，要建立工作台账，加大重点督办和直查直办工作力度，对典型问题公开通报。建立开放的评价体系，通过个人自评、教师互评、学生和家长评议、学校总评，对教师师德进行鉴定，并存入教师个人档案。

（二）纳入督导考核

把治理教师违规收受礼品礼金作为各级政府教育督导评估的重要内容，将各地工作责任落实情况、整治效果纳入年终检查，考核结果与各地教育主管部门评先评优、省政府重点目标管理考核、各区县党委政府领导班子和干部教育考核结果挂钩。组织开展"回头看"，定期不定期开展检查，开展有针对性的治理，有效地防止违规违纪行为出现反弹，全面巩固落实整改实效。

（三）强化责任追究

省教育厅把师德建设作为考核教育质量和办学水平的重要指标纳入督导评估，实行"师德问题"一票否决。对违反师德行为实行"零容忍"，发现一起查处一起，绝不姑息迁就。对师德建设工作推动不力的地区和学校，要责令其限期整改，并在一定范围内予以通报批评；对师德表现不佳的教师，要及时诫勉；对师德总体评价不合格的教师，要进行严肃处理；对有严重失德行为并造成严重后果，影响恶劣的教师，依据有关规定，撤销教师资格并予以解聘，同时要追究学校领导的责任。凡发生教师违反师德恶性案件的学校及其主管教育行政部门，当年不评先评优。

三、贯彻落实师德建设长效机制

（一）加强师德制度建设

印发《安徽省中职中小学教师师德考核办法（试行）》，明确师德行为的11条底线，以师德考核为抓手，建立宣传、教育、考核、监督与惩治相结合的师德建设长效机制。师德考核每年一次，考核结果将作为教师资格定期登记、职务评审、岗位聘任、绩效工资发放、表彰奖励等的重要依据，实行师德问题"一票否决"。

（二）建立教师信用制度

在中小学校教师中开展个人信用体系建设，建立教师队伍诚信管理机制和教师个人信用制度，加大对教师失信行为的约束和惩戒力度，广泛形成诚实守信、模范遵守社会公德的师德风尚。以教育教学诚信和教研科研诚信为重点开展教师诚信教育活动，依法进行教师个人信用信息的采集、整理、保存、加工和公布，完善教师个人信用记录，健全教师征信体系和失信惩戒体系。

（三）加强师德教育

多渠道、多层次、多形式开展师德教育，坚持把师德教育作为教师培训内容的第一模块，将法制教育、安全教育作为师德教育的重要内容，使广大教师在学法、守法、用法等各个方面都能为人师表。坚持把师德教育始终贯穿于"国培计划""省级培训""全员培训"中，明确将"师德教育"列为必修内容。组织"安徽最美教师"师德报告团奔赴全省开展巡回报告。各地在每个新学年开学的第一周，以校为单位，对全体中小学教师集中开展师德专项教育。教育引导广大教师践行社会主义核心价值观，立德树人，自觉拒绝有偿补课，充分展现当代教师无私奉献、崇德向善的精神风貌，积极传播教育正能量。

（四）建立师德工作机构

2018年省教育厅成立师德师风建设工作领导小组，领导小组办公室设在厅师资处，主要负责全省师德师风建设统筹计谋划工作。各市、县教育主管部门也成立了师德师风建设工作组织机构。按照"谁主管、谁负责"属地管理有原则，建立师德师风包保责任制。各级教育主管部门负责对本辖区师德建设工作的指导和监管，主要负责人是师德建设第一责任人，有关职责落实到了具体的职能机构和人员。中小学校长是师德的责任主体，校长是师德建设的第一责任人。学校基层党组织、广大党员教师要充分发挥政治核心和先锋模范作用，学校教代会和群团组织紧密配合，形成推进学校师德建设的合力。

（五）完善社会监督机制

为创新教师管理机制，畅通教师诉求渠道，有效回应群众期盼，自觉接受社会监督，安徽省在教育系统建立了师德师风建设与教师管理投诉平台。建立健全信息接收、呈阅、转办、督办和回复机制，实现师德师风建设省、市、县三级联动，及时受理和回复群众对师德师风问题和教师管理的投诉与建议，并公开反馈办理意见，自觉接受社会监督。同时，将群众来信和来电反映的问题，逐一登记，建立问题清单并及时转有关教育局核查，对反映问题线索清晰和领导的批办件，重点督查或直查直办。有效地回应了群众期盼与诉求，对师德师风建设与教师管理工作的监督发挥了很大作用。

（2018 年 11 月）

关于采纳《师德建设长效机制建设的研究》的成果证明

合肥师范学院基础教育改革与发展协同创新中心：

为全面加强师德师风建设，着力提升教师思想政治素质和师德涵养，科学促进师德建设长效机制建设，厅师资处以项目委托方式，由合肥师范学院基础教育改革与发展协同创新中心组织承担有关"师德建设长效机制建设"的项目研究。2018 年 8 月，项目研究团队负责人钱立青副研究员提交了研究成果《师德建设长效机制建设的研究》，该成果理论与实践并重，内容翔实，观点明晰，客观地分析了安徽省教师队伍师德师风建设的现状与政策指向，并从教师信用制度、社会监督机制、师德师风教育等方面针对性提出了策略与建议，为今后安徽省在师德长效制度建设和督促落实方面提供一定的科学决策依据。由此决定对《师德建设长效机制建设的研究》的核心内容予以采纳。

安徽省教育厅师资处

2018 年 11 月 19 日

建设一支扎根乡村的"四有"好教师队伍的建议

项目来源：基础教育改革与发展协同创新中心基地项目
时　　间：2018年6月
成果形成：向安徽省政协文史委提交建议

党的十九大报告首次提出"乡村振兴"，正式把乡村振兴战略上升为国家战略。乡村振兴，最终需要靠人才，而人才的培养根本在教育。

教育是文明演进、社会转型和人类进步的基本动因与导向性力量。发展乡村教育是乡村振兴战略的重要支撑。然而在新型城镇化发展的进程中，一些农村地区教育事业发展缓慢，依然存在不平衡不充分的问题，主要聚焦在教师队伍建设上。目前师资短板已成为制约乡村教育质量提升甚至学校运转的最关键因素。

一、存在的问题

（一）乡村教师岗位吸引力低，流失现象比较严重

乡村教师工作条件艰苦，工作负担与压力较重，周课时数普遍高于城市教师，然而工资待遇却偏低，与城市相比存在一定的差距。由此，乡村教师从教的幸福感不强，职业认同感较差，无法吸引一些优秀人才来乡村从教，导致了当下乡村教师"招聘难、留不住、教不好"。如皖南某县近三年流失新招聘教师162人，流失率高达32.7%。另外，由于农村经济社会条件相对落后，一些教学能力突出、素养较高的教师也通过选调、特聘、晋升等渠道纷纷流向了城市（镇）。

（二）乡村教师总量不足，存在结构性缺编

乡村师资需求矛盾突出，由于学校布局分散，点多面广，各学段教师编制普遍不足。有些农村初中、小学的生师比分别高达17.1∶1和20.8∶1（2017年全国初中、小学的生师比为12.52∶1和16.98∶1）。特别是科学、音乐、体育、信息等学科教师结构性缺编严重，导致难以开齐开足国家规定课程。而农村高中面对新高考改革学生选课走班的挑战，目前的师资储备难以满足走班的需要。

（三）乡村教师专业发展后劲不足

农村学校大多地处偏僻，办学规模小，教师数量少，一部分教师年龄结构趋向老化，而青年教师在专业成长过程中又缺少同伴的引领与互助，队伍整体素质有待提高。乡村教师的高职称比例较低，高级和一级教师占比均低于城市 10 个百分点左右。

二、建议与策略

教师是教育发展的第一资源。乡村教育则是帮助乡村孩子学习成才、阻止贫困代际传递的基本通道。发展乡村教育，当务之急是要将优质资源向农村倾斜，同时必须建立一支能扎根乡村的"四有"好教师队伍，协同破解乡村教育质量亟待提高等普遍性问题，营造良好的乡村教育生态环境，培养与储备一批优秀本土人才，为乡村振兴注入更多的活力。

（一）加强师德师风建设

通过师德模范的引领作用和正面宣传，以"中国好老师"公益行动计划基地校建设为依托，大力弘扬优秀教师先进事迹，让一线教师坚守育人初心，营造全社会尊师重教的浓厚氛围。强化师德师风考评，建立师德考核负面清单制度。增强师范院校的师范生培养力度，吸纳对教育充满热爱的优秀毕业生从教。

（二）完善乡村教师补充机制

完善"省考县管校用"制度，实施好"特岗教师"和乡村教师定向培养计划，拓宽教师补充渠道。在目前教师编制无法突破的前提下，要积极探索政府购买服务等路径，按照"同岗同待遇"的基本原则来招聘紧缺教师。特别是要放宽乡村教师定向培养指标，让更多的本地户籍教师充实到乡村学校，提高乡村教师的稳定性与归属感。

（三）增强乡村教师岗位的吸引力

深入实施乡村教师支持计划和《中共中央国务院关于全面深化新时代教师队伍建设改革的意见》，建立补偿＋激励的乡村教师岗位吸引力的提升策略，实行教师编制标准、职称评聘向乡村学校倾斜、建立乡村教师荣誉制度等改革措施，切实在工资待遇、发展机会等方面增强教师岗位的吸引力。同时，进一步改善农村学校的交通条件、基础设施和生活环境，缩小城乡之间的教师差距，为日渐堪忧的乡村教育营造良好的外部环境。

（四）提升乡村教师专业素质能力

构建选拔、培养、使用与管理于一体的中小学骨干教师梯级建设体系，发挥示范带动作用。统筹推进各级各类教师培训，启动"智慧＋乡村教师队伍建设"项目，重点支持乡村教师提升整体素质。建议对新入职的教师先安排在城区学校工作，通过名师的传、帮、带等方式，培养 2 至 3 年后再回到乡村学校，以带动和促进乡村教师队伍整体水平提升。

（2018 年 6 月）

加强家校协同教育　切实推进减负增效
——实施科学监测着力解决中小学生课外负担重问题的建议

项目来源：安徽省政协月度会主题调研
时　　间：2018 年 11 月
成果形式：大会发言；材料收入大会资料汇编

　　为切实推进"减负增效"改革项目，提高教育管理和决策水平，有效引导一线学校和教育行政部门转变教学与评价方式，自 2013 年起，省教育厅通过委托第三方专业评估对省域内义务教育阶段学生课外负担进行监测考量。

　　作为监测承担单位，基础教育改革与发展协同创新中心结合有关政策规定，初步构建了安徽省学生课业负担监测指标体系。监测工作主要运用信息技术手段采集数据，动态监测各地学生课业负担状况，从而为减负增效，建立起稳定的、适应实施素质教育要求的教育教学秩序提供咨询与决策依据。

一、监测反映的课外负担情况

　　学生课业负担监测工作已持续开展了 5 年，基础教育改革与发展协同创新中心以专门研制的"义务教育阶段学生课业负担监测指标体系（2015 年版）"来确定监测内容，编制了监测问卷（中学生卷、小学生卷、家长卷和教师卷），主要包括学生在校时间及安排、作业量、教学及评价管理和个体反馈等四个方面。每年通过纸质和网络问卷的调查采集数据 2 次，辅以对教师、学生及家长的随机访谈方式进行交互印证。

　　根据教育评价和测量学原理，评测机构将课业负担监测指标进行加权合成设置"课业负担指数"（Academic Burden Index，ABI），作为衡量课业负担的综合指标。这些指标中，主要是集中反映学生的课外负担。整体来看，近三年全省中小学课业负担指数（ABI）明显趋向回落，临界课业负担适度区间，但通过数据研判出一些问题：一是学生在校学习时间偏长，挤占了课外时间，65% 的中学生每天在校时间超过了

8 小时（寄宿生除外）；二是学生书面课外作业较多。从区域分布来看，合肥地区小学生每天完成课外作业时间在 1 小时以上的占 32%；三是城市学校在"禁止划分重点班和非重点班"制度方面违规现象普遍，71% 的初中生表示存在分重点班现象；四是家长和教师均对考试成绩过度地强调与关注，小学生和中学生经常性参加课外补课（辅导）的占 54% 与 72%，并呈现跟风从众的趋向。

二、对策与建议

以上监测中所表现的问题，虽然逐年有所改善，但形势不容乐观，其背后依然存在着教育生态频遭破坏的现象，在一定程度上影响了素质教育的实施，影响了中小学生身心健康发展。规范办学行为、减轻学生课外负担需要政府、学校、家庭和社会共同努力，标本兼治，统筹治理，才能真正形成减负增效的保障体系。

（一）探索完善制度设计，引导规范办学行为

监测发现，诸多课业负担源于办学行为不规范。教育行政部门和中小学应把促进学生的全面发展作为衡量教育质量的根本标准，强调以人为本，要从区域统筹、管理评价等方面深入探索减轻学生课业负担的长效机制。如在区域内通过行政手段，控制与干预校际间偏离素质教育方向的过度竞争，建立减负监测及问责制度和家校联动机制。加强校外培训机构督查与整治，建立负面清单制度，严禁学科类培训"超纲超前教学"，严禁将校外机构组织学生等级考试（竞赛）的结果与中小学招生入学相挂钩。

（二）深化改革教学模式，提升课堂教学质效

课堂教学是教育教学的主阵地，中小学要始终坚守和发挥课堂教学在教书育人中的主渠道作用。要深化课程改革，探索学科教学"减负增效"的教学模式。着力提高教师专业素养和课堂教学能力，大力推行启发式教学、探究性学习，让学习"困惑"和"疑虑"解决在课堂上。借助信息技术手段，教师在线开展课后辅导与服务。根据学生心智发展的特点和课程标准的要求，创新分层作业模式，注重作业难易度设计，最大限度地减少作业的机械重复，适当安排课后阅读与思考性作业。同时要改变对教师业绩的评价方式，不得以单一的"升学率"对班级进行排名与奖惩。

（三）加强家校协同合作，倡导理性家庭教育

值得注意的是，监测中家长对学生课业负担评估指数普遍高于学生自身对课业负担的感受。其中反映了家长对课业负担问题的过度关注和担忧，同时也折射出家校之间沟通不畅，教育价值评判没有得到统一。由此，加强学校教育与家庭教育的相互协同尤为重要，需要构建多层面交互型的家校协同教育网络，引导家长树立正确教育观念，遵循青少年成长规律与尊重个体发展的差异性。建议家长商同孩子制定切实可行的学习目标，而非一厢情愿地增加课外学习负担与施加压力。强化家长教育素养与能力的培训，倡导理性看待校外学科类培训的作用与影响。

（四）完善课业监测体系，构建常态预警机制

研究表明，适度的课业负担水平有利于学生学习动机的激发，助推学习效能的提升。由此需要对课业负担的程度进行考量，建立课业负担的监测和公告预警制度，逐步完善省、市、校三级课业负担评测网络平台，实现监测常态化，提高监测信度。加强协同研究，对形成负担重的根源要因地因校分析，最终实现监测＋诊断模式，以利事后整改。

基础教育改革与发展协同创新中心将充分发挥协同创新平台的智库作用，坚持研究与服务基础教育，加强 U–G–S 合作，为破解学生课外负担难题等提供智力支持。

（2018 年 11 月）

加强中小学心理健康教育和减轻学生课业负担的建议

项目来源：基础教育改革与发展协同创新中心基地项目
时　　间：2020 年 6 月
成果形式：向合肥市委提交建议

2020 年 6 月 18 日，教育部、公安部联合在京召开全国学校安全视频会，会议提出要结合疫情防控常态化的实际，做好学校安全工作。今年疫情以来，各地中小学安全问题频发。目前正是学校期末的统考与统测时段，也是学生的课业负担叠加期和学校安全问题的关键期，有必要对全市中小学生心理健康教育中存在的问题与诱因进行研判，以便掌握新情况、新问题，及时调整改进工作思路和方法，积极有效地应对学校安全问题。

一、学生心理健康教育和课业负担的现状

（一）中小学生心理健康水平普遍较低

2020 年 3 月份，基础教育协同创新研究团队使用《中小学生心理健康诊断测验（MHT）》，采用线上调查的形式，在以合肥市中小学生为主的全省范围内收集了 2712 份的心理健康水平数据。结果发现，中小学生心理健康问题"较严重"检出率为 4.76%。而在 2018 年，采用中国科学院心理研究所《中国中学生心理健康量表》对合肥市 441 名中学生调查发现，有 58.54% 的中学生存在轻度及以上的心理健康问题，较之 2007 年数据，这个数值则由 36% 上升了 12 个百分点。今年 5 月份以来，我们针对合肥市义务教育阶段学生的课业负担进行监测，相关数据显示小学生的课业负担指数（ABI）超过以往同期，学生的课业负担已溢出了适度范围。

以上调研结果表明，近期我市中小学生心理健康、课业负担问题均呈严重发展态势，值得关注。

（二）课业负担和学习焦虑是学生心理健康问题的主要诱因

归因分析，学习焦虑是目前困扰中小学生最大的问题，学习焦虑分量表的阳性检出率为47.75%。特别是受新冠肺炎疫情影响，中小学普遍采用线上加线下混合教学模式，由此多数学生处于一种懒散与放纵的状态。而返回学校复课，学校管理和学习要求都发生了陡然变化，之前线上学习"欠"下的课程，均要求加速"补偿"，使学生压力倍增。据观察，多数学校都在快马加鞭，以半个学期来挤压完成全部的课程和教学任务，教师、家长均传递给学生一定的压力，且考试频频，这些必然会诱发更高的学习焦虑和深度的心理健康问题。

二、两点建议

（一）加强政策引导，及时调整教育方式和有效减轻课业负担

学生安全是重中之重，关键在引导。一是教育行政部门和学校要认真研究中小学心理健康教育的重点内容，重视学习压力、情绪疏导、学习自主性激发及生命教育等主题内容；二是重点关注存在严重学习焦虑情况的学生，把握他们的情绪、压力和态度，帮助他们正确、理性地看待与管理情绪和压力。三是减少本学期末的全市统一的学期学年统测，切实减轻学生的学业负担。

（二）鼓励多方参与，助力全方位开展中小学心理健康教育

研究发现，父母教养方式尤其是民主、温和的教养方式能有效缓解中小学生的学习焦虑。由此建议：一是学校要多层面深度开展家校合作，共同关注学生的隐性焦虑环境。二是以家长学校的方式开展教育培训，帮助父母学习如何与学生进行沟通、交流，改善父母教养方式。三是加强对课外辅导机构的综治与管理，减少学生假期补课的学习压力。

（2020 年 6 月）

家校协同 健育并举 让青少年有一个明亮的未来

项目来源：安徽省政协月度会主题调研
时　　间：2019 年 11 月
成果形式：大会发言；材料收入大会资料汇编

　　青少年视力健康问题日益突出，已成为影响学生体质健康的重要因素之一，备受关注。世卫组织最新报告显示，我国儿童青少年的近视率高居世界第一。更值得注意是，近年来，儿童青少年近视的低龄化、高度数的发展趋势愈发明显。破解视力健康问题刻不容缓，这不仅关系到青少年的身心健康，也关系着亿万家庭的幸福，更关系着国家和民族的未来。

一、青少年视力健康存在主要问题及其原因

　　通过调研，发现安徽省青少年的近视一直处于高发、低龄化的发展走势。以合肥市庐阳区为例，筛查的 6 万名学生中视力不良的超过了 45%。学生的视力健康已经不仅仅是一个公共医疗问题，更是一个涉及教育、家庭、环境等多方面的社会问题，影响深远，亟待有效解决。医学研究表明，导致近视的直接原因就是近距离用眼与疲劳。而其背后深层次的原因主要体现在三个方面：一是学习压力不断增大、课业负担繁重的教育环境下，学生无暇参与户外活动，用眼不健康是视力下降的重要根源。二是以手机为代表的电子数码设备在生活、学习中的普遍运用，体验其中的青少年眼睛承受的负荷也越来越大，长时间用眼影响视力健康。第三，还存在认识上的问题。目前学生近视问题正是部分家长和学校教育的"短视"思维，以及健康认知不足的产物。不少人认为近视不必大惊小怪，相信近视眼可以治愈、甚至康复，因而出现"视力让位于学业"的错误理念。

　　目前，无论是学校教育或家庭陪伴中存在的欠缺，还是社会生活方式转变中产生的负面影响，说到底，在学习压力和不良用眼方式的共同影响下，多重因素交替叠加，青少年学生罹患近视的风险大大增加。

二、建议与对策

随着教育部、国家卫健委等八部门印发《综合防控儿童青少年近视实施方案》，安徽省也出台了相应的《实施方案》，防控近视已成为全社会的一项系统工程，需要社会各界共同防治。但是，家长作为第一责任人，要率先形成家校联手、协同防范近视的共识，有效培养青少年健康用眼的学习与休闲方式。同时，我们要以问题导向和目标导向为指引，提高家长对近视危害的认识，动员家庭广泛参与到监测评测、个性化干预等工作，做到早预防、早发现、早治愈，使青少年近视防控的关口前移。要从转变教育观念实行减负入手，从引导青少年科学护眼、健康生活入手，构建以医学保健为先导，以学校和家庭为基点，集健康教育、监测预警、综合干预和动态管理于一体的社会共治的学生视力健康与防控服务体系。

一要加强近视健康监测，密织全链防护网络。创新渠道与形式，向家长大力宣传用眼卫生和护眼知识方法，破除"近视不是病"的谬论，为综合防控近视工作营造舆论氛围。结合中小学生体质健康监测，确立以视觉环境、视觉行为和视力健康状况为主要观测点，加强定期视力检查和二次筛查，建立学生屈光发育电子档案和区域大数据库，跟踪了解学生的屈光变化，完善"医院—学校—家长—学生"实时监测与预警机制。设立区域青少年视力健康干预中心，向具有资质的专业机构购买医疗服务，为青少年提供用眼指导、视力跟踪监测、视力康复矫治等专业技术服务。

二要减轻过重课业负担，强化户外体育锻炼。学校层面要针对学生成长特点，严控作业总量，有效减轻课业负担。家长层面要让孩子少补课，少做"家庭作业"，保障睡眠时间和休息时间。积极宣传与普及"'目'浴阳光，爱动才是爱眼"理念，倡导科学用眼，合理饮食，呵护视力健康。研究表明，户外活动时间与近视的发病率及其进展量呈负相关。切实加强家校协同，组织与鼓励学生参加户外锻炼，确保每天 1 小时以上的体育活动时间，缓解用眼压力。

三要严控数码产品使用，规避迷恋网络游戏。组织开展与数码产品保持适当距离的家校联合行动，从制度规范、技术攻关等方面发力，控制青少年在校或在家过早、过度使用数码产品，尽量少利用数码产品开展教学与作业，积极引导家长带动和帮助孩子养成良好用眼习惯。监督孩子使用数码产品的时间，严格落实网络游戏实名制认证等法律规定、完善网游分级管理机制的同时，尝试建立网游信用评价机制和产品开发经营者主体责任，营造风清气朗的网络空间。

（2019 年 11 月）

调查研究

教师教育供给侧改革的问题与发展思考

> 项目来源：安徽省教育厅高教处委托提供"中国教师发展论坛"会议材料
> 时　　间：2016年9月
> 成果形成：会议采纳部分内容

《国家中长期教育改革和发展规划纲要（2010—2020年）》实施以来，"中央与地方各有关部门直面教师工作瓶颈问题，深化改革、大胆创新，采取了一系列政策措施，全面落实教育规划纲要，大力推进教师队伍建设，取得突出成就。"[1] 然而，近年来在致力于一个开放式、职前职后一体化的现代教师教育体系构建中，暴露出一些问题，主要表现为教师的教学专业技能被忽视、教师教育的地位被削弱、教师教育资源流失、师范生培养管理失范等。甚至在一定层面上还存有"教师资格制度与开放的教师教育体系脱节、教师教育体系内部机构不公平、教师教育机构组织分散、效率低下、教师教育课程脱离中国教育现实、师范生招生分数线过低、师范生就业的结构性困难、现代教师培训体系建立缓慢"[2] 等问题。教师教育的发展直接关系教育公平和"办人民满意教育"目标的实现。

教育大计，教师为本。2012年《国务院关于加强教师队伍建设的意见》中从顶层设计层面明确了教师教育改革的目标和任务，提出了建立高校与地方政府、中小学联合培养教师"三位一体"的协同育人机制，创新教师培养模式，提高教师培养质量。由此可见，教师队伍的建设已经处于促进教育事业发展突出的战略地位，将在教育强国进程中肩负着重要的责任和使命。从当下教师教育发展的走势可以研判，各级政府治理模式的改善和教育制度不断创新渐而形成了当前教育发展的新常态。

"我国中小学教师已经走出短缺，进入供需平衡甚至是富裕的阶段。"[3] 但面对新时期全面提高教育质量的挑战与人民群众日益增长的优质教育需求，教师的专业素养和能力有待提高。尤其是由于信息化时代而至的挑战和机遇，新常态下教师教育发

1　教育部.《国家中长期教育改革和发展规划纲要（2010—2020年）》中期评估教师队伍建设专题评估报告 [EB/OL].2015-12-07.

2　朱旭东.论当前我国教师教育存在的十大问题及其解决途径 [J].当代教师教育，2012(3):5-14, 21.

3　曾晓东,鱼霞.教师蓝皮书：中国中小学教师发展报告（2014）[M].北京：社会科学文献出版社，2015:1.

展必须要深化供给侧结构性改革，强化教师队伍建设的政策设计，创新教师培养模式，完善教师资格制度和专业发展制度，努力造就一支师德高尚、业务精湛、充满活力并能适应教育变革的专业化教师队伍。

一、我国师范教育转型及其体系建设中生发的问题

师范教育的转型发展是世界性潮流。十多年来，传统的独立性、定向性、封闭性教师培养体系已被打破，新型教师培养正朝多元化、开放化、综合化的方向迈进。但随之教师教育资源稀释或流失、教师教育传统优势弱化、师范生源素质大幅度下降、教师培养低效等问题迭现。

（一）教师的教学专业技能淡化与忽视

目前基础教育领域具有一个不可回避的现象：中小学教师的学历要求、合格率大幅度地提高了，但其教学水平却没有相应地得到明显提升。归结原因，诸多研究认为是由于师范院校转型综合性大学、师范教育在校地位削弱、学校工作重心远离了教师教育。在师范院校的升格、改建或综合化改革中，"一个重要倾向是'非师范化'和'去师范化'，即削弱教师教育在整个学校工作中的地位和作用"[1]。师范教育被边缘化与弱化，也导致师范专业的传统优势和资源大量流失。直接体现如"三字一话"等一些教学技能训练基本忽略，而师范生"回生源地自行实习"的制度促使原本规范的教育实习缺乏有效组织与指导而流于形式，以往一些行之有效的教师培养制度正逐渐丧失，甚至在师范生培养环节上也出现了失范的现象。

（二）教师资格制度与教师培养体系衔接错位

教师资格制度建立目的是以制度层面保障开放的教师教育体系能够有效运行。然而，各师范院校现行的师范生培养并没有完全以教师资格制度为根本，甚至两者之间似乎存有脱节的现象。众所周知，作为一名合格的教师，必然要接受一定时间的教育教学能力的实践训练，然而现实中，没有经过专业训练的非师范专业毕业生或社会人才，只需要通过教师资格考试"闯关"，以及进行相关的能力测试合格后就能获取教师资格证书。此举无形当中把长达一定时间的教育教学能力培养简单地等同于一个教师资格申请者的考试前的自学看书，可见教师的教育教学能力养成缺

1　宋秋前，叶云飞．教师教育改革存在的问题与思考 [J]．教育发展研究，2008(22):48-51.

乏制度性保障。同时，不少师范院校在教师教育专业课程设置时并没有以教师资格制度要求为依据，而是把学生怎样通过教师资格的考试即获取证书作为质量取向。这种功利性的培养当然无益于师范生内涵性教学能力和素养的形成。

（三）师范生生源素质急剧下滑

20世纪末以来，随着开放式教师培养模式的实施及公费师范教育政策（目前尚有惠及面有限的6所部属师范大学实行公费政策）的取消，市场竞争、调节机制相继被引入教师教育领域，师范生的招生规模计划性减弱，加上师范毕业生的就业制度（自主择业）、中小学教师的招考制度（凡进必考）等政策叠加效应，往日教师教育专业拥有的诸多优势均不复存在，直接导致师范院校的生源质量呈现下降趋势。师范生的生源素质高低是影响今后教师进入专业化发展轨道能走多远的一个"先天性"因素。然而"报考师范院校的优秀生源大幅减少，尤其是占80%师范计划的地方师范院校生源质量严重滑坡。"[1]

二、教师教育管理制度及人才培养机制完善与落实的缺失

现代教师教育的核心理念是将教师的成长与发展视为一个连续的过程，各类教师教育机构应在其过程中为教师提供持续的培养或培训服务补给，使教师在职业生涯中享受连贯的、符合其阶段发展特点与需求的教育。然而，现实中师范院校、地方政府与中小学在教师培养过程中的衔接不够紧密，资源共享难以充分体现，教师教育协同创新存在组织壁垒制约和制度阻力。

（一）师范生人才培养目标定位不够清晰

目前，教师教育领域依然存在"教师教育＝学科教育＋专业教育"的观念和做法，由此形成的师范性与专业性之争相互缠绕，在人才培养中也就难免存在各自为政现象。教师教育的目标在于培养教师职业技术人才，而绝非培养学科专业人才。但目前推行的师范教育教学内容及组织对人才培养目标的支撑度不够。大多院校注重专业理论深造，忽视师范生技能的培养，重学术、轻师范现象仍很普遍。其实，只有"学术性和师范性的结合，才能培养出合格的教师。"[2]而作为专业人才，教师专业属性

1　范国睿.教育政策观察（第1辑）[M].上海：华东师范大学出版社,2009:95-96.

2　顾明远.谈谈我国教师教育的改革和走向[J].求是,2008(7):53-55.

应该包括学的属性、教的属性和学科的属性，这三个属性需要互通融合，进行整体培养。

（二）课程体系与教师专业发展吻合度不高

大多师范院校都注重学科知识体系的建构，侧重学科专业课程的开设，强调师范生需要掌握精深的专业理论知识。据调查，"对于体现'教什么'的学科专业课比例约占总课时的 70% ~ 80%，而对于体现'如何教'的教育学、心理学、课程理论等教育类课程比例低于总课时的 10%。"[1]支撑教师专业化发展的专业课程比重明显过低，大大削弱了教师必备的教育专业训练。且通识课程、教师教育专业课程和学科专业课程模块间缺乏有效交融。同时，人才培养规格单一和培养模式比较滞后，"仍沿袭传统职前教师培养模式，突出表现为缺乏实践导向、实践性教学不足、灌输式教学、教学管理制度不完善等，致使师范生学习积极性不高。"[2]产学研合作育人机制不畅，实践教学环节不够完善，实践能力和创新精神方面自然不足。

（三）教师的职后培训绩效不彰

在教师的职后教育方面，国家与地方教育行政部门予以高度重视，尤其自 2010 年启动以来在全国中小学普遍实施"国培计划"等高端培训项目，发挥了示范引领作用。但诸多类型的培训反馈的结果依然体现在培训针对性不强、内容泛化、方式单一等方面，培训质效难以达到预设的目标。归因三点：一是受项目参与多元主体的影响，培训课程多属"预设"，实际开展的培训与教师的需求相背离，培训个性化需求难以满足；二是培训的激励机制缺乏刚性，质量监控能力薄弱；三是中小学教师缺乏自主发展意识和专业进取精神，没有形成学习提高的紧迫感和危机感，参加学习培训处于被动行为。

三、深化教育供给侧改革促进教师教育发展路径的创新

当前教师教育的目标是培养基础教育需要的合格的新型师资。教师教育机构要确立正确的现代的教育理念，重新厘清教师教育的发展取向，破除传统的过于强调学术的窄化定位，强调人才的高素质、广适性和复合型。解决教师教育存在的问题，

---

1 高芳.高师院校教师教育存在的问题与对策 [J].教育探索,2010(12):101-102.
2 朱为鸿,曲中林.地方本科院校教师教育改革的问题与对策 [J].高等教育研究,2015(7):68-74.

首先要创新体制机制，构建现代教师教育体系，以教师资格证书制度为基础，以促进教师专业发展为核心，内外联动，形成供给改革的组合拳。

（一）重构与完善开放协同的教师教育体系

世界各国的师范教育已经由独立型、定向型、封闭型向依存型、非定向型、开放型转变。[1] 由此来重新审视我国教师教育改革方向，在深化教师教育办学体制、管理体制和招生制度改革，要确保教师教育的办学活力和持续发展，阶段性地满足基础教育师资供给的结构与质量需求。尤其要创新农村教师补充机制，提高农村中小学教师队伍整体水平，有效地推进城乡师资的均衡配置。

1. 创新教师教育协同发展机制

开放融合高校、政府、中小学、教研机构等创新元素，发挥地方教师教育协作联盟组织的优势，实现 U（高校）、G（政府）、S（中小学）协同推进区域教师教育改革。作为教师教育母机的师范院校，要率先推进教师教育领域相关资源的整合，建立与中小学合作的长效机制，敦促师范院校与基础教育一线的深度融合，促进培养、培训、研究、服务一体化，并发挥示范引领作用。

2. 探索师范生定制培养的组织模式

针对当前教师教育类生源质量总体不高，应在区域试点性地拓展师范教育优惠政策，吸引优质生源，从源头上确保生源质量。通过在学免费、学费返还等方式，支持地方师范院校实施免费师范生教育，制定激励措施吸引优秀毕业生报考师范类专业。拓阔招生通道，积极策应《乡村教师支持计划（2015—2020年）》，为农村中小学定制培养本土化的全科型教师，探索招生、培养、就业三位一体定制培养的组织模式，完善交流与补充机制，破解农村中小学教师的培养质量和职业认同感不高的难题，[2] 形成"下得去、留得住、教得好"的师资配置格局。

3. 完善教师资格制度

推进资格考试改革和定期注册制度改革，提高教师准入门槛。实施教师职业性向考核与测试，侧重开展有针对性身心素质测试，保证准教师的专业水准与素养，严格教师准入。教师资格认定的环节中要强调"接受一定时间的教师教育课程修习和实践基地的教育教学能力训练，并达到合格水平"，解决教师资格制度与教师培养的脱节问题。

---

1 韩清林.积极推动师范教育转型 构建开放式教师教育体系 [J]. 教育研究,2003(3):54—60.
2 杨东平.教育蓝皮书：中国教育发展报告（2016）[M]. 北京：社会科学文献出版社,2016:59.

（二）改革教师教育培养模式促进教师专业发展

教师专业化是师范教育转型的价值导向。教师的教学专业技能是支撑教师走向专业成功的重要支柱，是教师专业化的标志性技能。[1] 推进教师专业发展，首先应紧扣培养造就高素质专业化教师队伍的战略目标，注重引入教师职业资格标准，开发与拓展应用型课程，着力提高人才培养过程与目标之间的吻合度。

1. 创新人才培养模式

调研分析师范生人才培养目标、规格与岗位间的衔接问题，实现教师培养开放化、综合化和师范性与专业性的统一，明确教师教育专业服务面向。系统推进合作式育人机制、对接性标准体系、模块化课程体系，促进专业教育与创新创业教育的有机融合。实施以知识基础、素质为本、能力取向的学业评价淘汰机制，构建适应教师专业发展的良好生态。同时，师范院校还应提供多学科交融的文化环境和学术探究的氛围，聚力培养真正具有宽厚知识基础和综合文化底蕴的复合型教师。

2. 探索卓越教师和全科型教师培养

以教师专业化为导向，围绕教师专业核心能力和基础教育新课改，深入实施卓越教师培养计划。围绕以通识能力、学科能力和专业能力为基干的综合能力素养，探索学科专业与教师专业培养相叠加、校内培养与基地学校培养互嵌入的全科型教师培养课程体系建设。实施"双导师"导学，协同指导师范生的专业学习及教育教学实践、教学技能培养等。通过第二课堂，引导师范生早进入、全接触基础教育一线，有效提升师范生的学科素养、实践技能和教研能力。

3. 加大课程改革突出实践取向

重新审视与调整教师教育课程体系，以修订专业人才培养规格标准为抓手，深化教师教育的课程改革。搭建模块化、选择性和实践性的课程结构，不断提高教师培养的专业化水平。落实《教师教育课程标准（试行）》，以提升创新能力为重点，统构课内实验、课外实训和实境锻炼"学做合一"的实训体系，注重自主设计、社会适应能力的培养，强化实践教学并贯穿培养全过程。

（三）坚持问题导向协同提升在职教育质效

创新开放协同的教师教育体制，服务一线教师专业发展及终身学习。全程规划设计教师职前教育、入职教育和在职培训，把职前与在职教育的渠道打通、融合，

1　李玉峰 . 论教师教学专业技能的核心成分及其养成 [J]. 中国教育学刊 ,2007(1):23-27.

加强吸纳职后培训实践或经验资源，以培训反哺培养，增强培训能力，创新教师培养模式。

1. 依据教师专业发展需求健全研修制度

强化调研分析，以满足教师专业发展个性化需求为工作目标，搭建"菜单式、自主性、开放式"的选学服务平台，实施分层式、差异化培训，精准引导教师专业成长。注重职前培养和职后培训的一体化，推行教师培训学分认证制度。突出跟岗培训和情境体验教学，以典型案例为载体，创设真实课堂教学环境，通过现场诊断、行动研究和反思实践案破解实际难题，利用、确保培训针对性和实效性。

2. 加强高师培训能力建设

有效激发培训者的积极性、主动性和创造性，吸纳校外名师投身职后培训与研究，通过团队研课、观课谋课、课题研究等教研与培训有机结合，打造教师学研共同体，提高教师职后培训技术含量和研究分量，促进教师培训的品质提升。加强现代信息技术运用与教师培训深度融合，充分利用教育资源和教育管理等公共服务平台，引进优质培训资源，形成校本研修的良性运行机制。建设教师网络研修社区和终身学习支持服务体系，促进教师专业发展。

3. 构建教师职后培训考评体系

分类制订各类教师培训质量指标体系，采取专家考评、年度监测和第三方评估等多样评价手段，"强调评价的诊断功能，弱化评价奖惩处置"[1]，切实形成监测与质量保障的有效统一。通过互联网大数据建立教师专业成长档案，并借此进行培训绩效考量与评价，实行教师培训跟踪问效，不断优化教师专业发展的路径与方法。

（2016 年 9 月）

---

1 钱立青.安徽省基础教育发展报告（2016）[M].重庆：重庆大学出版社,2016:128.

推进普通高中育人方式改革的思考

项目来源：安徽省教育厅普通高中育人方式改革文件起草调研
时　　间：2019 年 8 月
成果形式：文件采纳部分内容

2019 年 8 月 7 日，安徽省教育厅在滁州组织召开普通高中育人方式改革座谈会。本次调研听取民意与建议，主要是听机关组意见，颇有收获。

从会议获得的信息上来看，机关组座谈核心内容主要还是集中在育人方式的外围条件层面。作为机关组的职业关注特点，大家的目光主要还是聚焦在高中的师资队伍建设及其办学条件的保障。这主要表现在三个方面。第一是普遍反映的编制问题。问题呈现：教师编制与教育发展不相适应。一是编制数量少，即便是 12.5:1 也不够用。二是核编工作滞后，确定学生基数与时间不科学，编制管理僵化。这个问题各地普遍反映。第二是教师的绩效工资分配方法。国务院文件中提到了"绩效工资适当倾斜的问题"，倾斜幅度、如何落实也是讨论的一个重点。第三是从农村高中的发展现状、基本办学条件和发展走势来看，区域内高中的布局调整问题要提上日程。这里面涉及的是农村高中和民办高中，有些是历史遗留的问题。至于育人改革内涵建设方面，虽然也反映出一些问题，提出了一些建议，但不是本组讨论主体。

调研最大的收获是查摆问题，问题出来了，但发现关涉高中育人改革问题很多，也都浮出了水面，但想一揽子解决还是有难度的。其实，"指导意见"核心要义是三点，一是要促进"校、家、社"育人观念转变，二是要做好办学条件的准备，三是加强育人内涵建设，主要体现在技术层面。虽然我们在落实意见中不一定要分步走，但前面两项直接制约第三条。

"指导意见"重在宏观指导，而协同创新中心研制的"实施意见"有更多的弹性和创生的部分。目前调研反映的集中在办学条件与师资队伍建设问题，关键治理方式主要是制度设计，以及落地的问题。

以下建议，可以吸纳在"实施意见"的文件表述中。

1. 以市县为主，统筹区域内高中育人改革方案，加强布局的调整与高中发展规划

重点是在农村普通高中，指导民办高中。一边调整，一边加强建设保障。要出台相应的省级高中办学标准，提升办学基本条件。同时，加强高中的特色化和多样化的办学，可以在办学模式上，或课程设置上找切入点。

2. 加强协同科学核定高中教师的编制

谈到了编制的时候，各个地方都有怨言。师资问题是一个重大的问题，高中教师的问题，一是总体上是存量不足，二是结构性缺编。12.5：1 是一个参考数据。其实，安徽省目前生师比已经是 13.91：1，而国家教育现代化监测标准中 2020 年要达到 12：1。目前江苏、浙江等先发地区都已控制在 12 以下。所以这个数据值有调整的空间，至少可以建议专任教师控制在 12.5：1。各地各校还要建立高中教师人才的储备制度，适度超前安排教师省招。要加大引进六所师范大学的公费师范生力度，首选考虑进入高中教师岗位。

3. 以培训为抓手促进教师专业发展内涵建设

调研中有一些同志有很好的建议，领导、教师观念转变和具体改革运作，都需要发挥培训的作用。下一步要构建高中育人改革模式的培训体系，结合国培、省培和校本培训形成专项培训，分批次、分年度有规划地展开。从今年开始，在相关的行政干部培训和校长培训当中，就要加入高中育人模式培训的模块，对全体教师、对班主任，对教学管理者，要实行专项的育人改革模式的培训，这些作为今后几年高中教师培训的核心部分，把以往的常态培训，重点聚焦在专项培训上。另外要加强与长三角地区对接，进行蹲点培训、横向交流。要加强区域名校的引领作用，发挥名师工作室的示范作用。

4. 率先组织开展高中育人模式的专项研究

今后的高等师范院校，相关科研机构以及中学都要开展高中育人模式的课题研究，省、市教育科学研究院每年可以将高中育人模式作为一个专项纳入教育规划课题研究，可以从宏观的层面，也可以从学科层面研究，营造高中育人模式的研究氛围，为 2022 年全面实施提供一个重要的理论准备与实践支撑。

（2019 年 8 月）

安徽省基础教育队伍建设及管理情况专题调研与思考

项目来源：安徽省教育厅师资处委托调研
时　　间：2017 年 11 月
成果形式：调研报告

根据《安徽省教育厅关于组织开展基础教育有关重点工作专题调研和督查的通知》（皖教秘基〔2017〕107 号）精神，由省、市两级教育行政部门相关人员组成的队伍建设调研组共分为 6 个小组，于 2017 年 11 月下旬分头对全省 16 个地市 17 个区县的队伍建设及管理情况进行了专题调研。调研组事先认真做好相关准备工作，按照调研工作清单"队伍建设类"的主要内容，研究并拟定了调研程序、座谈提纲等。调研中采取听取汇报、查阅有关资料、走访学校、召开校长和教师座谈会、随机抽查与询问等方式进行调研和督查，较为深入地掌握了各地一线教师队伍建设的基本情况，每个小组均提交了翔实的调研报告，通过相互间交流与印证，形成如下报告。

一、基本情况

（一）贯彻落实乡村教师支持计划，全面促进城乡师资均衡

各地高度重视《乡村教师支持计划（2015—2020 年）》的实施工作，先后印发了推进本区域的实施办法，并逐一落实各项支持政策。一是实现师资配置向农村学校倾斜。调研的区县能严格执行新任教师优先分配到乡村学校任教，或新招录教师原则上先到乡村学校任教 3 年以上，确保了乡村教师队伍的稳定。按照城乡统一标准核定中小学教职工编制，其中村小和教学点按生师比和班师比相结合的方式核定，实行城乡统一的教师专业技术岗位结构比例。二是职称评聘向乡村教师倾斜。如宣城市充分考虑乡村教师的实际情况，每年向乡村学校切块提供岗位，并实行城镇教师职评须有乡村或薄弱学校工作经历作为硬性条件。三是实施乡村教师定向培养计划，选送高中毕业生签约送到相应的师范院校培养，为农村学校的持续发展储备了师资。同时，池州市、黄山市、淮北市相山区等地通过外聘"夕阳红"编外教师方式，

一定程度上补充了乡村学校的师资力量。

（二）深化人事管理体制改革，稳步落实教师"县管校聘"制度

各地建立了系统人管理机制、编制动态管理机制、教师竞争上岗机制和校长教师交流轮岗机制。教师"无校籍管理"和"县管校聘"改革启动以来，各地确定试点区县，积极探索出全员聘任制、学科走教制、职称局管制相结合的工作思路，形成"小步先行、快慢交替"实施模式，逐渐在市域全面推进。特别是《亳州市人民政府关于中小学幼儿园教师无校籍管理改革的实施意见》，相关职责明确，政策支持到位。各地强化教师的支教与交流工作，如 2017 年淮南市教师共流动 1685 人，其中校长 181 人；当涂县骨干教师交流占总数 23.08%，缓解了乡村教师结构性缺员和城镇师资不足等问题。无校籍管理试行，激发学校和调动教师工作积极性的作用已经初步显现。

（三）全面实施乡镇工作补贴制度，切实保障教师待遇

依法执行有关教师工资政策，开展学校年度目标管理考核，依据考核等次，地方财政每年安排专项资金为乡村教师发放乡镇工作补贴，补助标准为每人每月 200 ~ 500 元人民币。大多数区县能结合实际解决对偏远地区学校教师实行交通费和午餐补贴，所需经费由财政承担。加大农村教师周转宿舍建设力度，按照规定将符合条件的乡村教师住房纳入当地住房保障范围。坚持乡村教师荣誉退休制度，对乡村教师在退休时颁发荣誉证书，并给予一定的物质奖励。

（四）落实教师继续教育专项经费，着力提高教师业务素质

根据《安徽省教育厅关于"十三五"中小学教师培训工作的指导意见》，各地推进教师培训改革，探索建立"专题＋自主"双向选择的全员培训制度，构建"省级规划、市级统筹、县级落地"三级协同的运行机制。调研的区县均按中小学教师工资总额的 1.5% 比例，将教师继续教育专项经费列入县级财政预算，为教师继续教育提供了坚实的经费保障。同时搭建名师成长平台，如合肥市组建了 4 批 41 个市级名师工作室，充分发挥名校长、名师的示范引领作用。借助"国培""省培""市培"三级平台，积极推动教师校本培训，突出骨干教师培养，带动本区域教师共同成长。

（五）加强师德师风专项治理，倡导争做"四有"好老师

坚持师德为先，各地先后印发了"中小学教师职业道德考核暂行办法"或"中小学教师从教行为规范"等相关文件，结合工作实际开展师德考核工作，积极开展

师德师风专项治理工作。加大在职教师有偿补课等问题监督和查处力度，如 2017 年宣城市查处教师 23 人，当涂县创新推出教师"三项承诺"进班级，有效遏制了有违师德现象。各地组织评选"教书育人楷模""师德先进个人"，充分发挥先进典型的模范带头作用，营造了师德师风建设的良好氛围。田家庵区以开展"恪守职业道德、严守六条禁令"专题教育活动为契机，以做党和人民满意的"四有"好老师为努力方向，充分运用微讲团师德典型宣传成果和先进典型的发掘评选为抓手，进行正面引导，教师违反师德师风行为得到扼制。

二、突出问题

（一）乡村学校教师流失现象比较严重

调研发现，农村教师的工资待遇偏低，工作条件艰苦。如怀远县乡村小学新招聘教师每月工资仅有 2000 元人民币左右，然而教师的工作负担与压力相对较重，教师从事教育工作的幸福感不强，职业认同感较差，导致了乡村学校教师的"招聘难，留不住"，流失现象比较严重，如东至县近 3 年流失新招聘教师 162 人，流失率高达32.7%，一定程度上影响了乡村教师队伍的稳定，无法吸引优秀的人才来从事教育事业。

（二）教师队伍呈现总量不足与结构性缺编

调研中发现师资需求矛盾依然突出，教师编制普遍不足。如阜阳市师生比高中为 19.5，初中为 17.1，小学为 20.8，均超过规定标准。在农村，由于学校布局分散，点多面广，各学段专任教师明显不足，而且音乐、体育、美术、信技等学科教师结构性缺编严重，导致难以开齐开足国家规定课程。从学段来看，学前教师增长速度远远滞后于在园人数的增长速度，公办园师资力量严重不足，民办园教师学历亟待提高。高中教师面对新高考改革学生选课走班的挑战，目前的师资储备难以满足走班的需要。职业学校专业课教师存在招聘难、留不住问题。农村寄宿制学校生活指导教师、安保、后勤人员没有核定编制，学校只能采取外聘人员的办法解决，然而外聘教师与在编教师待遇不平衡以及学校管理成本的提高，又带来了新的管理问题。

（三）"无校籍管理"改革实施推进缓慢

推进"无校籍管理"改革牵涉面广，敏感度高，需要编制、人社、财政等相关部门通力合作才能实现，需要从政府层面强力推动。目前反映推行中保障机制尚未健全，主要表现为现行编制和人事制度管理不能适应轮岗交流需要，部分跨学区交流的教师住房等生活保障设施建设也不能满足轮岗交流的需求。随着新型城镇化进程加快，城区学校教师也亟待补充，造成了到农村学校支教存在"派不出、走不开"等问题。

（四）乡村学校教师专业发展后劲不足

农村学校地处偏僻，办学规模偏小，教师数量少，教师特别是青年教师在专业化成长过程中缺少同伴引领和互助，整体素质有待进一步提高。同时由于专业氛围不浓，难以满足年轻教师专业追求，也是导致乡村教师不断流失的重要原因。有些区县如铜陵市铜官区，由于历史原因导致教师超编，造成部分教师职称因无岗位而无法聘任。

（五）新录用教师男女性别比失调

由于教师的地位与待遇不高，诸多男性大学毕业生不愿从事教师职业。近年来，新入职教师中女性教师比例逐年上升，男女性别比趋向失调，同时给队伍管理带来了新问题。一方面考虑到年轻女教师人身安全问题和生活实际，教育主管部门一般很少将她们分配至农村边远学校和教学点，严重影响了乡村教师的有效补充；另一方面随着国家计生政策的调整，女教师"产假式"缺员现象也非常严重，影响了乡村学校教师队伍的稳定与工作安排。

三、建议对策

（一）进一步加强师德师风建设

巩固师德师风专项治理成果，通过师德模范的引领作用和正面宣传报道，以"中国好老师"公益行动计划基地校建设为依托，大力弘扬优秀教师先进事迹，营造全社会尊师重教的浓厚氛围。强化师德师风考评，建立师德考核负面清单制度。加强师范类学校的中小学师资培养力度，吸纳真正具备教师资格条件并对教育充满热爱的优秀毕业生从事教育。

（二）进一步完善教师补充机制

完善"省考县管校用"制度，继续实施"特岗教师"计划和乡村教师定向培养计划，做好免费师范生就业工作，进一步拓宽教师补充渠道。一是按每年教师自然减员的实际数量补充教师，以解决乡村学校中小学教师结构性缺编的问题。二是在教师编制无法突破的前提下，积极探索政府购买服务等多种方式，按照"同岗同待遇"的基本原则，用于招聘紧缺教师。三是进一步加大乡村教师定向培养指标，让更多的本地户籍教师补充到乡村学校，确保乡村学校教师的相对稳定性。同时建议采取灵活的方式，基于乡村学校师资不足可适当放宽一些政策限制，保障乡村学校可持续性发展。

（三）深化教师管理改革

全面落实《安徽省关于推进中小学教师"县管校聘"管理改革的指导意见》，推动县域内中小学教师校长交流轮岗工作。一要推进教师编制管理改革，盘活用好教师资源。结合农村中小学布局调整，开展教师编制重新核算，统一城乡学校编制标准并向乡村学校倾斜。重点考虑学前教师、高中教师和寄宿制学校生活指导教师紧缺情况。二要核定一定数量教师储备编制，以应对在编教师参加继续教育培训、因病缺员及女教师"产假式"缺员问题，教师储备编制建议通过政府购买服务的方式实现。三是深化教师职称制度改革，完善教师资格考试和定期注册工作。探索考核评价制度改革，突出教育教学实绩和师德要求，扭转单纯以升学率评价教师的倾向。四是建议教师招聘中实行男女分组招聘，优化新入职教师性别比例。

（四）大力促进教师专业发展

构建选拔、培养、使用与管理于一体的中小学骨干教师梯级建设体系，发挥示范带动作用。统筹推进国培项目，分级分层分类开展培训，集中支持乡村教师提升整体素质。实施中职学校教师素质提高计划，重点提升中职学校教师实践教学技能。建议改变新进教师分配方式，对于新任教师先安排城区学校通过名师传帮带，培养2至3年后再分配到村小和教学点工作，切实提高乡村学校教师整体素质。

（五）提高教师待遇保障

依法依规保障教师待遇，确保当地教师平均工资不低于当地公务员的平均工资。同时，在绩效工资总量之外争取政策设立校长、班主任津贴等专项资金，把提高教师待遇落到实处。加快农村学校教师周转房和食堂建设，适当增加农村偏远学校教师的生活补贴。重点做好12个集中连片县乡村教师生活补助提标拓面工作，进一步完善教师的荣誉制度和教学名师等评选推荐工作。

（2017年11月）

安徽省中小学教师校长培训"十三五"规划编制的调研建议

项目来源：安徽省教育厅师资处中小学校长培训工作专项调研
时　　间：2016 年 11 月
成果形式：调研建议

2016 年 11 月，安徽省教育厅组织开展中小学教师校长培训工作专项调研，第 2 小组深入皖南宁国市、南陵县等地，通过集体座谈、个别访谈、实地考察等方式，了解一线培训情况，并向全省"十三五"教师校长培训规划编制小组提出几点建议。

（1）充分调动区县施训积极性，发挥区县作用，成立区县教师发展中心，统筹人事、教研、电教等部门，并明确分工，联合集中短期施训，推进区县落地模式。

（2）坚持集中培训、网络研修和校本研修相结合的培训模式，充分考虑一线教师需求，在培训的内容上，提供更多的课程资源，允许中小学教师根据自我需求选择所需科目研修。

（3）在区县落地的施训中，重视实施破冰、世界咖啡屋等团队共创的鲜活模式，活跃培训氛围。

（4）先行推进完（高）、职中的中层干部培训，对校办主任、教务主任、教研室主任、政教主任等学校职能部门负责人进行任职资格培训和专项培训。

（5）重视为一线教师特别是农村教师、50 岁以上教师提供集中培训机会。一线教师集中短期脱岗培训力争五年内一周期，力争人人有机会短期集中培训。

（6）培训考核结果应作为职评、提拔使用等参考因素，对培训绩效考核特别优秀的教师、校长等应向教育主管部门推荐使用。重视对培训的跟踪问效，对培训后行为改进情况进行跟踪考核。

（7）鼓励区县每年安排高中校长和义务教育阶段校长等赴高校参加专题培训，在校长培训中重视安排非教育专题内容，引导校长跳出教育看教育，扩大教育视野。

（8）进一步完善影子培训模式，鼓励市县（区）推进影子培训模式。

（2016 年 11 月）

中小学教师承担非教学任务的调查与思考

项目来源：安徽省教育厅师资处委托调研（合肥市区、肥东县、长丰县、舒城县）
时　　间：2018 年 6 月
成果形式：调研报告

一、当前教师的非教学任务繁重的表现

1. 中小学教师疲于应付各类上报材料

当下有个现象，就是诸多的政府部门和单位工作都能与教育扯上关系，都可以给教育部门下发文件，如公安、交通、卫生、食品……教育行政主管部门又将各种文件下发或经过各种形式的大会小会传达到学校，每件事都"很重要"，每件工作都必须按期完成。这些工作通知后面都习惯带上"逾期完成，责任自负"，于是中小学教师每天除了教育教学本职工作外，要填写各种各样的表格，拟写各种名目的材料。有检查的，有评比的，有上报信息的。教师工作群里每日不停地转发文件、报告、计划、总结、审核……且每一次活动都要求活动照相，谈话照相，开会照相，家访照相，要求工作处处"留痕迹"。这些非教学任务比常态教学工作更磨人，费心，让人忧心忡忡。有些学校教师还承担课后扶贫工作，要上门走访，帮助填写诸多的信息表格，甚至要自掏腰包进行扶贫慰问，还与扶贫对象同吃同住等。

2. 班主任工作任务繁杂

其实，现在的班主任工作真正用在班级管理上极少，而主要是应付各种任务，比如每月报送民生工程的午餐信息表，中午负责看餐；要组织填写学生意外保险单和医疗保险表格，上报疾控信息和学生校外辅导信息等；比如需要代收校服、保险、杂志、活动服装道具等各种费用。每学期都接到一些社会征文比赛或竞赛，有街道的，妇联的，团委的、文明办的，关工委的……有些根本不符合儿童的发展规律。但这些硬任务或活动又要摊派到每一个班主任身上，要求花时间组织收集整理，可很多活动最终连个结果也不清楚。如最近包河区通过班级群要求每个学生填写"2018 年

全国安全生产月系列活动之应急和安全知识竞赛"，中小学生根本就不是这项活动的竞赛对象。还有，班主任教师还得充当心理健康咨询师、导演、教练等，特别是农村学校留守儿童很多，班主任还要充当其父母的角色，引导学生的学习习惯和学习态度。班主任随时要关注群内通知，随时做流行病的第一发现者，随时上报随时消毒随时填写记录。随时配合社区的各种活动，组织学生参加。随时处理突发情况，如学生体育课摔伤、突然身体不适等，接待家长的投诉。这些纯非教学事务性工作耗费了大量时间，也挤占了教师专业发展的机会。

3. 网络答疑无时间边界

网络的普及给学生的学习带来了广阔的空间，也为家校沟通交流提供了便利。但因如此，教师尤其是班主任，需要 24 小时保持通讯畅通，不间断在网络平台上回复家长和学生的各种问题（非教学问题居多），就连假日、休息时间也没法得到保证，如若回复迟了就会受到家长的责骂，甚至出现了家长直接来学校殴打教师的现象，极大地降低了教师的幸福感。

二、问题归因

1. 五花八门的"进校园""进课堂"

学校本来是安静教学之地，不知何时起，学校却成为了众多部门工作交叉的大杂烩，太多社会治理工作最终都落在学校，如"食品安全进校园""禁毒进校园""廉政文化进校园""法制教育进校园""交通安全进校园""保密进校园""防灾减震进校园"……谁都不敢说哪个工作不重要，但太多非教学任务给学校带来了无穷无尽的压力，而这些工作最终都由教师来承担、分解。

2. 学校承担各类创建、评估的任务

近年来中小学要接受各类评估，有些是自主申报的，有些是上级必须督查的，如创建文明单位、平安校园、志愿者活动、法制教育、安全示范校、新优质学校、语言文字示范校、绿色学校……教师课后要参与制作各种评估材料，加班加点，有些完全是在"做"材料。这些创建或迎评资料，大多与教育教学实际联系不大，挤占了教师大量的教学时间。

3. 教师的岗位责任无限扩大

教师本应是静心教学，如今却被多如牛毛的与教学无关琐事缠身，最后不觉已背离了教书育人的初衷本心。比如给学生进行医疗保险网上登录，这本是医院和保险公司分内的职责，却强行转嫁到教师头上。还有监测督促学生疫苗接种完成情况，卫生防疫部门的本职工作又必须由教师来完成。教师的职责主要是教育，且主要是校园内教育。如防溺水等安全教育，教师都会对学生进行多次宣传、教育，但若在校园外发生安全事故，其责任还是加在教师的头上。于是一些地方就出现了要求教师早晚值班看守池塘防止学生溺水的现象。

三、可能会产生的影响

教师只是一个职业，但是很多时候，社会、媒体把教师神圣化。如今教师的工作压力大，但是教师的待遇却没有因此有所提高，家长和社会对教师过高的期待和要求又造成了教师的心理负担，由此带来很多年轻教师对职业的认同感和归属感较低。社会地位不高，教师得不到尊重，甚至学生可以打老师，老师不可以正常管教学生，没有惩戒权的教师已经没有了尊严。与家长交流中，教师总是处于一种被责问的对象，甚至卑躬屈膝，在家长面前失去尊严。如若偶越雷池，家长、学生和老师发生了冲突，最终一定是教师的不是。凡有点失误都会被批得体无完肤，教师往往还被扣上师德问题的高帽子。

目前，教师的责任重，压力大，待遇低，幸福感与获得感不强，年轻教师辞职的现象屡见不鲜，眼下教师岗位的招考也不再热门，甚至有教师发誓绝不会让自己的孩子今后当教师。种种现象将会影响教师队伍建设的专业性与稳定性，影响学校的教育教学质量。

（2018 年 6 月）

"U-G-S" 三方合作培养模式调研报告*

项目来源: 合肥师范学院教师教育调研组
时　　间: 2015 年 3 月
成果形式: 调研报告

一、调研目的

学习借鉴东北师范大学教师教育改革发展的成功经验, 特别是"U-G-S"三方合作培养模式和卓越教师培养的实践探索; 前往卓越教师培养合作学校实地考察, 充分了解卓越教师培养实施的具体工作、方式、过程。旨在有效转变固有的教师教育者专业发展范式, 探索适合具有办学特色的教师教育发展路径, 为深化教师教育改革, 创新教师教育新模式, 进一步提高教师教育质量提供咨询性参考。

二、调研形式

本次调研以"解放思想、实事求是、与时俱进、虚心学习"为指导思想, 强化"学、研、思"三个环节。实行任务驱动, 明确了总体与个人的具体调研任务, 对如何有效获取信息、学习真经提出了相关要求。调研中重点围绕教师教育人才培养改革与发展等问题, 与东北同行进行广泛交流。为使学习考察更加充分和具有针对性, 以追踪式联系考察东北师范大学的一所实验基地校——长春市解放大路小学校, 与校长进行问题对话, 直面了解与基地校的合作模式和实施情况。实地调研结束后, 及时总结。每位成员对学习考察情况进行了认真的梳理, 特别是结合自身的工作实际进行反思, 相互交流与研讨, 甄别可以借鉴的经验、做法, 均以书面文稿形式呈现出调研情况与收获, 基本达到集思广益、取长补短的目的。

---

* 调研组主要人员为吴昕春、陈明生、钱雯、吴秋芬、钱立青、李健, 报告由钱立青执笔。

三、调研收获

本次调研主要聚焦在两点：一是卓越教师培养的机制与实施；二是"U-G-S"三方合作培养模式的内容与实施。通过对方的总体介绍、双方对口交流和前往实地考察等方式，较为全面地开展学习调研，其中了解了不少值得学习借鉴的思想理念与工作措施。为了行文方便，将上述两个部分内容分开表述。

（一）"U-G-S"三方合作培养模式方面

1. 问题导向，构建"U-G-S"合作模式

"U-G-S"模式是源自西方发达国家的教师教育模式，其合作的焦点是以专业引领促进学校发展。东北师范大学构建的"U-G-S"模式，是以"融合的教师教育"为理念指导，并基于三个方面的问题导向而提出：（1）解决师范生实习难的问题；（2）解决师范生培养与中小学实际不对接的问题；（3）解决教师教育者的自身发展问题。

其总体目标：以培养培育优秀教师和未来教育家为根本目标，以促进区域基础教育质量提升和均衡发展为使命，打造高校、地方政府和中小学之间的教师教育合作共同体。具体目标主要重在构建三个新模式，即构建理论与实践有机融合的"教师职前培养新模式"；教师培训、教师发展、学校改进有机结合的"教师在职教育新模式"；教学研究与教育实践紧密结合的"教师教育者发展新模式"。

2. 协同合作，创建"教师教育创新东北实验区"

东北师范大学以"互利共赢、共同发展"为原则，创建了东北三省一区（含内蒙古东部地区）协同发展的"教师教育创新东北实验区"，基本实现"四个协同"，即协同教师培养、协同教师研修、协同教育研究、协同资源建设，有力地促进了机制创新。

该实验区以"高校主导、地方政府协调、中小学校参与"为合作体制，以"目标一致、责任共担、资源共享、互利共赢"为合作机制，明确了协同三方的主体功能。其中，高校负责设计教师培养工作，并以教师培训、合作研究、资源共享等措施为实验区中小学发展及学校发展改进提供智力支持；地方政府在高校与中小学之间发挥协调作用，并为合作提供相关保障；中小学则参与高校师范生教育实践的组织安排，确保实习生有充分锻炼机会和优质的教师指导。

3. 整合提升，推进教师教育师资队伍建设

（1）强化研究资助。优先支持合作研究（分为一般教育与学科教育的合作，学

科教育之间的合作，高校与中小学的合作）和实证研究。

（2）定期举办交流活动。围绕课题研究、教育实习指导等问题与中小学联合组织举办研讨会、研修会等多种形式的交流活动。

（3）加强实践研究。鼓励教师将实习指导与教育研究结合起来，通过实习指导过程了解基地校的教学现状，实现理论研究的"接地气"。

（4）开展挂职锻炼。制定措施鼓励学科教学论教师赴中小学、教育分支学会挂职"名誉校长"或"会长"，促进高校与中小学在队伍上衔接与融合。五是兼职教师分类管理。主要分为"讲座型""配合参与课程教学型"和"稳定的实践指导型"三类，并制定政策，给予相应的荣誉和待遇（如月津贴制）。

4. 深度融合，创新教师培养与培训模式

（1）实践教学上，坚持"全程实践"，构建"教育见习、模拟教学、实地实习、实践反思"的新体系。

（2）在基地实习方面，强调"实习是有指导下的实践"，提出"县域集中、混合编队、巡回指导、多元评价"新模式。

（3）职后教育方面，实现由集中培训向个性化培训转变，构建"送课到校、订单培训、置换培训、双向挂职"的新形式，并示范性组织开展中小学学科"同课异构"活动。

（二）卓越教师培养方面

1. 整合资源，创新卓越教师课程体系

（1）加强教师教育共同课建设。共同课分为必修课程和选修课程。必修课程由"学校教育基础""教师专业发展"和"青少年学习与发展"组成，选修课由"中外教育思想""教育政策与法规""班级管理""世界教育改革""学校心理服务"等组成，以对接教师专业标准所规定的教师专业理念与道德、教师专业知识、教师专业技能等三个方面要求。

（2）强调学科教育类课程建设。强调学科教育的主要目标在于培养师范生的学科教学知识，要充分发挥其在专业教育和教师教育之间的桥梁作用。强调前沿理论、研究、实践在学科教学类课程中的有机结合。

（3）重视教师教育课程资源建设。充分利用网络平台链接中小学教学现场，减少对基地校课堂的干扰。重视 BB 教学平台和慕课建设，以充分调动师范生实习与专业发展的积极性、主动性和创造性。

2. 分类指导，构建两个层次的实践教学体系

根据师范生实践能力成长规律，构建了"基础实习＋应用实习"的实践教学体系。基础实习主要就近安排在长春市的优质学校进行，由"学校考察、教学观摩、教学分析、模拟教学、教学实习"等环节组成，重在"磨课"而不强调授课学时。应用实习安排在市外的县城为主的综合实验区的中学，采取"县域集中、混合编队、巡回指导、多元考核"的模式，主要由"助课实习、教学实习、班主任实习、教学调查"等环节组成，尤其强调实习与毕业论文相结合。同时，在实习过程突出技能提升，更强调实习是学生强化专业认同的最佳过程。

在基地校建设上，一是进一步强化学校体制内的附中、附小的教育实习功能，同时强调体制机制创新，将区域内合作良好的基地校建设成为"变相的附属学校"，实现为"我"所用。

四、启发与思考

（一）尽快构建适应于我校特色发展的"U-G-S"合作共同体

东北师范大学作为部属师范大学，具有强大的优势，对东三省中小学的影响力和吸引力是无可比拟的，但合肥师范学院作为省会城市乃至皖中区域的唯一一所师范本科院校，其办学历史和地缘性、区域性的行业影响力应该得到一定体现，基本具备在省域内构建"U-G-S"模式。学校应加大开放办学力度，主动挖掘可用于与地方政府、中小学的合作资源，健全协作机制，强化以"安徽省基础教育协同发展联盟"为框架具有合师特色的"U-G-S"协作共同体。

（二）密切教师个体与中小学的联系

作为服务地方的师范院校，教师承担的教师教育研究要更加注重"接地气"和应用性，要通过宣传鼓励和内部评价制度的健全，有效引导教师和研究人员向实证研究和实践方向发展、聚拢。促使每一位教师教育者的教学、科研实现两个服务，服务地方基础教育改革，服务学校教师教育发展。

与此同时，应通过教师培训、课题指导、学术交流等相关合作项目开展，尽可能为基地校教师提供"菜单式"或"订单式"培训，形成二方参与的合作创新团队，促进教师个体层面的互进与互利。

（三）加速革新教育实习模式

坚持以"技能提升、学做合一、职业认同"为原则，开展师范生全程实践，拓展教育实习功能。以更宽泛的视野拓展基地学校的建设，尝试寻求构建合肥市域以外的"县域基地"，加强与县级教师进修学校的业务协同，或以基础教育改革与发展协同创新中心现有的"综合实验区"为基点，尝试"县域集中、混合编队、巡回指导、多元评价"新模式，集中租用场地用于实习生住宿与学习，真正做到全程实践中的实践、理论"交互并进"。

（2015 年 3 月）

教育新媒体策进家校协同教育的调查研究

项目来源：皖新传媒集团合作项目"共建中小学微信订阅号联盟"
时　　间：2015 年 9 月
成果形式：调研报告

每一种新技术的出现，都给教育带来了新的变化与影响，中小学微信订阅号作为学校最新的对外官方窗口，也已成为一种教育新媒体，为家庭教育与学校教育间搭建了桥梁。本文以安徽省中小学微信订阅号项目为例，推行教育新媒体化专业运营方式，规定时段传播专业的家校教育信息，形成全省最大的线上家长课堂，同步开创家校教育主题沙龙，并延伸家校协同教育专项课题研究，开启家校协同教育的创新模式。

当今的社会是一个既充满竞争更需要广泛深入合作的社会。对于教育而言，人才的培养需要学校、家庭、社会"三位一体"式的协同合作，这种参与式的教育，已经成为我国教育改革和发展中必须高度重视的问题。进一步加强学校和家庭的合作，需要借助于沟通与合作的平台或载体。我们看到，科学技术的迅猛发展和信息化浪潮的不断推进，新兴媒体步入了大众的视野并深刻改变着人们的思维、生活和交往的方式。这些新兴的媒体当然也成为了家校合作的新载体。充分利用这些载体，创新沟通与合作的模式，规避其负面的影响，发挥新媒体在家校合作中的新效能已经成为当前教育理论研究和改革实践的新课题。

从传统课堂到"翻转课堂"，从教室学习到在线教育，从班级授课制到泛在学习（U-Learning）……信息技术一次又一次带给教育新的体验和冲击，几乎每一次技术革命都引发了教育的变革。[1] 当下普遍运用的微信也不例外。以央视新闻为例，2013年 4 月 1 日开启了微信公众账号，并前所未有地在新闻节目结束时由主持人播报"请关注我们的官方微信账号"。[2] 中央电视台主持人欧阳夏丹在首条微信中表示，今后

1　马献忠，郝日虹．信息技术呼唤教育新形态研究 [N]．中国社会科学报，2015-02-09（A01）．

2　祁亚楠．微信引发的新媒体变革 [J]．中国广播，2013（5）：88-89．

将每天通过微信为大家带来新鲜好看的新闻资讯。[1] 目前很多中小学也都开通了自己的微信订阅号，并成为学校信息化应用的一张亮丽名片。正如上海师范大学杨晓哲博士所言：申请并运营好一个（学校）微信公众平台不亚于投入几十万甚至上百万的数字化校园建设项目。

一、教育新媒体的基本内涵与问题的提出

对于新兴的教育新媒体的界定，尽管学术界还存在着一些争议，但是总体而言，它应该是指区别于传统媒体，如广播、电视、报刊等之外的媒体。一般包括互联网、手机视频、手机报、手机广播、博客、飞信、QQ 群等等。新兴媒体具有开放性、平等性、即时性、交互性、异质性等特点。它使信息传递的速度更快、范围更广、内容更丰富，它给家校的沟通与合作带来了新的机遇。[2]

本文所提的教育新媒体即中小学官方微信订阅号平台。微信作为移动互联的产品，不仅具有网络平台的开放性、交互性、即时性等一般特点，其传播更具有选择性、精准性、定向性等特点，目前义务教育阶段的中小学生的家长多为 80 后，每人至少一部手机，只要愿意，便能享受不受时空限制的泛在学习，为家校教育传播准备了得天独厚的媒体生态环境。而且，针对一些家庭教育的隐私问题，微信平台服务还能实现隐私保密性。

当教育遇到新媒体会产生什么？当然不是简单的教育与信息技术的叠加。首先，它总是基于最新的信息技术平台来传播；其次，最根本的是需要专业的教育媒体运营：拥有专业资深的教育团队生产丰富的教育内容，并且按照专业的新媒体思维来运营传播。教育新媒体不仅是新媒体传播者，更是专业教育内容的生产者，兼具教育属性和新媒体属性。

皖新传媒秉承新华书店 60 年优秀文化传统，携手安徽省基础教育改革与发展协同创新中心，成立家校协同教育委员会，汇聚专业的教育专家及媒体团队，以及全省大部分中小学于一体，每天策划、生产和传播各种优质家校教育内容，专业运营全省中小学微信订阅号，打造全省最大的线上家长课堂，同时结合线下家校沙龙，同步开展家校协同教育创新研究专项课题研究，促进家校协同教育的创新实践和研

---

1 刘华宾.“央视新闻”微信正式上线 [EB/OL].2013-04-01.

2 安仲森.基于新媒体之维的家校关系探讨 [J].吉林省教育学院学报,2011（5）：15-17.

究。已经成为安徽省最大的基础教育新媒体联盟，目前已开通运营 800 多所校园官方订阅号，40 多万用户，2015 年年底将达标 100 万用户。

二、协同论与家校协同教育

1976 年，联邦德国斯图加特大学教授、著名的物理学家哈肯（Hermann Haken）提出协同论，认为系统千差万别，属性各不相同，但系统间存在着相互影响、相互合作的关系，存在从混沌无序状态向稳定有序结构转化的机理和条件，能形成一些微观个体层次所不具有的新的结构和特征的普遍原理，揭示了系统变化的普遍程式：旧结构→不稳定性→新结构。[1] 而其组织原理解释了在一定的外部能量流、信息流输入的条件下，系统会通过大量子系统之间的协同作用而形成新的时间、空间或功能有序结构。

教育是一个复杂的系统，由与学习者相关的家庭、学校、社会三方形成家庭教育系统、学校教育系统、社会教育系统，这三个系统之间遵循子系统间的协同理论，各子系统对其他系统存在信息流渗透，并相互交叉影响。比如，一名学生在家庭接收到的信息会不自觉植入到学校教育之中，并影响学校教学对学生的教育效果，而该教育效果又会反馈到家庭之中，影响家庭教育的自我纠正意识和诉求，甚至行为。教育发展自然而然地产生了一种需求：家校协同教育。

家校协同教育，即学校起主导作用，家庭和学校在教育孩子的过程中协调一致，相互支持和配合，以最大限度地发挥各自的优势，弥补各自的不足，实现教育的最优化。家校协同教育一词多见于外国资料，英文最常见的表达方式有 "home-school cooperation"，此外还有 "education intervention（教育介入）" "parent-teacher collaboration（家长—教师配合）" 等。乌克兰教育家瓦西里·亚历山德罗维奇·苏霍姆林斯基也曾在《我们的家长学校》一文中曾提出了协同教育的理念，认为在学生的学习成长过程中，学校应当承担起正规的、主体的、正面的角色，但学校不应该成为学生成长的全部途径，家庭、学校与社会应该承担各自的教育角色，协同发展。国际 21 世纪教育委员会于 1996 年向联合国教科文组织提交的报告《教育——财富蕴藏其中》中也曾指出，密切有效的家校合作是提高教育效率的前提，充分发挥家庭和学校的优势，家庭教育可以支持和强化学校教育，学校教育又能够引导家庭教育，

1　[德] 赫尔曼·哈肯，凌复华译.协同学：大自然构成的奥秘 [M].上海：上海译文出版社，2005：72-73.

即双方优势互补、合作竞争而达成协同教育。

三、家校协同教育的问题及创新诉求

传统的家校协同教育，比如家访、家长会等形式，存在次数有限、过程短暂、持续性差、衰减快等问题，也就是协同论中的"快弛豫参量"。[1] 尤其是受时空限制，不能及时反馈，具有滞后性，且交互性差。在沟通的内容上，传统家校协同仅仅止于向家长单向度输入孩子在学校的学习、作业情况，更多只限于联络工具功能。在沟通组织上，比如家长学校，经过调查发现几乎形同虚设，最多是用来开开家长会。因此，急需创建一个独立运营的家校协同教育组织机构。

学校对于学生在校的诸多表现及心理情绪等在家庭教育上的归因，以及对于教育的一致性的诉求，从而对家庭协同教育越来越重视，但是，协同主体即家长的教育素养的欠缺却阻碍了家校协同。大部分中小学家长也对家庭教育的意识，以及榜样意识逐渐增强，但教育的方法和能力却有限，因此，基于家长教育素养建设和提高的创新家校协同教育平台和内容诉求越来越紧迫，在这种情况下，基于衔接与耦合的家校协同教育功能的中小学官方订阅号平台的教育新媒体便应运而生。

四、教育新媒体环境下家校协同发展的新思维

（一）将传统家校协同方式与新媒体相结合，以跨界的思维加强方式方法的创新

由于教育新媒体的技术特点，其在沟通与交流工作中具有独特的优势，因此，学校要在家长会、家访、电话访问、座谈会、交流会等传统方式的基础上，充分利用新技术，将传统与现代相结合，以多视角、多关联的跨界思维创新模式，满足不同形势下家校合作的需要。

家校双方对新媒体都要有一个科学的态度，要熟悉新媒体作为家校协同新阵地这一有效平台的运作方式，提高运用能力，缩小交往的心理距离。当然，新媒体需要家校双方共同研究、共同探讨信息发布的方式和内容，制定合理的计划，避免信息的单向度传输和信息的泛滥，弱化和干扰家校良好的合作关系。

---

1 李运林. 协同教育是未来教育的主流 [J]. 电化教育研究,2007(9):21-23.

（二）建立家长培训学校，加强媒体素养教育

在一定意义上来讲，当前的家庭教育在观念、方法等方面仍然落后于学校教育。家庭教育的失误容易削弱学校教育的正面作用，甚至让教育对象无所适从。因此，建立家长培训学校，提高家长的素养和家庭教育的质量，提高家长参与学校管理和教学的能力和水平是提升家校协同水平和质量的重要方式。家长培训学校要做到计划性、周密性、丰富性、针对性和时代感的统一。家长培训的内容要经过家校双方充分讨论后共同确定。

在新媒体环境下，学校要及时将媒体素养教育纳入家长培训的内容，培养家长健康的媒介评价能力，并督促家长充分利用好新媒体提升自我，参与学校教育和社会发展。对于校方，学校在加强对家长培训的同时，也应加强学校师资队伍和管理队伍建设，通过多种方式提高媒介素养水平，主动引导和参与良好家校关系的构建。

（三）安徽省中小学微信订阅号项目的创新模式及案例

新媒体技术的迅猛发展及广泛应用给当下家校关系及其合作带来了难得的发展机遇。家校双方都应坚持用新思维，将传统和现代相结合，发挥各自的优势，取长补短，创新家校协同的方法和手段，不断提高家校双方自觉参与学校教育、教育对象成长成才全过程的主动性和自觉性，不断提高家校协同的能力和水平，进一步拓展了家校协同的时间和空间，使家校之间的交流更为便捷和多样，也成为家长之间交流的新载体，客观上也有利于构筑新型的家校关系。

皖新传媒携手安徽省基础教育改革与发展协同创新中心，共创安徽省基础教育联盟，安徽省中小学订阅号教育新媒体联盟，从 2015 年 4 月份开始，已开通并运营了全省 800 多所中小学官方微信订阅号，受益师生家长达到近 100 万用户。

教育新媒体联盟建设是一项机制创新。首先要创建并凝聚了教育专业人员和新媒体人员的团队，每天生产和推送传播专业的家校教育内容。同时，汇聚了全国知名教育专家、心理专家、名师、家教达人，录制开播线上家长课堂。成立独立的家校协同组织机构即安徽省家校协同创新教育委员会，并联合学校的家长学校平台，同步开展线下家校沙龙和专项课题研究，交叉推进家校协同教育内涵建设。

1. 推送线上家长课堂

根据中小学微信订阅号后台大数据的阅读率监控和用户分析，有针对性地每天专业选题、制作和推送家校教育信息内容，比如，合肥市四十五中 2015 年 9 月 30 日

推送了《最没用的三种教育方法：讲道理、发脾气、刻意感动》，阅读量为 1498；阜阳实验小学 10 月 3 日推送了《不让孩子第一名》，阅读量为 1279；六安市梅山路小学 10 月 9 日推送出《从今天起，做个不生气的妈妈》不到 1 小时，阅读量就达到200 多人次。

通过定期的在线问卷调研，解答家长教育困惑。同时开设专栏热线，在线征集家长教育问题（截至目前，清单式家长教育问题库的问题已达到 1000 多条）。线上开展家长课堂，不仅包括每天推送的这些家校教育文章，还有丰富多样的原创栏目，根据家长需求，专家名师点对点答疑解惑。比如，校长讲故事、名师讲方法、班主任讲案例、专家面对面、林林家庭情商、嘻哈课堂等。在讲述故事和案例分享的过程中，让家长得到启发，并通过家长专家 QQ 群或社区，及时解答家长教育问题。

通过对以上案例进行实证跟踪研究发现，问题家长通过学校订阅号平台，不断交流学习，提出问题，并得到专家解答帮扶，在这个不断循环的过程中实现家长教育素养的提升。

2. 举办家校教育主题沙龙

皖新传媒联合安徽省基础教育改革与发展协同创新中心，创建并成立了专门独立的家校协同组织机构，即安徽省家校协同创新教育委员会，依托新华书店门店，并联合各中小学的家长学校，定期开展线下家校教育主题沙龙，让家校教育沙龙走进社区。线下家校沙龙是线上家长课堂及 QQ 群、社区的落地延伸，相互促进，专家、名师、家长齐聚一堂，在沙龙中不断提问、发言、交流，学习和进步。

3. 开设家校协同教育课题研究

为回应学校和家庭的协同需求和问题，推动家校协同教育的发展，强化以经验和模式为主导的实践研究，形成推动家校协同教育的创意、经验、模式、制度，根据学术委员会建议，安徽省基础教育改革与发展协同创新中心联合皖新传媒，面向全省教育研究者和教育实践工作者，组织开展家校协同教育创新专项开放课题研究，公开发布选题指南，以期融合多元创新力量，深度开展家校协同教育研究。

五、结语

安徽省中小学订阅号联盟将学校、家庭两个子系统汇聚于同一平台，学校的教育信息、学生的学习和成长状况、家庭的教育行为等信息流在此不断交汇互融，并面向社会公众开放，邀请家教模范达人参与到平台的内容建设中来。更重要的是教育新媒体化的专业运营，每日持续制作和传播专业的家校教育内容，有效地解决家庭教育和学校教育的问题和困惑。并以专业课题研发进行支持持续发展。这种开放性、多元化、交互共享的教育新媒体平台，让家校协同教育不再是一句空谈，开启了家校协同教育的创新模式。

（2015 年 9 月）

澳大利亚查尔斯·达尔文大学办学发展的启示

项目来源：合肥师范学院赴澳教育考察
时　　间：2016 年 7 月
成果形式：考察报告

为积极稳妥地推动与澳大利亚查尔斯·达尔文大学及北领地的合作交流，更好地利用国外优质教育资源，加强学科和师资队伍建设，探索创新教育模式，合肥师范学院副校长曹卓良教授率领教育考察团一行 5 人，于 2016 年 7 月 24 日至 29 日赴澳访问学习与研讨交流。参访了达尔文大学教育学院、国际教育与研究生处、北领地校长领导力中心等，并与查尔斯·达尔文大学校长、副校长以及多位教师进行了交流，就课程建设、专业建设、实践教学、教师培养、协同研究等方面相互交流。现将考察总结如下。

一、学校简况

查尔斯·达尔文大学位于澳大利亚北部，是北领地地区唯一的大学，也是澳大利亚少数真正实现部门多元化并且提供高级中等教育机会的学院之一。该大学吸引了来自世界各地的学生，全校 18000 人来自 60 多个民族。学校拥有 Casuarina、Palmerston、Alice Springs 和 Katherine 等多个校区。

作为澳大利亚最年轻的大学之一，达尔文大学发展势头强劲，在近几年 Times Higher Education 公布的世界大学排名中成绩较好。学校凭借优异的教学水平和强劲的科研实力，还有兼容并包的国际化视野，在国际声誉和排名方面都取得了长足进步。在 2015 年泰晤士高等教育公布的世界大学排名中，达尔文大学已进入全球 Top 300，跻身澳大利亚前十。目前，正以稳健的步伐推进世界一流大学的建设。

达尔文大学拥有多元教育背景的教育与学习等 11 个研究中心，在多个领域积极开展国际合作研究。学校与中国、印度尼西亚、菲律宾、马来西亚的院校和团体签署了多个国际合作办学协议，包括学生交流、教员进修、研究基金的有效利用、图书馆资源、文化性和体育方面的访问。同时，学校向海外提供北领地大学课程，为个人和组织之间的合作与交流提供信息与支持。

二、交流内容与形式

教育考察团一行参观了达尔文大学教学区、学生活动中心、中华园、学生宿舍等场所，分别前往教师教育学院、国际教育与研究生处、校长领导力中心等单位学习交流。

（一）学科建设与专业设置

1. 教育学院概况及组成机构

教育学院共设有五个系科，包括早期儿童教育师范（本科）、小学教育师范本科、中学教育师范本科、研究生师范专业以及教育硕士培养。早期儿童教育师范对应于中国的学前教育专业，小学教育师范本科与国内小学教育本科专业对应，中学教育师范本科主要培养中学教师，这些专业分别获得学前学士学位（Bachelor of education early childhood）、小学教育学士学位（Bachelor of education primary teachering）和中学教师学士学位（Bachelor of education secongary teachering）。学院也是该校博士和硕士研究生的培训点。同时通过专家介绍、对话交流、参观校园等方式了解了教育学院的师资、机构设置、课程计划、教学设施。教育学院非常重视对外合作，目前已与中国、美国、菲律宾、印度尼西亚、马来西亚、柬埔寨、南非等国家进行项目合作研究。

2. 师范专业及课程设置

教育学院师范专业培养从事早期儿童教育、初等教育和中等教育的师资。早期儿童教育的对象是0~5岁和0~8岁儿童，包括托儿所。与我国不同的是，澳大利亚孩子在5岁时有过渡年级教育。小学教育专业是全科，其毕业生毕业后在小学可以教很多门科目。中学教育包括初中和高中，课程设置包括视觉艺术、音乐、科学、数学、健康与体育、信息技术、人类学和社会科学等，学生毕业后在中学任教一门主科，另加一门辅科。

除了师范专业的学生可以当教师外，工科等专业毕业生在经过两年的教育培训后，经过认证获得教师资格后也可以担任教师。澳大利亚的师范教育与我国一样是开放式的，不过获得教师资格的要求比中国要高得多。我国教师教育虽然改变了以往封闭式培养模式，非师范专业毕业生通过考试获得教师资格证，但是没有像澳大利亚必须学习 2 年的时间限制，相对而言入教门槛较低。

3. 师范专业的实践教学

与我国一样，澳大利亚非常重视实践教学，而且有较好的制度保障。澳大利亚政府规定，师范生至少要实习 16 周才能毕业。教育学院设置实习部，有 4 个教师专门负责实习工作，师范生实习的内容和操作程序明确，保证了培养质量。学生实习的内容包括观察（watch）、学习 (learn)、计划 (plan)、教学 (teaching) 几个环节，以初等教育为例，学生必须具有在四个不同班级实习的经历。

4. 领导力的培养

达尔文大学设有专门的领导力中心，注重对在职教师和学生的培训，通过网络教学等多种方式，面向师生逐步开展 4 个层次的领导力培训，不断提高师生的知识、能力和水平。一是项目化的培训，比如在假期组织学生参加培养学生领导力的项目，在开学初期选出学生中的领导者，进行专门的培训；二是推广领导力证书考试；三是通过课外活动、社会实践、体育活动、组织学生社团等各项活动，培养学生领导力。

（二）研究生教育方面

1. 研究生教育管理体系

如许多大学一样，达尔文大学的研究生教育管理体系也主要由各个院系和研究生院组成。院系主要是集中力量来努力招聘和培养一流的教学、科研队伍，来建设高质量的前沿性的研究项目，从而带动研究生的教育。研究生院管理模式是很多大学都采用的系统，即将研究生教育的行政管理与学术研究管理分开。研究生教育的组织结构，包括研究生院院长，学术办公室顾问委员会，及各个院系院长、主任等。

2. 研究生入学选拔

达尔文大学研究生入学主要实行联合负责考核机制，即研究生录取入学的评估考核，是由研究生院和各个院系的研究生项目委员会联合负责进行的。虽然原则上研究生院对学生的录取有最后决定权，但是实际上研究生院只是履行一些程序上的行政管理手续，而每个研究生（主要指博士项目）项目都可以自行、自主地招聘、选拔、评估和录取学生，学校不从中进行实质性的质量或数量的控制。一旦各个院系按其项目要求，评估录取了某某研究生并向研究生院推荐，只要此研究生符合研究生院定的一些最低标准，比如本科成绩平均为 3.0，就会被研究生院自动正式录取。

3. 研究生学习评价体系

据了解，达尔文大学对研究生学习及科研的评价体系，旨在通过建立多种形式的考试制度进行：（1）能力考试（Qualifying Exam）。研究生第一、二年主要集中精力学习院系根据以后各个研究方向设置的各种课程，然后参加系里设计的能力考试。以此评估学生对所学的课程有没有良好的理解掌握，以及有没有能力进行下一阶段的学习、研究。（2）资格考试（Candidacy, 或 General Exam）。通过能力考试的研究生，可以担任助教或助研，从而获得资助。同时，选修研究课程，进行深入的学习，为作研究论文而作准备。然后在导师的指导下，选定研究方向或课题，提出研究论文的提纲及其方式方法，即是笔试。学生通过此考试，并且经过研究生院备案后，研究生才有资格准备进行最后的博士论文的研究与写作。(3)论文(Dissertation)口头答辩。与上面资格考试的口试一样，研究生院指派一名学生研究项目之外的教授作为研究生院代表，参加口试，并且要对学生的考试质量给正式书面评估意见。为了让研究生院代表对学生的论文研究有足够的了解，学生必须在口试一星期前，将完整的论文文稿递交给此代表。

4. 研究生育人环境

在考察中发现，达尔文大学注重加强基础设施建设，注重大学氛围的营造，确保研究生体力、智力、精神的全方面发展。研究生教育是要教育学生成为一个完整的人，而不仅仅是学习一门有用的课程或者可以谋生的专业技能。因此学校要提供设施让学生有机会最大限度地去发展自己的体力、智力和精神能力。达尔文大学研究生宿舍1人1间，有专门举办学习沙龙、体育锻炼场所等等。在走访学生宿舍期间，发现研究生教育的特色即为：以宿舍为基地，寻找学习伙伴和参加学习兴趣小组。在宿舍走廊里，到处可见张贴的寻找学习伙伴和一些学习兴趣小组的海报。宿舍之中学习氛围的营造并不是完全的自发行为，学校层面也进行必要的指导。每栋楼都选1名学生作为管理助理，负责给每一学生发送电子邮件，告知学校的相关新闻及一些相关信息。这样无论课上课下，学生都可以方便地找到学习的伙伴和团体，使得学生无论校内还是校外，都具有无缝隙的、综合的学习环境。

（三）澳大利亚基础教育改革与发展情况

澳大利亚的基础教育是以州政府办学为主体的二元化办学体制，一些私立中小学主要由教会举办，这种二元化的办学体制是与澳大利亚的联邦政治体制，及其与这种政治体制相适应的财税体制相适应的，是与该国的宗教传统密切相关的。澳大利亚面向教学实际建立教育管理体系。基础教育的基本特征是：从本国实际出发，致力于教育与社会发展进步相适应，注意实效。从联邦教育部、州教育部到地区教育办公室，在机构设置、工作指导思想和任务等各个方面，都体现了面向基层、面向学校、面向教学实际的原则，把课程研究、教学指导与管理机构作为教育行政部门的主要组成部分，强调突出教学业务管理，行政管理与之相结合。

1. 重视实用性人才培养的教育目标模式

1989 年，澳大利亚联邦教育部提出了 10 条中小学教育目标，明确提出："提供与社会、文化和国家经济需要有关的教育；促使学生发展自信心，关心他人和获得个人的成就；通过给学生提供在他们未来的就业中具有最大灵活性和适应性的技能来适应日益发展的经济和社会需要；发展识字、计数、解决问题、信息处理和计算技能……"并根据这一教育目标设置中小学课程，组织教育教学活动。澳大利亚非常重视科学技术教育、计算机教育和外语教学，从小学低年级起就开设这三门课程。在学校教育的各个方面和各个环节，都注重培养学生的动手操作能力、适应社会生活的能力和创造能力。大多数都为学生动手实践提供了较好的场地和设备，教室里都陈列着学生创作的各种作品。正如教育学院耿华副院长所说：我们不仅要为学生进一步学习系统的科学文化知识打好基础，而且要开发他们的智力和创造力，培养适应社会生活的能力和动手操作的能力，为他们将来成为国际竞争需要的实用性人才打好基础。

2. 高度集中的教育投资管理体制

澳大利亚中小学的办学经费由各州政府投资和统一管理，联邦政府提供的中小学教育补助经费也下拨给州政府。这种高度集中的基础教育投资管理体制，在联邦宪法和义务教育法案里有具体的明确规定，这与分权制的财税体制相适应，有利于保证城乡基础教育相对平衡发展和顺利实施义务教育。正由于这样，城市中小学与郊区、乡村中小学的办学条件没有差别，即使是十分偏远的乡村复式小学，也同样有舒适的校舍和计算机等现代化的教学设备。城乡儿童享受基本相等的教育机会和学习环境。但是，由于各州的自然条件和经济发展水平不同，所以州与州之间在教育投入水平上存在着一定的差异。

3. 多样化的教育形式

中小学的教育形式灵活多样，有单式班学校，也有复式班学校；有各民族学生混合学校，也有专门设置的土著人学校；澳大利亚的非正规学校教育有两种形式：一是家庭教育。凡居住非常偏远的、有教育能力的家庭，其子女可以在家里接受教育。二是远程教育，即通过有线电话、信息媒介进行教育。各州都非常重视远程教育，设置了规模较大的远程教育中心，把远程教育作为偏远乡村普及义务教育的重要手段。

4. 广泛的社会参与

在澳大利亚"关心教育，支持教育"不是一句空洞的口号，而是人们自觉的教育行为，形成了广泛的社会参与教育的机制。这种广泛性体现在两个方面：一是社会参与教育的主体广泛性，即社会各界和学生家长都关心与支持教育。二是参与内容的广泛性。社会各界不仅参与兴教办学、教育决策、教育发展规划等宏观方面的活动，而且还参与学校教育教学、课程设置、教学内容和方法改革等微观方面的活动。无论城市还是乡村，所有中小学都成立了有当地政府官员、工商界人士、学生家长，教师代表和学校校长参与的学校教育委员会，参与制定学校发展规划，协调学校与社会的关系；参与学校教育管理、课程设置和教学内容改革等各个方面，并支持学校不断改善和优化办学条件。许多家长都主动给学校添置仪器设备和图书资料，这种广泛的社会参与密切了教育与社会的关系，不仅使中小学教育更好地面向社会，面向实际，而且促使社会更加关心和支持教育。

三、思考与借鉴

通过学习交流，我们认为达尔文大学特点是教师队伍学历层次较高，专业能力强，具有课程设置的精细性和工作的严谨性。学校对实践教学高度重视，保障有力。教育访问团以达尔文大学成功的经验为依据，结合我国及本地的基础教育实际，对比找差距，提出以下建议。

（一）加强两地基础教育发展研究

安徽与北领地同属不发达的省州，在地域、教育水平等方面有许多共性，彼此之间有着很多合作的基础，可以在师生交流、课程开发等多个层面开展合作与交流。一是加强与北领地以及澳大利亚基础教育整体的常态化交流，以"安徽基础教育发展联盟"平台，与达尔文大学及所在地的基础教育学校建立联谊关系。二是双方以问题导向，联合开展基础教育共性问题的课题研究，并通过视频互联实行电子图书、网络电子信息资源等多种教育资源共享。三是建立两地中小学校长阶段性的异地培训与交流机制。

同时，达尔文大学与合肥师范学院的办学性质相近，具有很多共同点，如"校长领导力中心"主要从事校长培训和资格认证事宜，而合肥师范学院是具有历史传统的省级教育管理干部培训基地。建议在校长专业发展、培训资源、教师互派方面进行深度合作。

（二）加强师生交流

达尔文大学教师队伍的国际化程度高、层次高，视野开阔，建议先以教学交流、教师交流为主，逐步扩大到教育管理干部培训等方面。每年选派教师去该校交流学习，一是对口交流，学习对方的课程建设、专业建设、管理经验等。二是开展合作研究，不断提升专业素养。同时邀请达尔文大学教师到安徽来讲课，做专题讲座。

在学生交流方面，以合作办学形式，把本科生、研究生派往达尔文大学学习。尝试与澳大利亚进行学前教育的合作培养，加强学前教育本科生交流的力度；试行"农村小学全科教师"合作培养机制，寻找本科生合作培养的新生长点，还可以探索"卓越教师计划"的合作办学事宜。

（三）深化研究生教育合作交流

今年，首批 5 名教育硕士生赴达尔文大学开展了为期 3 周的海外研学，开创了合肥师范学院研究生教育国际化改革的先河。为进一步巩固合作成果，今后还将选派多学科方向的研究生外出学习，进一步拓展合作领域。一是探索"1+0.5+0.5"培养模式，即研究生第一年在校攻读学位基础课程，同时遴选进入达尔文大学学习的资格，第三个半年达尔文大学进行硕士课程学习、海外实践研修，第四个半年完成学位论文。同时，积极争取获得学分互认，努力获得达尔文大学授予证书。二是在将来拓展到经济、信息电子等学科领域探索开办硕士层次的中外合作办学项目。三是注重研究生领导力的培养。以推广打造"行知学堂"品牌为抓手，鼓励研究生积极参加各种社会实践活动。引导学生通过实质性地参与社区变革，将理论运用于实践，从而获得规划、沟通、团队管理、个人领导的技能和技巧。

（2016 年 8 月）

区域发展

"十三五"区域教育规划编研的指向研究
——基于合肥市融入长三角城市群的发展探析

项目来源：参与合肥市教育局"合肥市'十三五'教育事业发展规划编制"项目
时　间：2015年1月
成果形式：咨询报告

科学编制"十三五"教育规划，对于积极应对经济社会转型发展的新挑战、服务全面建成小康社会的奋斗目标意义深远。教育规划应突出问题导向，有指向性地提出发展诉求。基于新型城镇化推进和治理体系建设，合肥市确立"十三五"教育发展定位，拉高标杆对接与融入长三角城市群，围绕率先实现教育现代化发展目标的指向，着力在系统变革、内涵发展、资源配置、人才培养等领域优化提升，创新驱动，强化协调与控制功能，运用教育政策工具，确保在教育评价、队伍建设、教育治理的深化转型上凸显成效。

近年来，合肥市在国家战略布局中功能定位日渐清晰，地位作用不断强化。2014年9月，《国务院关于依托黄金水道推动长江经济带发展的指导意见》（以下简称《意见》）的出台，为合肥市发展赋予新的战略责任，其将合肥与南京、杭州同列为长三角城市群副中心，并将合肥建设成为内陆开放型经济高地[1]。2016年5月11日，国务院常务会议通过《长江三角洲城市群发展规划》，并提出培育更高水平的经济增长极，推进南京、杭州、合肥等都市圈同城化发展。这些对于地处中部地区的省域中心城市合肥来说，是一次重大的发展机遇。

长三角城市群是我国综合实力最强、最具发展活力和竞争力的首位经济圈，地处东部沿海与长江流域两大发展战略主轴的结合部，不仅在国家区域发展战略中占据突出地位，而且在全球增长格局中具有重要影响力。其区位条件优越、自然禀赋优良、经济基础雄厚、城镇体系完整、科教文化发达，未来将最有可能成为世界第六大城市群。《意见》赋予了合肥市为长三角城市群副中心城市的战略定位，指明

1　国家发展改革委，外交部，商务部. 推动共建丝绸之路经济带和21世纪海上丝绸之路的愿景与行动 [EB/OL]. 2015-3-28.

了合肥未来要成为长江流域经济带和长三角城市群的战略重心之一。同时，提出建设"沪—宁—合"发展轴，可以说是为合肥发展树立了新标杆，从根本上确立了合肥的发展目标、发展取向和发展高度。

合肥在长三角城市群中属后发城市，但也是高成长性城市。十八大以来，合肥市充分利用试点城市、示范区建设等国家和地区利好政策的叠加效应，主要发展指标增速持续保持 2 位数增长，经济总量与南京、杭州的差距以每年 1 个至 4 个百分点的速度缩小，赶超后劲十足。但从历史地位和文化底蕴来看，合肥难以与"天堂之城"杭州、"六朝古都"南京等量齐观；在当前城市的规模与能级上，合肥与宁、杭二市仍存在较大差距。从发展阶段评估，合肥仍处于工业化中后期，而宁、杭二市后工业化社会特征明显。面对差距，合肥市拉高标杆，在经济新常态背景下着力创新追赶路径和发展模式，积极谋划建设长三角城市群副中心。

教育是实现经济社会可持续发展的关键因素。教育现代化将成为我国实现全面现代化的先导。教育发展、人力资本积累、经济结构变迁和社会发展阶段的推进之间有一种互动关系。[1] 合肥市努力加强与长三角城市群副中心城市的等高对接，围绕"大湖名城、创新高地"城市发展战略，明确以率先实现全市教育现代化为发展指向，以科学编制"十三五"教育规划为抓手，深入研究到2020年将合肥基本建成名副其实的长三角城市群副中心城市的教育内涵、实现路径、改革攻坚的重点领域和加快转型升级的瓶颈约束等重要问题，确保教育发展科学可行。

一、长三角城市群教育发展的特质与异同

长三角城市群率先发展是国家战略赋予的历史使命。党的十八大以来，国家层面加大政策保障，大力促进长三角城市群率先建设成为改革创新的引领区、现代化建设的先行区、国际化发展的先导区，打造具有较强国际竞争力的世界级城市群，期待长三角城市群通过率先改革发展在引领国家经济社会发展转型中发挥更大的带动作用。

长三角城市群的教育改革创新发展、联动发展和一体化发展，可为长三角城际深度合作发展提供引擎和支撑，这既是由教育特有的战略性、基础性、先导性作用及功能决定的，也是贯彻落实《国家中长期教育改革和发展规划纲要（2010—2020 年）》

1　胡鞍钢，王洪川，鄢一龙.教育现代化目标与指标：兼谈"十三五"教育发展基本思路[J].清华大学教育研究，2015(3)：21-26+47.

提出的综合改革试点任务的重要环节，同时还吻合了长三角城市群解决创新驱动、转型发展中共同面临的人力资源开发和创新发展等重大战略问题的共同诉求。

教育联动发展是基础、是动力，更是长效机制。长三角城市群教育协作联动发展正逐步形成共识。站在国家战略全局的高度，长三角城市群率先推进区域教育综合改革试验，在改革中突破现有体制机制中存在的壁垒与制约，通过强弱互补、强强合作，提升区域的整体水平和影响力。在教育合作、共建和共谋发展的理念指导下，有效利用各自的竞争优势和有利条件，从联动合作解决长三角城市群教育发展的共性问题入手，主动探索推动教育公共治理的新机制，探索区域教育协作改革发展新途径。

教育规划突出教育改革和发展的引领，事关教育工作的整体布局和战略思考。实践证明，教育事业发展，系统的顶层设计和科学的规划引导是前提。[1] 作为长三角副中心城市（表1）的新成员，合肥市首先力求向长三角城市群中心（副中心）城市上海、杭州、南京学习与对接，力求达到"学习先进理念，自我提升标杆，实现等高对接"的目标。

表1　长三角城市群副中心城市南京、杭州与合肥经济社会发展主要数据比较

城　市	地区生产总值/亿元	年度增幅	一般公共预算收入/亿元	同口径增长	常住人口/万人	户籍总人口/万人	城镇化率
南京	9720.77	9.30%	1020.00	9.30%	823.59	653.40	81.45%
杭州	10053.58	10.20%	1233.88	9.80%	901.80	723.55	75.30%
合肥	5660.30	10.50%	571.50	15.40%	779.60	717.72	70.40%

资料来源：南京市、杭州市、合肥市2016年政府工作报告及国民经济和社会发展统计公报。

（一）沪、宁、杭三市教育发展总体态势

长三角城市群是经济与社会先发地区，是全国教育资源最丰富的地区之一，教育发展在国内处于领先水平。各级各类教育体量较大，带动性较强。[2] 而长三角城市群中心（副中心）城市上海、杭州、南京的教育在区域内起着发展引领作用。各项数据表明，长三角城市群总体上处于良性发展、高位发展状态。特别是沪、宁、杭三市的教师队伍、办学条件、信息技术运用等均远高于全国水平，义务教育发展水平在全国名列前茅，高等教育在全国占据重要的地位。

1　沈健．切实做好"十三五"教育发展规划编制工作 [J]．江苏教育，2015（15）：8–11.
2　长三角地区教育发展年度报告编写组．长三角地区教育发展年度报告（2014）[R]．上海：上海市教育委员会，2015.

教育部教育发展研究中心和上海教科院发布的《全国 15 个副省级城市教育现代化监测评价与比较研究报告（2014）》显示，在 15 个副省级城市中教育发展指数排名中，长三角城市群副中心杭州和南京分列综合指数第 4 位、第 5 位，在全国迈向教育现代化的整体格局中居于相对领先位置。《全国 15 个副省级城市教育现代化监测评价与比较研究报告（2015）》显示，监测评价包含的 4 个一级指标，杭州在其中 3 个一级指标（教育公平推进指数、教育质量要素指数、教育条件保障指数）中排名前 3 位，南京在 2 个一级指标中（教育质量要素指数、教育条件保障指数）中排名均为第 1。可见，宁、杭二市处在国内教育格局中的重要地位。从"十二五"完成情况来看，杭州率先普及 15 年基础教育，南京成为第一批国家级义务教育均衡发展省辖市，上海义务教育均衡发展 2014 年整体验收通过，长三角城市群（表 2）教育高位发展由此可见一斑。

表 2　长三角城市群副中心城市南京、杭州与合肥相关教育数据比较

项目内容	南京	杭州	合肥
普通高校 / 所	53	39	50
高校在校生 / 万人	81.26	47.56	61.54
市属高校 / 所	5	6	3
中等职业教育学校 / 所	27	40	75
中职在校生 / 万人	7.06	7.86	11.25
特殊教育学校 / 所	13	14	6
特教在校生 / 人	1373	1684	1094
幼儿园 / 所	828	881	866
在园幼儿 / 万人	20.74	28.54	23.06
小学 / 所	350	443	584
小学在校生 / 万人	35.80	52.45	46.37
普通初中 */ 所	163	243	257
初中在校生 / 万人	14.53	21.30	21.22
普通高中 / 所	55	75	103
高中在校生 / 万人	22.4	11.39	15.24
接纳义务教育阶段外来务工人员子女 **/ 万人	7.47	26.71	10.41

资料来源：南京市、杭州市、合肥市 2015 年教育事业发展公报或国民经济和社会发展统计公报。

* 含九年一贯制学校。

** 指户籍登记在外省（区、市）、本省外县（区）的乡村，随务工父母到输入地的城区、镇区（同住）并接受义务教育的适龄儿童少年。

纵观长三角城市群中心（副中心）城市的教育历史与发展走向，其教育先发是一个良性发展的过程，其间蕴涵着长期的治理积淀，逐步凝练出适合本区域的教育理念和教育思想，各项措施也在实践中不断优化与完善，尤其是教育决策不再是简单的政府部门一厢意愿，而是在更多细节上折射出人本主义精神，充分体现出民意所在。[1]

（二）教育发展经验与特色

1. 基本实现教育优质均衡发展

沪、宁、杭三市加强城乡统筹与设施标准公共基础教育资源配置机制，目前都处在义务教育高水平均衡发展阶段。南京市支持名校延伸到新区或开发区，让教育优质资源有序放大；开展中小学校长教师"区管校用"试点，大力推行小班化教学，在全市 174 所学校实行。杭州着重通过名校集团化办学战略，融合城乡，快速提升办学质量。上海市将特级教师、优秀教师评选与进入农村乡镇工作相挂钩，形成毕业生到农村、骨干教师交流、城乡对口合作交流的机制。

在义务教育学段择校一时难以避免的背景下，南京倡导"择校到民办"，做到信息透明公开。杭州城区实现"零择校"，通过创新机制在资源配置、师资队伍、经费投入上积极引导，形成促进教育公平系列组合拳；结合城市人口布局特点，采取的名校集团化办学见效，缩小了学区、学校间的差距。

2. 学前教育高起点发展

推进学前教育"增量、提优、普惠"工程，学前教育第二轮三年计划中构建了经费、设施、教师等保障机制，扩大资源建设，有效地解决了入园难矛盾。各市均实行幼儿园扩班补贴，"砖头人头两头补"，着力扶持集体园，有计划地应对新一轮幼儿入园高峰和三年后由于放开二胎形成的"计划外"幼儿入园高峰。在幼师培养上推行"3+4"模式，合作培养本科学历人才，满足学前教育师资队伍高起点建设需要。南京市省、市优质园比例达到 84%。上海市学前教育投入明确了生均经费标准，政府承担其中的 88.51%。

3. 高中教育推行多样化特色化发展

上海突出创新素养培育，开设研究课程；高中与当地高校联合，形成联合办学特色，加强优质、特色高中建设；部分学校推行选课、走班模式，体现教育"选择性"。

---

1 钱立青，江芳，谢华国 . 基于合肥市融入长三角城市群副中心城市"十三五"教育事业发展规划编制调研报告 [A]. 安徽基础教育研究（2015 年第 1 期）[C]. 2015.

杭州市在中职教育方面特色明显，实行的"工学结合、校企合作改革"富有成效，形成了"杭州样式"。

4.师资队伍建设进入良性发展轨道

严格教师入口关，凡进必考，凡调必考。教师实行梯队建设，开展青年教师"青优"、学科带头人、特级教师、正高级教师的评优活动。结合教师继续教育，开展入职培训、提高培训、拔尖培训。通过4年一周期的"校长发展学校"，促进校长的培养与成长。

5.第三方评估助力科学考量

各地政府职能加速转变，渐而形成社会化教育评价制度和激励政策。通过第三方评估，侧重技术诊断评析，为相关教育项目提供信度高的评估分析报告。

（三）存在的共性问题

1.学前教育发展存在短板

公办普惠型幼儿园总量不足，"入园难"特别是"入好园难"的问题依然突出。幼儿园区域分布不均，幼教师资依然欠缺。教师与保育员大多没有入编，同工同酬难以实现。

2.城乡教师资源配置不均衡问题依然存在

首先表现在推进校长教师有序交流方面，各地尚无良策，目前尝试推行的措施机制明显局限于"碎片化"，没有达到整体解决的目标。

3.进城务工人员随迁子女就学压力对教育优质均衡发展带来了挑战

长三角属经济发达地区，产业优势聚集了众多的进城务工人员，随迁子女就学与资源配置的矛盾压力持续增大。如杭州市进城务工人员随迁子女占比高达43%，由此带来义务教育段班额过大，给小班化教育实施带来压力。

二、区域性教育规划编制的顶层设计

合肥市在当前国家新的区域发展战略中优势突显。"十三五"时期正是教育改革发展实现新跨越的战略机遇期，科学研制教育规划，最根本的是要回答和解决一系列关系如何率先实现教育现代化的重大问题。2016年5月3日，合肥市人民政府印发了《合肥市国民经济和社会发展第十三个五年规划纲要》，明确提出要"对照建设长三角世界级城市群副中心的要求"[1]进行合肥发展的战略目标定位。高标杆、高起点进行顶层设计规划，对于大力发展合肥教育事业，切实加强人力资源开发，全面完成教育领域综合改革，推动全市经济社会各项事业全面、协调发展，具有重要的战略意义。

（一）深化改革形成大发展格局视野

未来的五年，知识竞争和创新发展将成为引领经济社会发展的重要力量，人民群众的精神文化需求更加迫切，教育诉求更趋多元和多样。合肥教育发展应主动策应地方主导产业发展，坚持改革创新精神和育人为本的核心要求，立足基本市情，着眼未来发展，研制出体现时代发展要求、人民群众满意的高水平、高质量的教育规划。

以率先实现全市教育现代化为发展定位，以推进教育优质均衡发展为目标，力求城乡教育统筹协调发展有新突破，力求在建立混合所有制学校及公办民办学校相互委托管理和购买服务机制方面有新突破，同时，创新机制打破教师资格终身制，试行中小学校长任期制；大力推进招生制度改革，深化课程改革，探索创新人才培养途径；与长三角城市群（表3）教育水平等高对接，努力实现教育跨越式发展。

表3　长三角城市群教育发展规划的绩效评测核心指标

一级指标	二级指标	主要观测点
1. 学前教育	1）公办幼儿园在园幼儿人数比例	○
	2）标准化幼儿园达标率	○
	3）幼师资格证持有率及事业编制新增量	○
2. 义务教育	4）标准化中小学比例	○
	5）小班化教学比例	○
	6）信息化技术应用比例与水平	○
	7）随迁子女公办学校就读比例	○
3. 高中教育	8）普通高中选修课比例	○
	9）普通高中与中等职业教育招生比	○
	10）优质高中教育覆盖率	○
4. 高等教育	11）高校毕业生初次就业率/职业教育对口就业率	○
	12）职业教育"双师型"教师比例	○

1　合肥市人民政府.合肥市人民政府关于印发合肥市国民经济和社会发展第十三个五年规划纲要的通知[EB/OL].2016-05-03.

续表

一级指标	二级指标	主要观测点
5. 社区教育	13）标准化乡镇成校（街道社区学校）建设	○
6. 特殊教育	14）"三残"适龄儿童少年入学率	○
7. 教育国际化	15）来华留学生比例 / 教师海外培训访学比例	○
	16）与外国学校合作情况	
8. 教育经费支出	17）生均公用经费增长情况	○
	18）生均预算内事业费支出	○
	19）公共财政教育经费占公共财政支出比例	○
	20）教师培训经费落实情况	

（二）统筹兼顾实现多层规划衔接

更新规划编制理念和战略思维，找准人民群众在教育方面最关心的问题，找准教育发展中最需要解决的问题，增强规划的战略性、政策性和前瞻性。依据今后五年经济社会发展趋势、人口出生和流动情况，优化供给结构，坚决避免低水平重复建设和资源浪费，但更要未雨绸缪，提前应对，如全面二胎实施以来仅 2015 年合肥市人口出生率比上年上升了 0.29 个千分点[1]，增生了 2000 多人，三年后将对学前教育入学形成新的挑战与压力。

规划衔接是保证协调配合，形成合力的关键环节。教育规划编制要加强与合肥市经济和社会发展事业规划，与国家、省中长期教育改革和发展规划纲要，与学前教育、基础教育、职业教育、高等教育等专项规划在思路、概念、数据等方面的有机衔接，与全市现代化、国际化、城镇化建设和社会主义新农村建设相结合。集中研究确定区域教育改革发展的基本方向、战略思路、政策举措以及制度保障等。协同研制长三角城市群教育发展规划绩效评测核心指标，加强绩效评估，积极吸取有价值的经验和成果。加强调研与数据分析，率先开展基础调查、信息收集、课题研究、项目论证等前期工作，综合考虑市域人口变化、学龄人口结构、就业结构的特点，认真分析教育供给侧存在的问题，优化教育结构、比例和区域布局。围绕深化教育综合改革、全面提高教育质量、大力促进教育公平、着力培养拔尖创新人才等方面，主动适应长三角城市群副中心发展格局以及全国创新资源等事关全市经济社会发展全局的战略部署，做到同步规划并适度超前。

1 　合肥市统计局 . 合肥市 2015 年国民经济和社会发展统计公报 [EB/OL].2016-3-2.

(三)创新机制提升规划编制协同性

确立依靠教育合作来促进区域一体化发展的重要地位,形成跨区域、跨部门协调一致的工作思路和协同机制等,以教育综合改革为动力,研究深化教育管理体制改革、办学体制改革、教育教学改革、人才培养体制和考试招生评价制度改革等总体思路和重大措施。明确各级政府以及社会各方面力量对发展教育事业承担的责任,研究全面提高教育开放水平的重点领域和关键措施。坚持教育公益性,制定推进教育公平的目标和实现措施;规划编制中要激发多元利益主体的积极性,建立由下而上的利益互惠驱动机制,充分调动学校、校长、教师、学生(家长)等多层面的教育合作需求及参与积极性。

全面分析市情、教情的发展变化,准确把握教育改革发展阶段的新特征。结合城市发展的趋向,理清发展思路,提出发展主题、主线和需要解决的重大问题。坚持问题导向,以重大课题形式委托开展课题研究,特别是合肥市建设成为长三角城市群副中心城市,实现路径和转型升级的瓶颈约束等重要问题,要进行深入研究。其研究成果最便捷服务于规划编制和资政决策。坚持科学民主决策,充分利用专业力量,发挥专家咨询、参谋作用。建立沟通协调机制,广泛征求社会各界的意见,提供完善、可信、可靠的教育信息,厘清教育改革发展的有效途径,寻求教育改革发展的最大共识,使规划充分集中市域群众的智慧,更贴近师生、贴近学校、贴近实际,成为体现时代发展要求、人民群众满意的高水平教育规划。

三、科学确立"十三五"教育规划编制的发展指向

目前,长三角城市群对"十三五"教育规划都已有基本的构想,但基于各地的现实情况而定。从上海市初步列出的 20 项发展指标来看,未来五年上海教育着力点不是限于一般数量上的提升,而是侧重"优质""满意度"的考量;不是一味地追求单体高度,而注重短板的拉高与整体托起,如设立"教育优质均衡区县差异"的指标。杭州市的"四化"(建设标准化、服务均等化、名校集团化、资助体系化)、智慧教育、内涵提升等系列指标也是高位发展的体现。南京市还考虑相关指标与国际接轨,与经济合作与发展组织(OECD)相关指标匹配。合肥市应结合市情与教情,拉高标杆,全面融入长三角城市群。按照打造长三角城市群副中心新要求,坚持深化改革和依法治教双轮驱动,以规划引领,注重项目跟进和教育资源拓展,持续提

升内涵质量，努力推动教育品质快速提升。

（一）立足学生成长发展，引导人才培养指向

1.始终坚持立德树人

围绕立德树人的根本任务，把社会主义核心价值观融入育人的全过程，落实到教学和管理的各个环节。引导学生学会尊重、理解和宽容，培养健全的人格。深入实施"生命、生存、生活"教育，构建诚信教育体系，培养学生良好的行为习惯。开展大、中小学德育课程一体化建设研究，根据不同学段学生的认知特点和成长规律，丰富德育课程资源库。

2.全面推进课程改革

深化课堂主渠道作用，积极开展"同课异构"研讨与观摩交流等活动，有效落实新课程理念，改革课堂教学模式，提高课堂效率，减轻中小学生过重的课业负担。坚持学科核心素养教育，以育人为出发点，体现学科的科学价值和人文价值，充分发挥学科教学在学生全面发展过程中的作用。

3.创新人才培养模式

推进分层教学、走班制、学分制、导师制等教学管理制度改革。建立 I（科研机构）、U（高等院校）、S（中小学）联合培养学生创新能力的有效机制，依托中国科技大学等优质高校资源，促进创新拔尖人才早期识别和培养。深化"产出导向"的应用型人才培养模式改革，创新专业学位研究生培养模式和职业教育"双主体"办学、现代学徒制、"校中校"合作、"订单式"联合培养和工学交替等多样化人才培养模式。

（二）改革招生考评制度，突出多元评测指向

1.推进学生评测方式改革

以推进素质教育、培养创新人才为导向，实施分类考试、综合评价、多元录取的招生考试制度。研制学生学业水平绿色指标评价体系，逐步实施以学校基础发展和自主发展指标为核心内容的多元评价手段，完善学生成长记录和综合素质评价。强化综合素质评价，建立各个学段的质量评价体系及教学反馈系统，探索以学科评估分析报告单呈现等级评价方式。

2.第三方评价推进科学考量

建立健全政府、行业、企业和第三方机构深度参与教育监测评估体系。探索"督

导、执法、检查、评估"一站式督导问责新模式，完善对办学质量、学生发展、教师成长等专项督导。积极编制"权力清单"和"责任清单"，面向全社会公开，接受全社会监督。

（三）深化教育综合改革，强化协调均衡指向

1. 深入推进办学体制改革

加快城乡教育统筹协调发展，充分发挥优质教育资源的辐射带动作用，创新委托管理、高校合作、集团化办学、学区化办学、结对共建等多元办学模式，以"名校＋"推动区域内义务教育优质均衡发展。积极鼓励、吸纳社会资本参与发展教育事业，探索公办民办学校委托管理和政府购买服务机制。逐步建立职业院校与市场对接、专业与产业对接、人才与需求对接的办学模式。

2. 促进各类教育协调发展

持续引导幼儿园普惠发展，深入推进义务教育新优质学校创建。以城区和县城为重点，扩大优质教育资源，消除大班额现象。完善普通高中评价体系，引导普通高中多样化、特色化发展。深入开展城乡教育结对合作，提升城市薄弱学校和农村学校的办学水平。构建终身学分银行，开展面向各类群体的社区教育，推进学习型社会建设。

3. 支持和规范民办教育发展

本着"扶优扶强"的原则，鼓励优质公办学校与民办学校帮扶结对，规范民办教育办学行为，民办学校教师统一纳入教师发展范围。完善民办学校年检和变更退出机制，丰富民办教育发展专项资金支持内容。建立民办学校办学风险防范机制和信息公开制度，依法建立民办学校财务信息监管平台。

（四）释放教育发展活力，坚持融合发展指向

1. 加快实施管办评分离

转变政府职能，制定并落实教育行政部门和学校的权力、责任清单，形成推进教育管、办、评分离，形成政事分开、权责明确、统筹协调、规范有序的教育管理体制。探索适应不同类型教育和人才成长的学校管理体制与办学模式，完善学校目标管理和绩效管理机制。建立教育中介服务机构准入、扶持、监管和行业自律制度，积极培育第三方专业教育评估机构，发挥行业协会、专业学会等社会组织在教育公共治理中的功用。

2. 深入推进人事制度改革

创新教师发展评价制度，构建学校、社会、家长及学生共同参与的开放式的师德师风督评体系。试点人事管理与薪酬结合的分配方式，实施教师资格定期注册制度。深化教师职称制度改革，建立教师职务（职称）晋升与退出的动态管理机制。尝试实行政府购买服务的教师资源调剂和临时补充机制，推进中小学校长职级制改革和教师"县管校聘"管理改革。支持域内高校推进"双聘制"和"企业人才驿站"等措施，促进"双能型"师资队伍建设。

3. 强化市级统筹

加大教育资源配置的统筹力度，继续向薄弱地区倾斜，逐步缩小区域间差距。加强城乡教育统筹，科学布局与规划中小学（幼儿园）建设。加强高校和职业院校专业设置统筹，服务地方经济社会转型发展。加强全民终身教育统筹，有效促进学习型社会建设。

（五）推进区域间教育联动，明晰协同发展指向

（1）深化区域融合，发挥辐射作用。积极融入长三角教育联动发展平台，增强高端要素集聚，主动在机制创新、项目平台、基础设施等方面合作推进教育综合改革。推进合肥经济圈、皖江城市带承接产业转移示范区等区域的教育教学合作与交融。改变行政区划壁垒、教育管理及评价体系不同等制约着教育协同合作的因素，充分利用科教创新城市的独特优势，加强区域内高校在政策研究、课题攻关、人才交流、资源交互等方面深度合作。

（2）加快推进国际教育合作与交流。创新中外合作办学机制，吸引世界名校合作办学。引进海外教师专家、管理方式及优质资源开展联合科学研究，提高教学、科研和管理水平。以国际理解教育为抓手推动跨文化交流，增进学生对国外社会文化的认知。完善教师境外交流访学制度，鼓励教师积极参与国际学术活动。

（2016 年 6 月）

合肥市公办农村普通高中发展现状调研报告*

项目来源：参与合肥市教育局"公办农村普通高中发展现状调研"项目
时　　间：2017 年 10 月
成果形式：调研报告

为了全面了解合肥市四县一市（长丰县、肥东县、肥西县、庐江县和巢湖市）21 所公办农村普通高中发展现状，合肥市教育局教科院于 2017 年 6 月份启动了针对 21 所公办农村高中的调研工作，内容涵盖学校基本办学情况、学校经费、教师队伍建设、学校管理、课程改革等五个方面。调研工作分为三个阶段：书面调研、实地调研和分析总结。在学校根据调研提纲上报文字材料和统计数据的基础上，调研小组在合肥市教育局副局长王勇的带领下深入庐江、长丰、肥西、肥东、巢湖五个片区，分别选取乐桥中学、下塘中学、农兴中学、梁园中学和柘皋中学，通过召开座谈会、考察校园、查看资料、听取汇报及问卷调查等形式进行实地调研；此后调研组本着"聚焦问题、寻求对策"的宗旨，分析材料、查找问题、思考对策。通过调研分析，当前合肥市公办农村高中存在以下问题：经费不足羁绊着学校的生存与发展，生源萎缩和生源质量下降使学校发展陷入困局，师资质量下降是学校发展受阻的关键，高中课程改革的落地现状影响学校可持续发展，教科研机制的缺失影响教师专业水平的提升，学校教学管理的粗放形态难以促进教学质量的提高。由此，调研组提出相应的思考和建议：调整布局、加大投入、配备教师、强化管理、建新体系和评价适性，旨在为合肥市公办农村高中的发展和决策提供相应的数据和参考。

一、基本情况

当前正值城镇化快速发展的时期，大量随迁子女进入城市，甚至出现大量为了孩子享受优质教育而进城购房务工的群体；同时人民对子女接受优质教育有着强烈的需求，导致农村普通高中学生数的迅速下降，办学规模萎缩。近十年来各县、市

---

* 调研组人员为王勇、费维重、钱立青、孔祥斌、赵明、熊荣领、左秀芬、王金城、傅文茹，报告由王金城、钱立青统稿。

都不同程度地在调整农村高中布局，但是存在明显差异。

肥西县已经基本完成了农村高中布局调整，对保留的高中有较大的投入，学校有了较好的发展契机和财力保障。

有的县市还没有启动布局调整或调整不到位，如庐江县对几所农村高中学校虽然有调整规划，但实施进展缓慢乃至停滞。

合肥市现有 21 所公办农村普通高中：庐江 7 所、长丰 4 所、巢湖 3 所、肥东 5 所、肥西 2 所；其中省级示范高中 5 所、市级示范高中 11 所（包括原巢湖市），完全中学 7 所（包括一所十二年一贯制学校）； 占全市普通高中数 19.6%；2016 年在校生 23285 人，占合肥市总在校生数 15.5%；全市农村高中教师总计 2160 人，占合肥市高中教师数 10.9%。

在调研中我们发现，虽然农村高中面临着很多困难，但各校都在努力寻找突破口，力求摆脱困境。

（一）认真筹划学校发展，明晰办学目标

调研情况表明，近年来各校都能结合深化教育改革发展的需求，编制比较完整的学校发展规划，有的是长期的，也有中短期的，有 5 年规划，也有 3 年规划。学校规划提出的目标有远景，也有阶段性近期目标。如农兴中学健全教职工代表大会制度，充分发挥教职工代表大会讨论决定学校重大决策的作用，制定了比较符合学校实际的章程和三年发展规划。

（二）积极打造多元多样的校园文化

各学校普遍重视以校园文化为主体的学校文化建设，强调文化引领在办学中的特殊地位与作用。有些学校办学历史悠久，积淀了丰厚的学校文化，如烔炀中学、乐桥中学文化特色明显。大多数学校开展各种文化活动且文化载体多元，如科技周、艺术节、学生社团等，并通过网站、微信公众号、校刊、宣传专栏等多种形式进行传播，营造了积极向上的校园文化氛围。

（三）认真构建基于农村生情的学校德育体系

各校都建立了德育工作体系，不断实现德育队伍专业化、网络化。学校通过价值观教育，强化日常学生管理，通过开展丰富多彩的校园社团文化活动，让学生沐浴在师爱中成长。学校管理中注重教师师德建设，农兴中学还实施"四统一"措施促进教师队伍建设。

（四）依法依章规范办学，细化学生安全管理

学校招生、学生学籍等日常管理趋向规范。不少学校从农村寄宿制实际出发，在加强对学生严格管理的同时，更加注重学生安全管理，保障学生在校安全；对在校外租住的学生，学校不仅完善与家长的协议，还不定期组织突击检查，通过与家长、当地派出所、房东等联管方式，强化管理，努力加强学生的住宿安全。

（五）探索新的办学形式，走特色化发展道路

农村高中在高考竞争中努力寻求自己的发展空间，大都坚持走多样化、特色化道路，不少学校都在走艺体特色之路，强化艺体学科的建设，促进学生全面发展，探索了一条比较有价值的路子，如长丰下塘中学、肥东的众兴中学和梁园中学。此外，泥河中学突出科研兴校，以校本教研为依托，以课题研究为引领，形成教研特色；烔炀中学、槐林中学从自身的实际出发，几年来一直谋划和探索差异化、特色化发展之路，艺体特长班的高考升学率逐年提高。众兴中学和梁园中学已通过结对子等形式积极尝试在特色化道路上走出一片新天地。

二、存在的问题

（一）经费不足羁绊着学校的生存与发展

合肥市近年来财政收入增速较快，财政对教育的投入也随经济增速而增长。但是就四县一市而言，县域之间社会经济发展存在着差异。有三个县是全国百强县，相对来说经济实力较强，对教育投入也较大，肥东、肥西二县已将农村高中所有债务化清，长丰县也计划在近二年内将学校债务全部化清，肥西县已经完成了农村高中布局调整，对保留的高中加大投入，学校有了较好的发展契机和财力保障。长丰县在完成义务教育阶段教育达标任务后，将计划对高中阶段教育加大投入。有的县市还没有启动布局调整，如庐江县对几所农村高中学校虽然有调整意向，但还没有实施，学校生存、发展面临诸多困难。而部分县市学校还有债务，如巢湖市柘皋中学，教学楼使用多年了还欠施工单位工程款，给学校造成一定的压力，影响教育教学管理秩序。调研了解到目前农村中学办学困难和问题主要表现在：

1. 有的学校公用经费难以维持学校正常运转

2016 年公用经费 100 万元以下的有四所，200 万元以下的有 16 所，最低的为约

30 万元，因为没有实行生均定额供给，由学校收取学费安排，有的学校学生数量少，费用难以维持学校正常运转。

2. 大部分农村高中培训费用少

2016 年培训费不足 20 万的共有 14 所学校，不足 10 万的共有 4 所学校。现阶段教育发展日新月异，新课改、新高考、信息化、现代化迫切需要农村教师走出去不断学习、提升教育教学水平，但由于培训费用少，教师外出培训机会就少。

3. 部分学校有债务

如表 1 所示，部分学校或有银行贷款未还，或欠施工单位的工程款，或欠教职工住房集资款。如烔炀中学、柘皋中学背负着较沉重的债务，烔炀中学是 1300 多万，

表 1　合肥市 21 所农村高中债务明细表　　　　　单位：万元人民币

序　号	市　县	学校名称	2014 年	2015 年	2016 年
1	巢湖市	柘皋中学	318.6	527.2	——
2		烔炀中学	1330	1343.8	——
3		槐林中学	——	——	——
4	肥西县	山南中学	462.2	720	
5		农兴中学	415.3	648	
6	肥东县	长临河中学	——		
7		众兴中学	435.4		
8		梁园中学	——	18.5	——
9		石塘中学	41.98	——	
10		撮镇中学	——		
11	长丰县	下塘中学	——	——	——
12		双墩中学	219	196.5	196.5
13		朱巷中学	258.2	36.7	36.7
14		北城中学	——	——	——
15	庐江县	乐桥中学	135	120	115.5
16		白山中学	408.4	355.4	345.4
17		汤池中学	1113.3	1084	1020.7
18		金牛中学	31.2	35	142.1
19		盛桥中学	960.6	1098	1098.1
20		泥河中学	1156.9	1103	1068
21		裴岗中学	1131.3	1115.6	1115.6

注：文中图表数据均取自各校上报的年度教育统计报表。

柘皋中学约600万，柘皋中学自2004年以来，欠下教学楼建筑商工程款400多万，现在每年只能还10万。

4. 农村高中学生住宿费收费标准较低

农村高中学生大部分家庭离学校较远，交通不便，学生基本上是住校，但住宿费收费标准较低，有的学校收费标准是每生每学期150元人民币，难以维持住宿费用开支。

（二）教学设备老化和设备更新资金不足，制约着学校硬件提升

经查看报表和实地考察，21所农村高中具备基本的办学条件，均进行教学区、运动区、生活区功能分区，教学楼、科教楼、宿舍楼等齐全，各类物理、化学、生物、计算机的功能教室基本完善，体育设施基本满足学校教育教学需要（大部分学校田径场已塑胶化），基本实现了"班班通"（仅1所学校未实现），但很多学校存在现有教学设备老化和不足的问题。

1. 设施陈旧、设备老化

不少学校设施投入使用年代较久远，因经费和布局调整等原因，维保不足。如柘皋中学因为行政楼属于危房不得不拆除，现在学校办公用房十分紧张，行政办公放在教学楼内，没有一间标准的会议室。

"班班通"虽已普及，但设备到了更新的年限，各校无经费更新，课堂教学使用率较低。教师的电脑配置低、老化断代（乐桥、下塘等中学教师的电脑是7年前的配置）。

2. 功能室不够完备

心理辅导室、校医室和图书馆的配备校际差别大。其中北城中学、朱巷中学、双墩中学、众兴中学、白山中学等5所学校两室兼备，但有13所学校没有校医室。肥西农兴中学和巢湖柘皋中学两所学校没有心理辅导室和校医室。这对于大多寄宿制管理的农村中学来说是办学的短板。此外，所有学校都有物理、化学、生物实验室和计算机室等功能教室，但使用率偏低。肥西农兴中学的图书馆藏书量达到27万册（含电子图书20万册），其他大部分学校的馆藏书量都在3万册~12万册，但乐桥中学1.5万册、泥河中学1.4万册、梁园中学2万册的图书量反映了图书充实不足，难以满足师生阅读和借阅的需求。

3. 周转房配置不完善

农村高中教师的周转房建设各地要求不同，政策不明确，无操作标准。炯炀中学的教师宿舍区有几栋20世纪八九十年代建造的平房，质量很差，已属危房，成为

学校安全的一大隐患。

（三）生源萎缩和生源质量下降使学校发展陷入困境

1. 生源萎缩

由于城镇化进程的推进，农村逐渐出现空心化；区域经济发展的不平衡造成大量农村人口向县城和省城流动；同时由于城区优质资源学校的扩招和某些地区（肥东、肥西）民办学校的快速发展，优质生源流向县城公办和私立高中；家长对优质教育的追求使得择校现象流行。因而，农村高中发展面临人数下滑的巨大挑战。从各地农村高

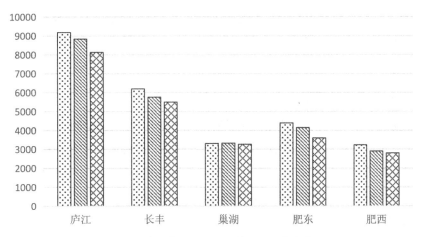

图1　合肥市部分地区农村高中年度生源动态情况

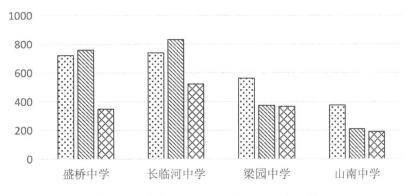

图2　非省、市示范高中或地域偏远的高中学生数

中在校生数看，都处于逐年减少阶段（图1），但不同类型的学校仍有较大差别，其中非省、市示范高中或地域偏远的学校人数急剧下滑（图2）。巢湖市柘皋中学几年都招不满学生，今年经过最后的补录只招到一百零几人，远远达不到招生计划的180人；肥西山南中学2014—2016年的学生数为376人、209人和190人，呈快速下滑趋势。

2. 生源质量下降

在城市化进程飞速发展和整体生源数下降的大背景下，城区普通高中和农村普通高中发展不平衡加剧是不争的事实。因为地处农村，各方面条件不如城区学校，即使是省级示范高中的烔炀中学和槐林中学，录取学生的总成绩位次近几年都在本市的3500名之后，槐林中学今年出现初次录取招不满的情况，只好补录；肥西农兴中学自2014年以来学校的录取分数基本上是全县的最低线，80%以上是全县中考2500名之后的学生，而三所学校的在籍生每学期都有外出就学的。

（四）师资质量下降是学校发展受阻的关键

为了全面了解21所农村普通高中教师队伍现状，调研组就教师队伍建设从专任教师学历、教师职称、农村高中教师的职业认同感、教师队伍工作积极性、教师专业化发展现状等维度进行调研。旨在了解合肥市农村高中目前的教师队伍的现状、结构和素质水平以及农村教师专业化发展的途径和措施。

1. 教师队伍的基本结构

1.1 年龄结构（图3、表2）

如图表所示，长丰县农村高中35岁以下教师比例较高，为44.2%；35~54岁年

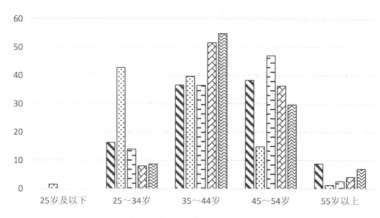

图3 2017年合肥市农村高中教师队伍年龄结构图

表 2　2017 年合肥市农村高中教师队伍年龄结构表

单位 /%

地　区	年龄段				
	25 岁及以下	25~34 岁	35~44 岁	45~54 岁	55 岁以上
庐江	—	16.3	36.6	38.3	8.8
长丰	1.5	42.7	39.7	14.8	1.3
巢湖	—	13.9	36.5	47	2.6
肥东	—	8	51.6	36.3	4.1
肥西	—	8.7	54.8	29.6	6.9

龄段教师占比 54.5%，据此长丰县农村高中教师年龄结构比较合理。但相比之下，其他区县农村高中的年轻教师数量不足；35~54 岁年龄段庐江、巢湖、肥东和肥西的教师比例分别为 74.9%、83.5%、87.9% 和 84.4%，中老年教师数量较大，教师年龄结构不合理，教师队伍整体呈现老化现象。这个现象的产生既有历史的原因（如城乡二元体制、民办教师转为公办教师），也有现实的城镇化进程等因素。

1.2　学历结构（表 3）

2014 年合肥市农村高中硕士学位教师 44 位，占教师总数的 1.8%；本科学历 2359 人，占教师总数 95.8%；专科学历占比 2.4%；2015 年和 2016 年本科以上学历占比分别为 97.8% 和 98%，但专科学历仍有 2.2% 和 2%。这是因为在农村初、高中整合过程中，发生了初中富余教师分流到高中的现象，这部分教师学历不达标，需要进行学历提升，以达到农村高中师资学历的基本要求。

1.3　职称结构（表 4）

专任教师中学高级职称比例，三年分别是 30.9%、31.3% 和 32.9%；中学一级教师职称比例分别为 41.7%、43.3% 和 44.7%，反映了农村高中教师晋升中学高级职称的可能性小（如白山、金牛、汤池、长临河、山南中学 2014 年到 2016 年没有晋升中学高级教师的指标）。

2. 农村高中教师的职业认同感（表 5—表 7）

对合肥市 21 所农村高中教师进行问卷调查，涉及工资收入及满意度，周工作量、满意度和压力认知，职业认同等三个方面的内容，结果不容乐观。（注：问卷调查农村高中教师有效样本数 92）

数据表明，高达 62% 的教师对自己的工资收入不满意。从教师的工作量来看，63.1% 的教师工作量大，处于超工作量状态，但与之不平衡的是 15.2% 的教师处于工作量不足的情况，这反映了农村高中因为教师年龄结构、学科结构的严重失衡和部

表 3　合肥市农村高中专任教师学历结构表

单位：人

区县	学　校	2014 年			2015 年			2016 年			备　注
		硕士	本科	专科	硕士	本科	专科	硕士	本科	专科	
庐江	白山中学	—	103	—	—	103	—	—	101		
	盛桥中学	—	95	—	—	93	—		95		
	金牛中学	—	83	—		81	—	—	72		
	汤池中学	2	102	—	2	101	—	2	100		
	裴岗中学	—	115	—		115	—		103		
	乐桥中学	—	123	—		117	—		106		
	泥河中学	—	101	—		100	—		94		
长丰	北城中学	15	139	—	17	145	—	17	148		
	朱巷中学	—	145	4	—	134	4	—	129	3	
	双墩中学	7	146	20	6	140	13	6	136	13	2014 年高中学历 1 人
	下塘中学	5	138	4	5	138	4	4	140		
巢湖	烔炀中学	2	118	5	2	168	6	6	156	6	中专 1 人
	槐林中学	1	98	6	1	108	6	1	106	5	中师 1 人
	柘皋中学	—	87	4		111	6	—	110	6	
肥东	石塘中学	1	26	1	1	26	1	2	23	1	民办教师转正 1 人
	撮镇中学	1	152	1	1	152	1	2	104	—	
	长临河中学	2	40	2	2	40	2	—	42	2	
	众兴中学	6	158	11	8	158	11	8	149	10	
	梁园中学	—	169		—	165			163		
肥西	农兴中学	1	154	2	1	154	2	9	146	2	
	山南中学	1	67	—	1	67	—	1	67	—	
	合计	44	2359	60	47	2416	56	58	2290	48	
	占比 /%	1.8	95.8	2.4	1.9	95.9	2.2	2.4	95.6	2	

表4 合肥市农村高中专任教师职称结构表

区县	学 校	2014 年			2015 年			2016 年			备 注
		中高	中一	中二	中高	中一	中二	中高	中一	中二	
庐江	白山中学	31	42	30	31	45	25	31	48	21	
	盛桥中学	31	41	23	32	40	21	32	40	23	
	金牛中学	32	36	15	32	42	7	32	35	5	
	汤池中学	41	47	15	41	46	15	41	45	15	
	裴岗中学	32	45	28	32	45	28	30	43	23	
	乐桥中学	35	38	36	33	38	34	33	32	31	
	泥河中学	31	47	23	31	46	23	32	43	18	
长丰	北城中学	1	17	91	5	42	96	8	73	78	
	朱巷中学	41	55	53	42	60	36	42	64	26	
	双墩中学	52	76	38	48	70	38	50	69	31	
	下塘中学	48	63	32	43	66	30	46	64	32	
巢湖	炯炀中学	48	51	27	63	63	51	68	69	32	
	槐林中学	47	44	13	53	42	19	57	45	10	
	柘皋中学	34	57	—	46	71	—	45	70	—	正高 1 名
肥东	石塘中学	7	4	17	4	7	17	2	11	13	
	撮镇中学	47	76	31	47	76	31	42	37	27	
	长临河中学	15	20	9	15	20	9	15	20	9	
	众兴中学	33	72	70	43	71	63	43	71	63	
	梁园中学	36	72	61	34	67	54	34	67	51	
肥西	农兴中学	70	67	43	69	81	27	69	82	22	
	山南中学	30	32	6	30	34	4	30	34	4	
合计		742	1002	661	774	1072	628	782	1062	534	
占比 /%		30.8	41.7	27.5	31.3	43.3	25.4	32.9	44.7	22.4	

分学校的教师富余无法合理分流造成的工作量上的反差。29.4% 教师认为如果能再次
选择则不会从事教师工作，而 63% 的教师持有模棱两可的观望态度。说明在农村地
区教师职业的吸引力是相当低的。也因为种种原因，52.2% 的农村教师"正在努力争
取调动县城学校工作"。

3. 农村教师队伍工作积极性和队伍稳定性（表 8—表 10）

经调研，经济收入、工作环境、专业发展、身体健康等方面存在的问题造成教
师的积极性和工作热情不高，影响了教师队伍整体的稳定性。

3.1 低收入成为首要因素

表 5 合肥市农村高中教师年工资收入及满意度

地区	有效问卷数量	年工资 / 万元人民币						满意度				
		2.5~3	3~3.5	3.5~4	4~4.5	4.5~5	5以上	非常满意	满意	一般	不满意	非常不满意
肥西	20	2	5	3	4	4	2	—	—	8	9	3
巢湖	18	1	1	—	1	5	10	—	—	9	9	—
庐江	21	5	8	2	1	3	2	—	—	6	11	4
长丰	16	3	3	2	3	5	—	—	—	4	11	1
肥东	17	—	5	7	3	2	—	—	1	7	6	3
合计	92	11	22	14	12	19	14	—	1	34	46	11
占比/%	100	12	23.9	15.2	13	20.7	15.2	—	1	37	50	12

表 6 合肥市农村高中教师周工作量、满意度和压力认知

地区	有效问卷数量	周工作量					满意度					工作压力认知度				
		1~5节	6~10节	11~15节	16~20节	21节以上	很饱满	比较饱满	一般	不太饱满	很不饱满	非常大	比较大	一般	比较小	非常小
肥西	20	—	5	10	4	1	8	11	1	—	—	2	17	1	—	—
巢湖	18	10	6	2	—	—	1	5	6	4	2	1	6	9	2	—
庐江	21	—	3	12	5	1	5	13	3	—	—	2	17	2	—	—

续表

地区	有效问卷数量	周工作量					满意度					工作压力认知度				
		1~5节	6~10节	11~15节	16~20节	21节以上	很饱满	比较饱满	一般	不太饱满	很不饱满	非常大	比较大	一般	比较小	非常小
长丰	16	—	2	8	2	4	10	6	—	—	—	8	7	1	—	—
肥东	17	4	4	9	—	—	1	7	5	4	—	1	9	6	1	—
合计	92	14	20	41	11	6	25	42	15	8	2	14	56	19	3	—
占比/%	100	15.2	21.7	44.6	12	6.5	27.2	45.7	16.3	8.7	2.2	15.2	60.9	20.7	3.2	—

表7 合肥市农村高中教师的职业认同

地区	有效问卷数量	如果可以重新选择，您是否还会选择成为一名教师			正在努力争取机会调到县城学校工作的教师人数
		会	可能	不会	
肥西	20	2	16	2	9
巢湖	20	2	12	6	9
庐江	21	1	14	6	19
长丰	16	—	9	7	—
肥东	15	2	7	6	11
合计	92	7	58	25	48
占比/%	100	7.6	63	29.4	52.2

经费投入不足和使用渠道的不合理限制，使相关费用不能列支（如晚自习课时费用等），导致农村教师的收入远低于县城和省城的教师。工资待遇低成为影响教师工作积极性的首要因素（93.5%）。教师的津补贴多年不变，标准很低，与现实的经济发展严重脱节。

3.2 工作、生活不便是综合因素

农村学校交通不便（占40.2%），农村经济发展水平低（占46.7%），缺乏公共服务设施（占46.7%），家庭生活和子女教育（占41.3%），造成教师日常生活中诸

多困难。

3.3 激励机制、工作压力是关键因素

财政下拨的公用经费只能用于办公支出，人员经费只能保工资，学校难以建立

表 8 合肥市农村高中教师影响职业积极性的因素

地区	有效问卷数量	工资待遇低	住房条件差	教学研经费不足	职务晋升难	人际关系紧张	缺乏进修机会	潜力难发挥	工作负担太重	考核激励机制不合理	学校硬件条件差
肥西	20	20	4	2	11	1	6	2	4	6	4
巢湖	18	16	1	2	14	1	5	4	1	5	3
庐江	21	19	8	2	11	1	10	2	3	8	5
长丰	16	16	4	4	6	—	2	2	5	3	5
肥东	17	15	—	3	11	1	5	2	3	8	—
合计	92	86	17	13	53	4	28	12	16	30	17
占比/%	100	93.5	18.5	14.1	57.6	4.3	30.4	13	17.4	32.6	18.5

表 9 合肥市农村高中教师生活困扰因素

地区	有效问卷数量	经济收入	住房	社会保障	身体健康	婚恋问题	工作压力	子女教育	人际关系
肥西	20	17	8	3	3	1	14	10	1
巢湖	18	16	3	8	10	—	9	6	—
庐江	21	16	9	7	5	—	10	11	—
长丰	16	16	6	7	3	—	10	5	1
肥东	17	15	5	2	7	—	6	6	1
合计	92	80	31	27	28	1	49	38	3
占比/%	100	87	33.7	29.3	30.4	1	53.3	41.3	3

表 10 合肥市农村高中教师学校工作生活不利条件

地区	有效问卷数量	缺乏公共服务设施	整体文化程度低	交通不便	经济发展水平低	网络等信息通道不畅
肥西	20	8	4	10	7	1
巢湖	18	8	2	8	8	—
庐江	21	11	4	10	9	4
长丰	16	10	2	4	10	2
肥东	17	6	—	5	9	—
合计	92	43	12	37	43	7
占比/%	100	46.7	13	40.2	46.7	7.6

有效的激励机制（占 32.6%）和相应经费。农村教师职称晋升困难（占 57.6%，如白山、金牛、汤池、长临河、山南中学 2014 年到 2016 年没有晋升中学高级教师的指标）。随着生源的减少，尤其是优质生源的减少，以及留守学生教育和寄宿制管理的要求，53.2% 的教师感到压力很大。

4. 农村高中教师的专业化发展现状和诉求（表 11—表 13）

新一轮课程改革和高考改革正向我们走来，农村教师队伍的整体素质与课改不适应的问题越发突出。尤其是随着新一轮的课程改革和高考改革，在教科研经费（14.1%）不足和缺乏进修机会（30.4%）等背景下，农村高中教师对新的课改和高考改革感到迷茫和困惑。

4.1 教师的专业提升受限制

农村中学办学条件不足（40.2%），再加上学校没有形成有效的教科研体系和常规操作路径，学校的教研氛围不浓，教师外出进修的机会也少（46.7%），由此教师依靠制度的保障和平台的建设来进行专业提升的通道也显得较为狭窄。此外，农村中学当前的办学困难、教师的生活压力和工作压力又使得专业发展无暇顾及（20.7%）。

4.2 教师的专业短板

基于农村高中长期的教科研机制的弱化趋势，教师队伍的专业知识结构出现弱化现象。高达 58.7% 的教师对新课改感到困惑和迷茫，缺乏应有的政策了解、知识储备、前期思考和实践演练。而随着"互联网 +"的迅速发展，在城区高中实施智慧校园、智慧课堂的大背景下，农村教师的信息技术运用是个被忽视的领域。大多学校信息化设备缺乏，教师的电脑配置低、老化断代（乐桥、下塘等中学教师的电脑是 7 年

表 11　合肥市农村高中教师教学中的知识短板

地区	有效问卷数量	课改新理念	学科专业知识	学科教学法	课堂管理策略	教科研方法	信息技术	人文修养、艺术鉴赏
肥西	20	8	3	2	4	4	7	5
巢湖	18	7	3	3	2	3	9	7
庐江	21	16	1	2	4	6	15	3
长丰	16	11	2	4	2	4	7	4
肥东	17	12	1	2	1	5	5	2
合计	92	54	10	13	13	22	43	21
占比 /%	100	58.7	10.9	14.1	14.1	23.9	46.7	22.8

表12 合肥市农村高中制约教师专业发展的主要原因

地区	有效问卷数量	工作压力大，无暇顾及	教研氛围不浓，进修机会少	办学条件差，经费不足	农村学生基础差，没干劲
肥西	20	4	7	9	10
巢湖	18	3	7	7	13
庐江	21	6	13	8	9
长丰	16	3	8	9	4
肥东	17	3	8	4	8
合计	92	19	43	37	44
占比 /%	100	20.7	46.7	40.2	47.8

表13 合肥市农村高中教师最有效的专业成长方式

地区	有效问卷数量	定向培训	学历进修	优秀教师经验交流	师徒结对	工作案例研讨	读书学习反思	跟岗研修	课题研究与论文写作
肥西	20	12	2	4	4	2	2	3	2
巢湖	18	9	1	9	4	5	2	1	1
庐江	21	12	2	9	4	1	2	1	2
长丰	16	7	1	7	3	3	2	3	—
肥东	17	8	1	11	3	1	—	2	4
合计	92	48	7	40	18	12	8	10	9
占比 /%	100	52.2	7.6	43.5	19.6	13	8.7	10.9	9.8

前的配置；众兴中学相当一部分的电教设备多为2009年的产品），教师无法进行正常的信息技术的运用和提高（46.7%）。此外，在教科研方法（23.9%）、教学法（14.1%）、学科专业知识（10.9%）以及课堂管理策略（14.1%）等方面，农村教师队伍都存在较大比例的不理想状况。

4.3 专业提升的手段

提升农村高中教师队伍的专业水准是国家新的教育改革落地并开花结果的重要保障。高达52.2%的教师期待针对教师专业标准和专业技能要求进行定向培训；43.5%的教师赞成与优秀教师交流并结对（19.6%），从中获得专业成长的动力、合理的方式和手段。当然，如果学校条件允许的话，浸入式的跟岗研修（10.9%）和学历进修（7.6%）也是农村高中教师队伍专业化建设的有效手段。教师本身的专业自省同样决定教师的专业提升行动，利用教学之余进行读书活动（8.7%）和教科研活动（9.8%）也是专业发展道路上不可或缺的途径。

农村高中教师由于年龄老化加剧且动力不足、少量教师学历不达标、学科结构性超缺编严重、教师工作积极性不够、教师队伍专业化水平不高、专业提升受限较多等原因，导致农村高中师资质量下降，使学校发展受阻。

（五）高中课程改革的落地现状影响农村高中的可持续发展

调研小组围绕着学校课程开设情况（学校必修课程开设情况、学校选修课程开设情况、学校校本课程开设情况）、教科研情况（学校校本教科研情况、学校校外教科研情况）、教学监控体系（教学检查、教学检测、教学反馈、教学评价）、学生综合发展情况（学生德育、智育、体育、美育、社会实践）和对新高考研究情况（政策、方案、准备），并对教师和学生进行问卷调查和访谈，力求对其课程改革情况有深入的了解。

1. 多数学校必修课程开设不齐

从报送的材料来看，必修课开设都为正常。但在与学生的交流座谈中发现，很多学校的音乐、体育、美术、信息和通用技术课开设不齐。究其原因，有些学校领导错误认为必修课就是高考学科，而有些学校因缺少音乐、美术、体育、信息技术、通用技术等专业教师而无法开齐开足课程。

2. 学校选修课程开设不充分

经调研，各学校的选修课开设不充分。以物理的 3-3、3-4 和 3-5 选修模块为例，普通高中课程方案要求全部开设，学生选修，高考时学生选做其中一个模块即可，很多学校只开设一个模块，另外两个模块没有开设。老师解释是课时不够，究其原因是应试思想作祟。

3. 多数学校校本课程没有开设

在教师问卷调查和座谈中发现，多数学校的校本课程仅仅停留在研发层面上，没有实际开设，更谈不上如何构建基于办学理念、办学目标、生情和校情的校本课程体系和基于学生可选择性和助力素质结构完善的课程群的建设。总体上看，校本课程是农村普通高中在课程改革路上一个很难迈过去的坎，需要进一步思考。

（六）教科研机制的缺失影响了教师专业水平的提升

1. 学校校本教科研情况

图 4 显示 57.83% 的教师认为学校教研氛围不浓厚，3.61% 的教师认为学校几乎没有教研氛围。

虽然 21 所农村高中都有校本教研活动，但各校之间差距明显。座谈中了解到多数学校的日常教研活动形式大于内容，教师的参与度低，积极性不高。学校教研氛围不浓。

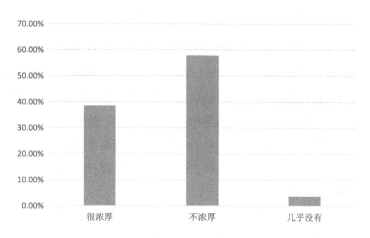

图 4　合肥市农村高中教研氛围情况

当然，也有的学校做得很不错，农兴中学从 2017 年 9 月份开始，高一年级教师的各学科校本教研活动和合肥七中保持高度统一，进而实现教学进度和教学测试上的逐步统一。

图 5 显示 29% 的教师每学期听课 5 次以下，42.35% 的教师每学期听课 6 到 10 次，说明在参加学校的教研活动方面，教师个体之间差距很大。

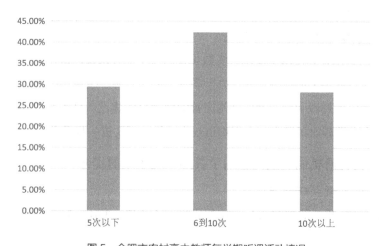

图 5　合肥市农村高中教师每学期听课活动情况

2. 教师外出参加教研活动情况

从学校的书面调查结果看,校外教研活动分成良好、正常和弱三个层面。其中,有6所学校弱,有2所学校良好。调研发现,老师外出参加学科教研活动的时间成本和学校的经济成本是两大主要制约因素。61.44%的教师认为学校教研氛围不浓厚、教师参与校本教研活动个体之间差距明显、教师外出参与教研活动无经费与时间支持,这些都表明学校教科研机制的缺失,而这严重影响了教师专业水平的提高。

(七)学校教学管理的粗放形态难以促进教学质量的提高

从21所学校报送的材料来看,对教师的教案、作业和课堂的检查都是正常的。但实地查看发现学校对教师教案的检查不全面,对作业的检查记录不细致,详细批改作业、简批作业,甚至不改作业的现象同时存在。很多学校没有建立完善的巡课制,对于私自调课的教师,没有监管和处理的措施。

图6表明,有38.1%的教师反馈学校对教师的教案要求是不一致的,有38.1%的教师反馈学校统一要求教师必须有详案,14.29%的教师反馈学校对教师教案没有要求。

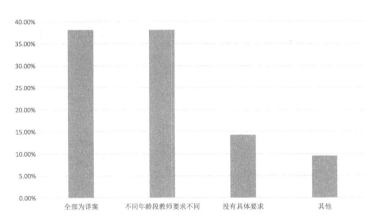

图6　合肥市农村高中对教案编写的要求

教案书写是有必要的,对于不同层次教师要求可以不同。刚入职的教师,必须有详细教案,这对于提高其专业素质和规范其教学行为有很大帮助。入职多年的教师,在教材版本没有变化的情况下,可以写简案,留出更多的时间去帮助需要帮助的青年教师和困难的学生。

图 7 显示 47.62% 的教师全收全改，但仍有 7.14% 的教师不批改或集体订正，反映了少数教师对作业批改比较随意。

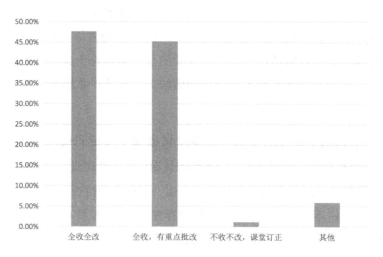

图 7 合肥市农村高中教师对作业的处理情况

从图 8 可以看出，67.86% 的教师以整张试卷讲评为主，针对性和实效性不强，缺乏大数据分析基础之上的分类讲解和精准分析。这反映了一线教师缺乏所授课的课型设计和调配能力，更缺乏基于信息技术运用的数据处理意识和能力，同时也反映了学校对教师试卷讲评没有针对性要求。

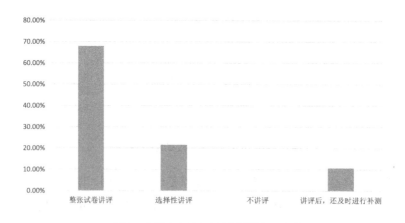

图 8 合肥市农村高中教师试卷处理方式

从图9可以看出， 学校都比较重视对教师的评价工作，主要是采取学生填写问卷和召开学生座谈会的方式。这也是目前很多学校常用的方式。

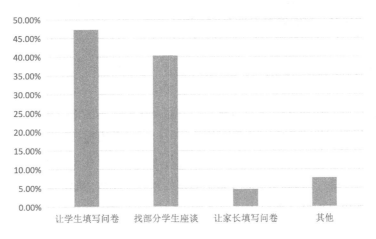

图9　合肥市农村高中对教师教学的评价方式

但是，我们从图10可以看出，教师在收到学生评价反馈后的教学行为还是存在一定的差异，少量教师有应付心理和得过且过的状态。

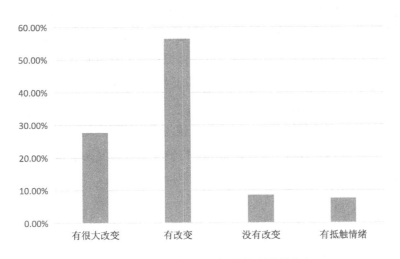

图10　学生意见反馈给教师后教师的教学状态

153

综上所述，教案书写要求的不分层次、试卷讲解方式的雷同、少数教师作业批改的随意、评价手段和评价结果反馈方面的高相似，都反映了目前学校教学管理中缺乏基于生情、师情和校情的精细化管理模式。在粗放的评价管理体制之下难免不产生问题的固化和反复，难以促进教学质量的提高。

三、思考与建议

农村高中是乡村教育的最高学段，是乡村文化建设的高地，在党的十九大报告中提出的乡村振兴战略中有极其重要的地位。针对当前农村普通高中的现状，呼吁政府暨主管部门在普通高中的整体布局上进行顶层设计，在美丽乡村建设、乡村振兴计划的大盘子里，全域统筹，通过系统周密的预判和评估，确定哪些学校保留发展，哪些学校需要停办撤并，保留重点发展的大规模中心镇的有特色的学校，撤并一般农村高中，突破"均衡布点"的思维局限，向县城集中办高中。

（一）调整布局

调整布局是办好农村高中的当务之急。

1. 做好顶层设计

在美丽乡村建设、乡村振兴计划的大盘子里，全域统筹，通过系统周密的评估和预判，确定哪些学校保留发展，哪些学校需要停办撤并，首要的是根据当地社会经济发展前景判断学校保留的必要性，其次是学校现有办学水平和发展潜力，切实克服农村高中空间上均衡布点的心理。可以保留在重点发展的大规模中心镇的有特色的学校，撤并一般农村高中，总体上可以向县城集中办高中。

2. 加快布局调整步伐

可以借着新高考改革的东风，列出一个较明确的时间表和路线图来，这样能够从整体上一揽子破解农村高中发展的难题。既能发挥有限的高中办学资金的最大效益，又能避免因人心不稳而带来教育事业发展的损失。

（二）加大投入

加大投入是发展农村高中教育的基本保障。

（1）划转学校发展过程中产生的债务，合理解决特定历史条件下产生的集资建房款，清偿因学校制度条件而产生的福利欠费。制定切实可行的解决各种债务的方案，列清时间表，使学校解脱债务的羁绊，集中精力专注办学。

（2）在县（市）层级首先建立农村普通高中"生均经费"拨款机制，根据布局调整计划，有目的、有计划地增加学校发展所需要的资金投入。可以制定3～5年发展规划，对教育教学设施设备、教研活动、教师培训、教育教学活动提供稳定的资金保障。

（3）重视对农村高中教师福利待遇的投入，保证班主任津贴、超工作量、加班津贴等经费的支出。

（4）加大农村寄宿制高中的投入，加大力度改善住校条件，保证生活辅导教师、晚自习辅导值班、保安、校医等费用支出，合理提高住校收费标准，建立合理的分担机制。

（三）配齐教师

科学配备教师是农村普通高中教师队伍建设的关键之举。

（1）在农村学校撤并过程中涉及的教师流动，是各县（市）必须解决的难题。难就难在既怕农村高中优秀教师流失而产生恶性循环，又怕缺乏教师进城统一尺度而带来不正之风。肥东县采取编制、人事关系留在原农村高中而教师到县城高中支教的办法，值得研究和完善。

（2）正视农村高中学校教师结构性缺编问题，建立短缺学科补充机制，可以采用支教、走教等多种方式，合理发放交通补贴、超工作量补贴。

（3）重视部分学校教师队伍年龄结构不合理的问题，防止教师断层、教学教研能力整体水平下滑等后续、次生问题的出现。

（四）强化管理

加强学校管理是农村高中健康发展的根本所在。

（1）振奋精神，明确目标，科学定位，制定发展规划，争取有效的支持措施，完善学校管理制度，是学校奋发图强必须解决的首要问题。农兴中学的发展就是很好的例证。

（2）选准突破口，坚定地走特色化发展之路，是学校发展的必由之路。众兴中学、下塘中学、炯炀中学、槐林中学从自身的实际出发，几年来探索差异化、特色化发展已经取得初步成效。

（五）建新体系

构建新体系是发展农村高中教育的长久之计。

（1）目前大多数乡村已经形成"乡镇中心校—村小—教学点"的教育体系，把调整布局后保留的农村高中纳入该体系，形成"农村高中—农村初中—乡镇中心校—村小—教学点"的体系，保障农村高中同义务教育一样得到优先发展，从而强化乡村教育体系，把农村高中建设成为乡村文化高地。

（2）建立"农村高中—县城高中的高位对接""市区高中—县城高中—农村高中常态交流"机制，强化县城带动体系，强化市、县、镇帮扶体系，如合肥七中与农兴中学的合作。

（3）优先安排市级名师工作室的挂牌学校和成员。

（六）评价适性

评价适性是促进农村高中发展的有效途径。农村高中在办学条件、师资力量、经费保障等多方面有其特殊性，如何着力发展、着力提高，进行适性评价是很多农村高中共同面临的难题。我们认为可以重点从政府的投入保障、学校的发展能力、教师的工作水平和状况、学生精神状态和素养等方面评价，根据重政府保障和学校、教师、学生发展，轻教师论文、评比和学生获奖的原则，建立有利于农村高中发展的评价标准。

高中教育属于基础教育，基础教育的责任在地方，地方政府应以实际行动办好高中教育。在本次调研中，我们清晰地看到，由于城乡之间的环境差异、经济差异、政策不完善等原因，普通高中在城乡之间、不同学校之间还存在很大的差异。但是群众对发展高中教育还是有要求的。为此，政府必须作为第一责任人，理清发展思路，科学制定政策，合理分配资源，寻求发展新突破，进一步促进城乡高中教育的健康发展。

（2017 年 10 月）

合肥市城乡义务教育阶段集团化办学发展情况调研报告

项目来源：合肥市教育局委托项目"合肥市城乡义务教育阶段集团化办学发展情况调研"

时　　间：2019 年 11 月

成果形式：调研报告；采纳证明

2019 年 11 月 19 至 22 日，根据合肥市城乡义务教育一体化——集团化办学发展情况调研工作安排，合肥市教育局抽调了相关高校专家、各地教育主管部门负责人和中小学校长共 18 位同志，组成了 6 个调研组，分批前往各地调研，先后对瑶海区、包河区、蜀山区、庐阳区和经开区、高新区、新站区的 47 个教育集团办学情况进行实地调研。各调研组通过听取汇报、实地察看、座谈交流、个别访谈等方式，较为深入地了解各地集团化办学的基本情况。调研期间，调研组还对部分教育集团实行书面材料调研。调研组成员之间也进行多次沟通与交流、研讨，提交了各组调研报告。现对本次调研的教育集团化办学情况进行梳理、整合，形成调研报告。

一、义务教育阶段集团化办学的总体情况

2018 年 11 月，合肥市教育局印发了《关于统筹推进全市义务教育集团化办学的通知》，鼓励各地跨区域实行集团化办学，打造教育集团发展共同体。各地高度重视，积极响应，先后出台了本区域的实施方案，扎实推进集团化办学工作。瑶海区党委与政府联合印发文件的同时，还将此项工作纳入 2019 年度区委全面深化体制改革重点项目，序时推进。调研发现，各区通过"教育集团化"的名校办分校、名校托管、名校弱校捆绑、学区联盟等多元办学方式，让传统的名校优质资源辐射城郊地区，逐步提升新建和薄弱学校办学质量和水平，切实解决大班额、择校等问题，以及师资流动、课程共享甚至是教学管理等问题，有效地拓宽了优质教育资源的覆盖面，促进地方教育优质均衡发展再升级，助力区域教育综合实力持续提升。

调研表明，相关市区的集团化办学理念由来已久，如庐阳区早在 2009 年，在全省率先撤销乡镇中心校，标志着集团化办学的理念初步萌芽，开始探索城乡学校捆绑模式，发挥老城区优质学校教育资源作用，牵动乡镇学校发展。随后又在城乡"捆绑校"间建立"一体化"运行机制，由城区学校校长担任捆绑校总校长，集团化办学理念正式确立。纵观全市集团化办学，大多经历了城乡学校捆绑式发展、构建一体化运行机制、深化集团化办学的三个阶段，为今天全面推进教育集团化发展奠定了良好基础。随着百姓对义务教育阶段的优质教育资源需求不断提升，各地深入推进集团化办学，通过"名校＋新校""名校＋乡校"等形式，辐射名校品牌效应、管理理念、优质师资、文化内涵等，大力推动优质基础教育资源跨区域供给，努力做到优质教育的均衡化、普及化，逐步实现了将名校办到百姓的家门口的愿望。

合肥市义务教育集团化办学发展情况调研表

市 区	现有教育集团数			实地调研数	成员校（区）数	占义务教育学校的比例	备 注
	小学	初中（含九年一贯制）	小计				
庐阳区	8	3	11	8	29	68.0%	
包河区	4	4	8	8	未知	89.0%	含南园学校联盟
蜀山区	7	4	11	8	29	53.7%	
瑶海区	5	3	8	8	34	59.6%	
经开区	7	7	14	8	14	63.6%	
高新区	3	3	6	4	12	70.58%	
新站区	3	1	4	3	6	30.0%	
合 计	37	25	62	47	不小于124	62.1%	

*相关数据源自各组调研报告。

二、主要做法和成效

（一）区域整体推进集团化办学模式的有效探索

集团化办学是教育改革的时代创新，是推进义务教育优质均衡发展和教育公平的有力抓手。教育集团化办学，不仅仅是城区学校之间的交流，更重要的是实施城区学校托管乡村薄弱学校，提高乡村教育发展水平，加快缩小城乡教育之间的差距。全市上下不断创新集团化办学管理机制，发挥集团的品牌效应和示范引领作用，努力实现管理一体、资源共享、文化共建，激发集团内学校办学活力，建设互动共赢的教育集团发展共同体，让优质教育资源在区域内逐渐覆盖，努力让辖区所有新建中小学都能高起点办学，形成优质学校集群式发展、达到全域优质均衡发展的新模式。

各区积极行动，强化统筹，整体推进。作为全省教育强区，庐阳区辖区优质教育资源备受社会关注，首批组建的18个教育集团正是基于优质学校的示范引领，体现了庐阳区一直在探索的集团化办学有了更加严格和高标准的执行细则，让先进的经验能够形成系统的规范。蜀山区专门成立义务教育阶段学校集团化办学改革试验工作领导小组，由区长任组长，分管副区长担任副组长，区直相关部门负责人为成员，区编办区人社局负责教师的招（选）聘、交流等工作，区教体局负责制定相关政策措施，统筹协调实施中的有关问题，形成了区域一盘棋的格局。经开区全面实施"内部提升、外部引优"发展战略，积极引进省内外的优质教育资源，将一大批新建和薄弱学校纳入集团化办学管理，实现了跨区域、跨省域的办学合作。通过集团化办学模式，全市各地各校有力地促成了"一体管理、协同创新"的发展新格局，有效实现了优质教育资源倍增。

（二）管理体制与机制的创新

各区基本上坚持"一体管理，深度融合；聚焦内涵，量质并举；总量控制，适时独立"的原则，实行党的组织建设统一、人事管理统一、经费管理统一、教育教学管理统一、资源配置统一、考核奖惩统一等"六个统一"的管理体制，按照"名校＋"组建模式，建立集团总校长负责制，采取"多个校区、统一管理、资源共用、智慧共享"的运行方式，注重塑造教育集团文化等，推动集团内校区间优势互补、相互促进，最终实现自主发展、内涵发展、特色发展。

在办学形式上，各教育集团主要采取单一法人式、多法人组合式、委托管理式等多种办学形式，形成"牵头学校＋新校""牵头学校＋弱校"等结构多元的"教育发展共同体"。集团内部大多实施一致的办学指导思想；统一制定教育集团章程，明确集团及各成员校的职责、权利与义务，各校区依据自身实际拟定了近期发展规划；在校园文化、办学特色等方面，集团尊重各成员校的自主权，提倡各成员校因地制宜，个性发展，鼓励和而不同，美美与共的多样化办学特色培育，实现办学效益最大化。

在管理体制上，逐渐摸索、完善与创新保障集团化办学运行的各项规章制度。

多数实施"条块并举、一体管理"的管理模式。集团内各成员校实行统一管理，师资、设备等资源进行共享与统一调配。集团坚持同一办学理念，各成员校协同推进，共同落实，总校和成员校统一绩效考核。蜀山区规范组织架构，每个教育集团设校长1名，副校长若干名，集团副校长可兼任执行校长，每增加1所成员校，相应增加1名集团副校长。成员学校校级领导和中层干部职数按照同类独立法人学校编制管理的有关规定设置。包河区各教育集团均成立理事会，由龙头校的校长担任理事长，每年至少召开2次会议，共商集团工作。瑶海区琥珀名城小学教育集团构建了发展决策层、业务执行层、项目管理层和"学术委员会""评价委员会"并行的"三层两会"工作机制，将传统的部门整合为课程建设中心、学生发展中心、教师发展中心、后勤保障中心、事务研究中心，实行"大部门、小校区"的扁平化管理。

在财务管理上，各区基本保证实施义务教育财政拨款的增长比例，每年的城乡一体化义务教育均衡专项资金也用于集团化工作的推进。包河区设有专项经费保障集团化办学正常运行，集团经费由集团统一管理使用，多法人校区实行独立核算。经开区在委托管理办学方式方面设置了专项经费予以保障。蜀山区由区财政局负责集团化办学经费保障落实，资金规范管理。高新区年度财政预算按集团校核算，实行总校长"一支笔"审批制度，并探索委托第三方机构进行财务审计。但多数地区没有明确的集团化办学经费使用的管理条例。

（三）助推了教师交流与专业发展

各集团依据实际，建立集团内师资定期交流制度，多由牵头校选派优秀骨干教师到分校交流任教，使"学校人"变成"集团人"。在教师交流上，结合教师意愿，集团统一调配师资，但无明确流动比例。各集团中牵头校向薄弱或新建学校采取刚性交流与柔性交流相结合的方式，主要输出管理团队和优秀教师，在教师队伍成长、学科教学、课程建设等方面带动新建和薄弱学校积极发挥集团内的名师效应。蜀山区有些教育集团成立了跨校区学科大教研组，与成员校教研活动深度融合。通过大教研会议制度、集团校集体备课制度、教学常规校区互查制度、教学质量互诊机制、教学质量分析制度，打破校区界限，融合优质师资，提升办学品质。庐阳区常态化开展"青蓝工程"和"师徒结对"活动，助推集团校内新生力量的快速成长。

各集团注重盘活骨干教师资源。健全优秀教师引领下的教研一体化的集团培训制度，部分分校则结对帮扶，促进教师队伍的专业发展。有些学校的绩效考核、职称评聘、评先评优等向在集团内流动的骨干教师倾斜。对在流动中作出突出成绩的骨干教师加大宣传力度，促使骨干教师的柔性流动成为新常态。在管理干部流动方面，各集团校级干部、中层干部也都存在一定的流动，交流时间长短则视情况而定。

（四）实现教学融合促进了学生发展

各地集团鼓励校区间实施物质资源、课程资源的合作共享，集聚集团内各成员校以及社区等单位的课程资源，建设具有集团特点和地域特色的优质课程开发、共享、配送机制，丰富学生学习经历、培养学生基本素养。加强信息技术与学科融合，发挥线上平台在校际课程资源共享、教育教学研究、质量监控和素质评价等方面的作用，拓展教师教学、学生学习的时空，优化教学环境。各集团均把育人作为首要任务，通过艺体类特色课程走课制度、家长开放日制度等，常态化开展跨校区的特色主题活动，融合后更为丰富多彩的校园文化活动促进学生身心健康与发展。

（五）办学成效与社会评价逐年提升

在集团化办学实践中，通过各项制度的建立与执行，学校管理共商共营，增强了群体认同感与归属感，切实做强管理经验辐射、课程资源共建、优质师资流动、教育科研互通、校舍场地资源共享等关键办学环节，既保障集团教育教学质量提升，又充分发挥集团内各成员校的办学特色。近年来集团化教育教学质量稳步提升，社会认可度、群众满意度逐年增长，教师的幸福感也不断增强，共建共享集团化办学带来的成果。

三、面临的困境和存在的主要问题

（一）集团化办学管理运行机制尚不健全

调研发现，有些集团校成立时间较短，缺少经验，成员校之间的文化融合还需要一个过程。不少集团，特别是多法人组合式的集团内缺乏一体的紧密型的组织架构。目前主要依赖于牵头校的资源优势以及集团负责人个人的重视程度和影响力，缺乏可持续发展的运作保障机制。由于本次调研范围主要在城区，市局统筹推进的三级一体化机制作用不明显，乡镇中心校的集中管理模式没有充分体现。集团化办学的管理机构与组织较弱，管理机制尚欠顺畅。庐阳区多数集团化的领导班子职数却仍以1所法人学校的职数标准来配置，领导与管理层人数明显不足，运行困难，甚至出现3~4名管理人员管理1000多名师生分校的局面。同时，相关的人事体制制约着中层干部的提拔与使用。

（二）校区间教师流动难度较大

集团内教师交流程度较低，尤其是骨干教师柔性流动规模较小，激励措施欠缺，流动中示范辐射作用发挥不足。调研中发现部分集团校际起始年级人员交流数远达不到"教师总量的三分之一"要求，非起始年级人员交流更少。部分教育集团探索开展集团内教师交流轮岗，但更多停留在总校委派少数骨干教师与成员校教师结对帮扶、跨校兼课的层面。

教师流动难还有一个原因就是普遍存在的师资队伍不足。随着集团化办学规模的与日俱增，教师数因编制受限增长缓慢，导致校聘教师过多，如蜀山区五十中 3 个教育集团校聘教师人数占比都相对较高，校聘教师身份的不确定性影响到工作的态度，教学质量自然不稳定。

（三）集团共享共建的品质不高

部分教育集团对成员校的教育管理、教学教研、质量监测等方面统筹指导力度不足，有些学校只开展了部分项目的交流合作，成员校的教育教学管理仍相对独立，未能全面体现集团化办学思想。为合作而合作、为分享而分享的现象客观存在，校际合作共享对于学生和教师发展的针对性、有效性和流动性不强。集团化的自身动力不足，特别是人事、编制等机制没有解决。而个别集团化下的热门校区的规模快速发展，很快出现了办学空间不足和缺学位、缺教师的现象，超出了预期的规划。

（四）考核评估机制亟待完善

调研发现，教育集团内的责、权、利不够明确，运行方式缺少统一规范。对集团校与一般学校办学的要求与区别不明晰，评价与激励机制尚不健全。集团发展较多是依赖行政推动，自身引领、辐射、带动的力度难以形成长期效应。集团内教师参与的积极性和内生动力有待激发，集团化成长性不理想。

四、意见与建议

（一）加强宏观指导，构建科学规范的集团化办学制度体系

集团化办学首先要理顺管理体制，切实厘清教育集团内牵头校与成员校间的权

责边界和关系，妥善处理"放、管、服"，充分调动多校区的工作积极性。建议市、区教育行政部门牵头常态化开展集团化办学的政策研讨与学术交流，组织外出观摩学习，取长补短，或以课题项目形式驱动与促进理论探讨和行动研究，催生成果。并以此为基础，研制规范集团化办学指导性意见，构建系列规范的集团化办学制度体系，加强制度供给，确保我市集团化办学运行发展均有章可循、有法可依。

（二）确立发展理念，进一步深化集团化办学的内涵建设

始终坚持以"共享创生"为发展理念，突出价值认同与文化引领，因地制宜，明确各教育集团的办学功能定位、发展思路、战略目标以及改革创新举措与任务，做好发展规划、队伍资源、教学指标、品牌项目、品质课程等多项统筹，有效推进集团治理体系和治理能力现代化。大力推进成员校间的校际融合，催生优质教育资源增长的路径。加强集团内部信息平台建设，实现成员校优质教育教学资源网上共享。利用多种途径在办学理念、管理、课程、师资、文化、教师培训等方面实现资源共享，促进校际深度联动，进一步创生优质教育资源，管理上步调一致，最终实现集团各成员校协同发展、共同进步的发展目标。

（三）基于知行合一，努力探索集团化办学组织新模式

坚持问题导向，各教育集团针对实际情况进行系统反思，在全面探索基础上重点聚焦与攻关师资流动共享、资源共建共享、集团内一体化管理等。试点不同形式的集团办学，构建集团化办学多元发展模式。梳理教师编制、办学捆绑评价和整团集体督导、学生贯通培养、教师柔性流动、新型教研模式、清单式管理的做法和经验，增强各校区品牌示范引领和辐射带动作用，进一步实现优质教育资源倍增。

（四）激活动力机制，造就一支"精管理、善创新"的管理队伍

集团化办学科学运行的核心在管理层。建议市、区教育主管部门应突破教育集团管理干部职数限制，根据学生人数和校区数量的实际情况设置管理岗位和明确职责，配足配齐校级领导和中层管理干部。有些牵头学校任务重，摊子大，或应设置单独的集团办公室，安排专职人员负责集团内各项活动的联络协调。进一步优化干部配置和培养机制，加大选拔、培育中层管理骨干和校级后备干部力度，增加干部储备，以应对集团化快速发展的干部需求和人力支持。

（五）健全治理体系，不断完善"管办评分离"背景下教育集团第三方评价机制

教育"管办评分离"是全面深化教育领域综合改革的重要内容，是协调和理顺政府、学校和社会三者之间关系的根本举措。以《义务教育学校管理标准》为基准，制定集团化办学考核指标，"捆绑式"整体评价集团化办学情况，重点考查优质资源增量与校际差距缩小情况，以及每校区学生进步、教师成长、学校持续发展情况。集团校内各校区管理任务轻重不一，校区间工作存在差异，需引入第三方评估机构进行绩效评价，将学生、家长与社区老百姓满意度，作为考量集团化办学成效的重要标尺。各集团在办学过程中，要通过多种形式让学生家长、社区代表参与了解集团化办学，切实赋予家长和社区的知情权、参与权、监督权与评价权，合理吸纳各方建议和诉求，有效改进集团化办学，提升集团化办学的社会影响力。

（六）强化协同创新，扎实推进三级一体化机制

集团化办学落实三级一体化机制是促进城乡教育一体化的重要路径，今后特别是在农村区域，要强化城市—乡村学校共同成长体系，强化核心学校带动体系，强化市—县—乡镇帮扶体系，努力实现跨域城乡的教育集团的办学管理、评价考核、工资待遇、业务成长、办学条件、空间布局等实现一体化，切实保障城乡教育之间的高位对接、常态交流。

五、几点思考

着力推进义务教育办学机制改革，让"优质资源覆盖面扩大，学生受益，家长满意"是我们不懈追求的目标。这既是我市率先实现教育现代化发展的客观需要，更是贯彻习近平新时代中国特色社会主义思想和党的十九大精神，落实市委、市政府打造具有国际影响力的创新之都的决策部署，提升教育服务城市经济社会发展的必然选择。集团化办学实践中也引起了几点思考：

一是要遵循教育发展规律。集团化办学发展中，要兼顾集团共性与学校个性发展的共生性问题。在快速提升教育质量，满足人民群众对优质教育的期盼的前提下，如何保持教育"物种"的多样性，是否可以探索尝试给一些"小而特"的学校生存空间，避免教育"垄断"和供给单一，或在单一法人的框架下如何体现"一校一品"建设，分校办学达到何种条件时可以剥离等问题，促进区域集团化办学百花齐放新格局的形成。

二是集团化办学常为多校多区管理，成本高、难度大、亟待解决的问题多。部分校区体量庞大，集团总校长和管理层工作任务过重，然而他们的绩效收入方面没有得到相应的体现。在管理激励机制上，可以单独考虑集团管理层的工作量。比如高新区实行"统一待遇"，总校长绩效工资按160%计发，执行校长绩效工资按140%计发，副校长绩效工资按120%计发，多出的绩效额外拨付。或者如庐阳区实施中小学校长职级制，通过职级工资切实体现出管理层的绩效所得。

三是破解集团发展的瓶颈问题。调研中也发现一种现象，由于区域大批量规模性地铺开集团化办学，客观上可能没有顾及相关牵头学校自身的引领力、辐射力不足，难免出现"带不动""被稀释"的现象，集团化办学也就容易流于形式。而集团化办学发展到了一定的阶段，势必还会遇到发展瓶颈，目前部分集团校的"横向一体化"或"纵向一体化"交错管理机制显得比较混乱。特别是在分权和集权之间平衡的问题上，需进一步思考选择更合理更科学更高效的管理模式。另外，发展中教育集团品牌（区别于牵头校的品牌）的认可和维护等问题也值得思考。

（2019 年 12 月）

关于《合肥市城乡义务教育集团化办学发展情况调研报告》采纳情况的函

合肥师范学院：

为深化基础教育领域综合改革，进一步扩大优质资源覆盖面，全面推动我市义务教育由基本均衡向优质均衡迈进，2019 年 11 月，我局组织开展了"城乡义务教育集团化办学发展"的专项调研，以基础教育改革与发展协同创新中心钱立青主任为组长的研究团队，将该调研工作作为安徽省高校人文社科研究重点项目"U-G-S 协同机制下教师供给侧结构性改革的问题反思与发展路径探析"的子课题加以深度研究，并提交了《合肥市城乡义务教育集团化办学发展情况调研报告》。该报告内容翔实，客观分析了我市城乡义务教育集团化办学的发展现状，并围绕构建与规范制度体系、创新办学组织模式、深化内涵建设、完善评价机制等方面提出了基本发展思路和针对性的策略建议，在今后推进工作中将具有一定的参考价值和实践意义。由此，决定对其核心内容予以采纳。

特此证明。

合肥市教育局

2019 年 12 月 20 日

组建浮山中学教育集团可行性论证报告

项目来源：枞阳县教育体育局委托项目"浮山中学教育集团可行性论证"
时　间：2019 年 1 月至 2019 年 3 月
成果形式：调研报告；采纳证明

2019 年 1 月，受枞阳县教育体育局的委托，安徽省基础教育改革与发展协同创新中心经研究，决定以 2019 年服务区域教育创新发展专项的形式承接"浮山中学教育集团可行性论证"项目，并组织专家团队，深入开展调研与论证工作。

根据计划安排，由省基础教育改革与发展协同创新中心钱立青主任、合肥市教育局基础教育处梅明松主任、合肥师范学院王从戎副教授等组成的专家调研组一行，专程前往枞阳县浮山中学、长河初中开展实地调研，召开了"浮山中学教育集团可行性论证座谈会"，听取了相关学校汇报，审读了县教体局提交的方案，对浮山中学教育集团组建的必要性与可行性、存在问题及风险进行研讨交流。期间，调研组还通过随机访谈的方式听取民意，并与分管教育副县长、县教体局等主要负责人交换了意见。通过系列调研与论证，调研组肯定了县教体局提出的"组建浮山中学教育集团的基本思路"，专家一致认为适时组建教育集团是顺应教育发展趋势、符合广大群众利益的，是实现县域教育跨越式发展的创造性举措。调研组结合实际办学环境和区域教育资源现状，认真分析了组建教育集团中存在或即将生发的问题，提出了一些建设性意见，形成了《组建浮山中学教育集团的可行性论证报告》。具体论证情况从可行性分析、风险评估和建设性意见等三个方面报告如下：

一、组建浮山中学教育集团的必要性与可行性

一是顺应新时代经济社会发展的需求。改革开放 40 年来，我国经济社会的主要矛盾已经由"人民日益增长的物质文化需要同落后的社会生产之间的矛盾"转化为"人民日益增长的美好生活需要和不平衡不充分的发展之间的矛盾"，而目前教育发展尤为不平衡，主要表现为优质教育资源短缺。习近平总书记在十九大报告中明

确指出"努力让每个孩子都能享有公平而有质量的教育",将教育均衡发展提升到了前所未有的高度。一些教育先发地区的经验表明,集团化办学是实现教育优质、同步和均衡发展,体现兼顾公平和效益价值取向的有效形式,主要通过名校带新校,实现对外形象、教育教学、课程建设的统一,有效地扩大社会受益面,缓解人民群众对优质教育的渴求与教育发展不平衡之间的矛盾。

二是切合党和国家大政方针的导向。《乡村振兴战略规划(2018—2022年)》提出要"统筹规划布局农村基础教育学校,保障学生就近享有有质量的教育。""提升乡村教育质量,实现县域校际资源均衡配置。"发展乡村教育是乡村振兴战略的重要支撑。随着新型城镇化进程的加快,如何逐步缩小城乡、校际差距,满足群众对优质教育的强烈需求已成为刻不容缓的大事。习近平总书记在全国教育大会上强调"要深化办学体制和教育管理改革,充分激发教育事业发展生机活力。"新常态下的枞阳教育发展需要积极应变,主动求变,创新求变才能与时代同行。而集团化办学是对人民群众不断增长教育需求的积极回应,是缓解优势教育资源不足和教育选择性需求的创新探索,对扩大优质教育覆盖面具有重要的意义。

三是遵循基础教育发展的规律。集团化办学的突出优势就是能够实现集团内的教育资源的优化配置、优势互补,从而实现办学质量的整体提升。国内一些教育先发地区的集团化办学实践积累了诸多的"名校+"经验,如北京方庄教育集群、深圳红岭教育集团,以及杭州名校集团化办学模式等在全国已经产生了较大的影响,省会合肥的一些义务教育集团化办学也成效明显(仅合肥市蜀山区就组建了11个教育集团)。集团化办学将深化基础教育综合改革,促进教育优质均衡发展,甚至在发展中可以破解制约学校发展的难题,实现了多校区相融共生、合作共赢。

四是促进浮山中学自身转型发展。浮山中学是农村教育中稀有的优质教育资源。但通过校情态势分析,发现浮山中学长期坚守僻乡,学校发展遭遇瓶颈,外溢与吸聚的效应不强,品牌价值不够突显。长远来看,现有的优势难以长期持续,迫切需要创新变革,实现其空间突围推动跨越式发展,从而由独善其身向辐射区域转型。而制约浮山中学外延发展的办学空间等先天性不足问题,需要通过集团化办学形式来加以解决,发挥优质教育资源的引领与辐射作用,加快城乡教育一体化的发展进程。

与此同时,整个枞阳全域教育发展也亟需变革,如打破目前县内普通高中点多线长的僵化分布,开启集团化办学的新纪元,打造品牌引领转型发展,助推全县教育由基本均衡向优质均衡迈进,努力跻身于教育强县。集团化办学还可以实现与经济社会发展的良性互动，加快推进地方教育供需结构的调整，更好地服务与驱动枞阳新城经济社会的快速发展。

二、组建浮山中学教育集团存在的问题与风险评估

集团化办学是当前教育改革发展的一种形态，涉及教育观念的更新、治理结构的变革、利益格局的调整等治理模式的创新，必然会遇到种种难以预测的问题和挑战。调研组针对县教体局提出的"组建浮山中学教育集团的基本思路"进行综合评估，以及对浮山中学、长河初中进行 SWOT 态势分析，认为该基本思路是基于反复调研的基础上逐步提炼形成的，具有一定的科学性与实操性，但预测在发展中可能会遭遇一些新问题与风险。

浮山中学、长河初中 SWOT 态势分析表

学　校	优　势	劣　势	机　会	挑　战
浮山中学	1.历史名校，文化积淀丰厚，省级示范高中。 2.生源较好，办学质量高。 3.老百姓心目中的好学校。	1.地处风景区，办学空间受限，办学条件滞后，制约学校规模发展。 2.师资补充匮乏，师资年龄结构老化，35 周岁以下青年教师储备不足。 3.区位偏僻。	1.寻求资源共享，实现办学转型。 2.依靠改革激发学校的生机与活力。	1.优势难以长期持续。 2.办学生机与活力不足。
长河初中	1.近邻县城，交通便捷，地处县城东扩区域。 2.校舍空间富余。 3.社区环境较好。	1.生源萎缩，服务区域人口锐减。	1.办学资源重组。	1.拟将撤销办学建制。

2019 年 2 月初，调研组在枞阳镇、汤沟镇、官桥镇等地以及枞阳籍在合肥人士中进行随机的民意调查 53 人次，对于浮山中学拓扩办学规模，受访者绝大数人（49/53）都持肯定的态度，而将原长河初中建设城关校区基于区位选择、交通便捷、资源整合等因素也是纷纷点赞。不过，一些较为理性的受访者也表示有些期许与担心。

（一）新建城关校区是否稀释浮山中学本部办学资源的问题

拟组建的浮山中学教育集团采取的"一校两区"（浮山中学本部与城关校区）是属紧密型结构。由于城关校区属新建校区，其办学资源基本上是从零起步，因而教育集

团内资源呈现单向输出，即浮山中学本部向城关校区输出，主要包括人力资源、制度资源、文化资源和物质资源等。这些资源的核心是师资。众所周知，教师是学校办学的第一资源。社会各界对一所学校的水平与质量评判也多是从师资的角度。目前，浮山中学本部师资并不充裕，其师生比为 1∶16.7（2018 年全省高中师生比为 1∶13.9），如果教师输出过多，担心会出现釜底抽薪的现象，可能会影响到浮山中学本部的教学运行与办学质量。倘若浮山中学本部向城关校区师资输出过少，又会降低和影响人民群众对城关校区的基本信任度和期望值。如何合理配置教师资源是富有一定的技术性挑战。

（二）办学声誉的延展和管理制度的复制与创新问题

浮山中学是一所具有近百年办学历史的名校，办学业绩辉煌，文化积淀深厚，社会认可度较高。但是浮山中学所拥有的优良办学传统、校园文化和校风、学风，以及鲜明的办学特色，都是经过长期积淀而叠加形成的，并非一朝一夕、一蹴而就的。如今要完全照搬至城关校区，也不是简单的拿来主义。城关校区需要依托浮山中学本部的文化基因、教学模式、课程体系和管理经验等来继承与发扬优良传统，使学校制度逐步完善，促进自身办学水平和人才培养质量的不断提升。浮山中学本部则更需要巩固办学成果，协调好扩展和积累的关系，努力延展品牌做大做强。但按照基本思路的规划设想，城关校区的办学性质将采取公办民助，即由国有企业投资建校，浮山中学教育集团负责管理运行。由此，其管理制度的复制性输出和创新就较为复杂，实际操作中要充分考虑体制性质，把握好政策界定的民办、公办范围，防止办学过程中出现制度混杂的现象，从而避免负面效应。

（三）依托长河初中旧址建设城关校区的问题

长河初中作为一所乡村初中，其办学条件尚属优良。但依托长河初中旧址建设浮山中学教育集团城关校区，实质上是新建一所省级示范高中或人们心目中的名校，自然是备受关注的，建设中需要克服一些现实问题：一是硬件设施方面。长河初中以往毕竟是以初中办学标准为建设基础的，其校舍、实验、运动、生活等设施直接转化为高中办学，从体量、规模和规格上均需要深度改造，充分体现高中的办学属性。二是校园管理方面。根据过渡方案，秋季新招的高一新生要与原长河初中的初二、初三学生至少同校共处一年，实行"一园两校"协同管理。虽然明确了分类管理，还依然要预防将会衍生出一些不合拍的现象。

三、组建浮山中学教育集团的几点建议

（一）以"名校＋新校"模式组建浮山中学教育集团

集团化办学实质上是要实现集团内人力资源、制度资源、文化资源和物质资源的交互与纳享。通过态势分析，发现浮山中学与长河中学的办学资源呈现明显的互补性，可充分发挥各自资源优势。建议在长河初中建制撤销后，及时整合原有资产，通过契约方式新建浮山中学教育集团城关校区，争取 2019 年秋学期开始招生高一新生（考虑错位发展，只招收应届生，不招收复读生）。建议采取"名校＋新校"的发展模式，以浮山中学本部为龙头，通过输出教育品牌、办学理念、管理方式和师资队伍等方式带动城关校区共同发展，实施"跨域突破、师资融通、技术带动、治理跟进、捆绑考核"的互助共同体的组织模式，并压实责任，降低风险，稳步推进，提升教育综合发展水平，努力敦促城关校区在较短时期内获得社会的认同。

（二）创新和理顺集团化办学管理机制

一是加强管理机制建设。针对集团化办学的发展走势，县教体局应及时出台"关于推进中小学集团化办学的指导意见"等相关制度文件，理顺管理机制，以政策保障浮山中学、枞阳二中等教育集团的有序运行。二是遵循教育规律。探索教育集团内部治理关系和集团化运作方式，建议实行法人领导（总校长）负责制，两校区分别由执行校长牵头管理，统一层级管理。两校区在第一个发展周期（不少于三年）不单独申请法人资格，集团内的人、财、物由总校长统一调配。进入第二发展周期后，可以结合集团自身发展的逻辑，探索"分株"管理模式和内部治理关系。三是建立共享机制。强化教育集团一体化运作，校区相互取长补短，各自消除本位意识，在品牌拓展、教师交流、师资培训等方面积极探索，重视经验总结和理论探究。并正确引导舆论，使人民群众对教育改革的发展有理智的认识和合理的期盼。

（三）科学调配与融合办学资源

首先，是人力资源的调配。集团化办学中要充分考虑人力资源的合理配置与流动。首先组建城关校区之初，浮山中学本部要选派适量的管理层进入，使办学理念与思想迅速渗透到每一个教育单元。其次，结合教师意愿与整体布局，选派适量教学骨干教师充实到城关校区，或确立两校区师资定期交流机制。再次，面向社会，实现两个校区统一标准遴选、招聘和配置教师，及时补充两校区的师资不足问题。针对人们担心的资源稀释问题，调研组参考了有关集团化办学经验认为，所谓的"资源稀释"是暂时性的断面现象，随着新建校区的逐步完善和自我造血功能的增强，两校区教育资源将会实现相互反哺。同时，完善教师交流机制，也为中青年教师提供更大的发展空间和机会，有效消除一些"功成名就"教师职业倦怠的困扰。最后，促进教育资源共生交融。集团组织统一制定学校规划、章程和各项制度，统筹管理各类教育资源，把规章制度、校本课程和特色活动延伸到城关校区。统一组织各项教育教学活动，课程设置、教学教研、德育活动、教师培训、对外宣传等多方面做到两校区同步发展，教育集团组建伊始要充分发挥本部的龙头和带动作用。

（四）处理好长期规划与资源存量盘整的关系

集团化办学需要确立共同愿景和发展目标，尤其要以百年大计为原则强化顶层设计。在充分利用与盘活原长河初中教育资源的基础上，对城关校区开展整体规划和发展定位，以适应新高考的各项办学标准来调整校舍布局，改造教育设施。同时，通过系统集成和优化，促进两校区的协同创新，处理好共性和相对独立性之间的关系，挖掘校区独特的地理资源和人文环境形成的特色，将继承传统与改革创新相结合，逐步形成和而不同、各具特色的区域发展模式。

（2019 年 3 月）

关于采纳《关于组建浮山中学教育集团可行性论证报告》的函

安徽省基础教育改革与发展协同创新中心：

为深化基础教育领域综合改革，加快推进地方教育供需结构的调整，更好地服务与驱动县域经济社会的快速发展，2019 年 1 至 3 月，我局聘请安徽省基础教育改革与发展协同创新中心钱立青主任、合肥市教育局基教处梅明松主任、合肥师范学院王从戎副教授组成专家团队，对组建浮山中学教育集团的必要性与可行性进行研讨交流。调研组结合实际办学环境和区域教育资源现状，认真开展形势分析与数据分析，提出了一些建设性意见，并作为安徽省高校人文社科研究重点项目"基于协同创新的省域统筹基础教育资源均衡配置问题研究"（SK2018A0541）的子课题加以深度研究，形成《关于组建浮山中学教育集团可行性论证报告》及相关辅助资料，共计 9000 多字。《论证报告》图文并茂，数据翔实，观点清晰，对我县开展的集团化办学、教育资源配置以及全县由基本均衡向优质均衡迈进，具有一定的指导意义。经研究，现对钱立青等提交的《论证报告》给予采纳。

特此证明。

枞阳县教育体育局

2019 年 3 月 10 日

政策释解

报告解读：立足公平优质　推进教育优质均衡发展 *

办好公平优质教育。全面实施第三期学前教育行动计划，新建、改扩建公办幼儿园 300 个，学前三年毛入园率提高到 86%。推进中小学教师"县管校聘"管理改革，义务教育巩固率达 94% 以上，全部消除义务教育阶段 66 人以上超大班额。加快普及高中阶段教育，推进中考、高考综合改革，深化职业教育产教融合、校企合作。推进一流大学和一流学科建设，支持高校优势特色学科发展和高水平科技创新平台建设，深化中德教育合作示范基地建设。加强继续教育，办好特殊教育，发展老年教育。支持和规范民办教育发展。加快推进首批 364 所智慧示范学校和实验学校建设。

——摘自 2018 年 1 月 22 日在安徽省第十三届人民代表大会第一次会议上《政府工作报告》

2018 年安徽省第十三届人民代表大会第一次会议期间，安徽人民广播电台记者王莹就政府工作报告采访基础教育改革与发展协同创新中心钱立青主任。

时任安徽省委副书记、省长李国英在 2018 年政府工作报告中，提出了要"优先发展教育事业，推动义务教育优质均衡发展，高度重视农村义务教育，普及高中阶段教育，努力让每个孩子都能享有公平而有质量的教育"等一系列新任务、新要求。

基础教育改革与发展协同创新中心主任钱立青解读说："这也表明了，安徽省的教育改革发展的一个基本方向和一个基本的走势。体现两个关键词，一个就是公平，一个是优质。体现在我们基础教育，包括学前教育、义务阶段的教育，高中教育，还体现在高等教育和职业教育层面。"

2018 年安徽省政府工作报告中，有关教育工作部分的表述还体现三个特点。一是数据多，量化指标明确、具体，全文中出现了 5 个数据或百分比，这些信息的释放，体现了下一步的教育改革工作趋向精细化、精准性。二是语词表述上坚决有力，如运用"全部消除""全面实施"等形式的表述，强化工作完成度，突出政府对今年

---

* 选自 2018 年 1 月 27 日安徽之声"《政府工作报告》解读之五：立足公平优质推进教育优质均衡发展——访基础教育改革与发展协同创新中心主任钱立青"。

教育工作推进更具有信心。三是重在内涵发展，报告文本中首次提出了"县管校聘"的改革和"智慧学校""特色学科""创新平台"的建设，足以说明教育改革在不断深化，也将成为安徽省教育发展新的增长点。

政府工作报告明确提出要推进中小学教师"县管校聘"管理改革。钱立青说，从 2016 年提出的"实施乡村教师支持计划"，到 2017 年提出的"加强乡村教师队伍建设"，再到今年的中小学教师"县管校聘"管理改革，体现了安徽省以教师队伍建设为抓手，不断深入推进教育公平。

"'县管校聘'这项中小学教师队伍建设的措施，是为了使乡村教师队伍的建设更加有序、更加合理，流动得更加公平、更加均衡，既能够弥补我们以前在教师资源的配置上一些欠缺，也会促进我们缩小今后在教育城乡之间的一些差距。"

政府工作报告提出"加快推进首批 364 所智慧示范学校和实验学校建设"，对此，钱立青介绍说，2017 年，安徽省已实现县域义务教育基本均衡，加快智慧学校建设是安徽省推进教育基本均衡向实现优质均衡迈进的有力举措。

"'智慧校园'的推进会使我们城乡之间最优质的教学资源从线上得到了一个好的调整，使一些信息比较闭塞、交通不便的地区孩子能接受到最优质的教育资源。"

文件释解：构建县域内校长教师交流轮岗的长效机制[1]

近日，省教育厅、财政厅、人力资源与保障厅联合出台《关于推进县（区）域内义务教育学校校长教师交流轮岗工作的实施意见》（以下简称《意见》），构建县域内校长教师交流轮岗的长效机制，推动交流轮岗工作的制度化、常态化。

《意见》要求，义务教育学校的校长教师，在现所在学校连续任教6年及以上者均应交流轮岗；校长、副校长在同一所学校连续任满两届或6年后，原则上应交流轮岗。每年义务教育学校教师交流轮岗人数应不低于符合交流条件教师总数的10%，其中骨干教师、教坛新星、学科带头人、名师和特级教师等应不低于符合交流条件教师总数的20%。

根据《意见》，交流轮岗方式可采取定期交流、跨校竞聘、学区一体化管理、学校联盟、名校办分校、对口支持、挂职锻炼、紧缺学科教师走教等多种形式开展。2016年1月27日，安徽青年报社记者杨勇以《安徽青年报·教育周刊》"圆桌会议"栏目话题方式采访了省基础教育改革与发展协同创新中心主任钱立青。

记者：在您看来，县（区）域内义务教育学校校长教师交流轮岗对教育改革发展究竟能起到什么作用？

钱立青：当前城乡学校间存在的差距，主要是体现在以师资为主的优质教育资源的坐拥。校长教师交流作为教育资源再分配的一种补充形式，一定程度上促进城乡学校师资的合理配置，提升农村、薄弱学校的教育质量，为教育均衡发展和教育公平最终实现奠定了队伍基础。

从校长、教师个人角度而言，有利于校际间相互交流、学习经验，打破原本的校本管理及传统教研格局，消除职业倦怠，激发工作热情，促进校长的管理水平和教师专业化提升。从学校角度而言，有利于缓解农村学校教师流入困难、数量不足、结构不均的困境。而城市学校也借机变存量调整为增量提升。从政策执行角度而言，有利于县域教育行政部门跟进配套措施，将国家层面校长教师交流政策具体化和属

1　选自2016年2月4日《安徽青年报》第6版"让校长教师'动'起来"

地化，科学落实义务教育均衡发展战略。

记者：您认为怎样才能让校长和教师真正"动"起来？您所在的地区、学校采取了什么措施，取得了哪些效果？

钱立青：城乡教师交流的目的旨在实现以城带乡、资源共享、取长补短、共促发展。而行为主体的校长教师自身积极性的激发对提高实效至关重要。这里需要探索多元的激励机制，真正地变压力为动力。

城乡教师交流多以晋升职称为约束条件，也被动地形成城市教师的职业压力，交流实效不高。探索从政府层面和学校自身如何有效地把物质激励和精神激励有机地结合是当务之急。一方面在生活和交通补贴外，对一些贡献突出、辐射带动作用较强的教师给予特殊奖励。补贴和奖金均由县级财政统一支付。还要通过"优秀奖励""模范奖励"等方式，嘉奖优秀教师。另一方面要加强人文关怀，关心交流教师的个体内在需求，如柔性解决交流教师子女的就学问题，夫妻分居问题，使其无后顾之忧。同时近期协同创新中心在学校联盟间正在实验尝试以"学科小团队整体交流"模式，实行目标管理与问题导向，示范与引导教学改革，变"单兵独进"为"组团推进"。

记者：当前，校长教师交流轮岗还需要打破哪些瓶颈才能更畅谈、更务实？

钱立青：切实推进校长教师交流轮岗需要从三个方面考虑。第一，继续加强对农村、薄弱学校教育的财政投入，尽可能地消除城乡二元结构的影响。国家政策和财政制度要适度支持农村学校建设，为师生创建良好的工作和生活环境等，缩小校际间差距。建立长期稳定补贴政策，切实提升交流教师的收入待遇，同时也为农村学校吸引高校毕业生和优秀教师人才提供保障。

第二，规范城乡教师交流的程序性。教师交流应在区域内由教育行政部门和人事管理部门严格依照规定的程序来展开，确定每年校长教师交流轮岗的比例及人选，整体规划（3~5年）交流的主体、对象、时间、地点和目标，提前公示计划到人到点，并严格执行。

第三，完善城乡教师交流的考核和奖励制度。重点在于对交流教师的教学业绩进行科学考核，并增加交流学校的同行和学生的评价权重。考核结果直接与奖励表彰（县级及以上）挂钩。

第四，加强教师交流工作研究。省教育厅应以应用性科研项目立项，加强调查研究，宣传和总结交流教师的先进典型和成功经验，有效指导教师交流的实践推进。

教育监测

义务教育阶段学生课业负担监测系统指标

项目来源：安徽省教育厅基础教育处、教育评估中心委托项目
时　　间：2015 年 4 月
成果形式：指标体系；发文采纳

为贯彻落实国家和《安徽省中长期教育改革和发展规划纲要（2010—2020 年）》，全面推进基础教育领域综合改革，进一步规范义务教育阶段学生课业负担监测，依据教育部与安徽省相关教育政策、中小学办学规范，专门制定适用安徽省范围内规范办学行为减轻学生课业负担的监测系统指标。

一、监测方式、对象、样本比例

按照教育部、省教育厅有关政策及规定，联合相关研究机构研制安徽省义务教育阶段学生课业负担监测指标体系，并根据指标体系设计问卷（包括学生卷、家长卷和教师卷共 4 套），形成问卷库，每次监测随机更新问卷。

（一）监测方式

监测方式为网络问卷调查，辅以实地问卷、座谈调查。网络问卷调查主要以短信形式（租用第三方成熟短信通道）通知学生家长，发放随机生成验证码，学生或家长通过安徽教育网"义务教育阶段学生课业负担监测"信息平台在线填答问卷。

（二）调查对象

调查对象为监测年级（四年级与八年级）的学生或家长、教师等三类群体。

（三）样本比例

利用已建成的中小学生电子学籍库，随机抽取各市监测年级学生或家长总数的 15% 作为该市样本；问卷覆盖全省所有省辖市和省直管县，另专门在每市抽取不同类型的小学、初中各 10 所，进行问卷调查。预测问卷回复占学生或家长总数的 5%。以 2014 年学籍统计数据为例，四年级为 694985 人，八年级为 636633 人，其问卷回复均超过 3 万多人。

二、义务教育阶段学生课业负担监测指标体系

监测指标	监测指标内容要点
在校时间及安排	1. 学生在校学习时间（不含课间休息、课外活动和社会实践），小学生每天不超过 6 小时，初中生每天不超过 7 小时。
	2. 寄宿制学校晚自习结束时间不超过晚上 9 点。
	3. 学校不组织走读生集体晚自习。
	4. 不利用晚自习时间组织文化课补习或学科教学活动。
	5. 保证学生每天在校园内至少有 1 小时的体育锻炼时间。
作业量	6. 小学一、二年级不留书面课外作业。
	7. 小学生平均每天完成家庭书面作业时间控制在 1 小时内，初中生平均每天完成家庭书面作业时间控制在 2 小时内。
	8. 推行"课外零负担书面作业"模式，鼓励当堂作业。
	9. 学校印制学生作业每生、每学期、每学科不超过 1 套。
教学及评价管理	10. 学校不以任何名目在双休日、寒暑假和其他法定节假日组织学生集体上课或补课。
	11. 学校不分重点班和非重点班。
	12. 无随意增减课程和课时、增加课程难度、赶超教学进度和提前结束课程现象。
	13. 未经省级教育主管部门同意，学校不组织学生参加各种违背教育规律的竞赛和竞赛辅导。
	14. 小学一、二年级每学期只进行期末考试，不组织期中考试。
	15. 小学、初中推行日常考试成绩无分数评价。
	16. 学校、班级不以任何方式公布学生考试成绩、按考试成绩给学生排名次。

三、监测组织实施

按照抽取样本比例，每半年组织一次在线短信问卷调查，分别在当年的 6 月份、10 月份进行。配合短信问卷，适当进行一些书面问卷和实地座谈、随机访谈形式，相互印证。每年 11 月份委托第三方专业机构对监测数据及相关情况进行分析，形成监测分析报告。

四、义务教育阶段学生课业负担监测问卷库

根据指标体系,设计义务教育阶段学生课业负担监测问卷4套,包括小学生卷、中学生卷、家长卷和教师卷。

安徽省义务教育阶段学生课业负担监测问卷调查表 I
(小学生卷)

1. 你平时在学校每天上、下午一共要上几节课?(　　)

　　A. 4 节课及以下 　　　　　　　　B. 5 节课

　　C. 6 节课 　　　　　　　　　　　D. 7 节课及以上

2. 你所在的学校有没有开设体育课?(　　)

　　A. 有 　　　　　　　　　　　　　B. 没有

3. 除了体育课,每天在学校还参加其他体育锻炼活动吗?(　　)

　　A. 有 　　　　　　　　　　　　　B. 没有

4. 你上体育课和参加体育锻炼的时间加起来平均每天(　　)。

　　A. 1 小时以上 　　　　　　　　　B. 半小时至 1 小时

　　C. 半小时以内

5. 你放学回家后要写家庭作业吗?(　　)

　　A. 每天写 　　　B. 有时写 　　　C. 经常写 　　　D. 不用写

6. 你平均每天完成家庭书面作业的时间大约是多少?(　　)

　　A. 1 小时以上 　　　　　　　　　B. 半小时至 1 小时

　　C. 半小时以内

7. 你的学校要求你们购买课外作业吗?(　　)

　　A. 没有要求购买 　　　　　　　　B. 要求购买 1 套

　　C. 要求购买不止 1 套 　　　　　　D. 不清楚

8. 你在双休日、寒暑假和其他节假日到学校上课吗?(　　)

　　A. 从不上课 　　　　　　　　　　B. 偶尔上课

　　C. 经常上课 　　　　　　　　　　D. 每次都上

9. 你们学校有没有分快慢班或重点班、普通班?(　　)

　　A. 有 　　　　　　　　　　　　　B. 没有

10. 你们学校有没有开奥数或者其他竞赛班？（   ）

    A. 有   B. 没有

11. 每学期结束时，你们学校有期末考试吗？（   ）

    A. 有   B. 没有

12. 你们学校还有期中考试吗？（   ）

    A. 有   B. 没有

13. 每次考试前你会感觉紧张吗？（   ）

    A. 每次都很紧张   B. 有时感觉紧张

    C. 经常感觉紧张   D. 很少紧张

14. 你觉得学校的考卷难不难？（   ）

    A. 难   B. 一般   C. 不难   D. 说不好

15. 老师是怎么给你们的试卷评分的？（   ）

    A. 按百分制   B. 按五分制

    C. 按等级制   D. 不评分

16. 你是怎么知道自己在班上或年级的名次的？（   ）

    A. 老师在班上公布的   B. 老师私下告诉家长的

    C. 老师私下告诉我的   D. 我自己打听到的

17. 每学期老师是怎么排座位的？（   ）

    A. 随便排的   B. 按照成绩好坏排的

    C. 按照个子大小排的   D. 不知道

18. 你有没有在自己任课老师开的辅导班补课？（   ）

    A. 有   B. 没有

19. 你觉得自己的课业负担重吗？（   ）

    A. 很重   B. 较重   C. 较轻   D. 很轻

安徽省义务教育阶段学生课业负担监测问卷调查表 II
（中学生卷）

1. 你是（   ）。

    A. 七、八年级学生   B. 九年级学生

2. 你每天在学校上课时间平均为？（　　）

　　A. 8 小时以上　　　　　　　　B. 7~8 小时

　　C. 6~7 小时　　　　　　　　　D. 6 小时以内

3. 你是走读生还是住校生？（　　）

　　A. 走读生　　　　　　　　　　B. 住校生

4. 你们学校有没有晚自习？（　　）

　　A. 有　　　　　　　　　　　　B. 没有

5. 你们学校晚自习一般几点结束？（　　）

　　A. 22 点以后　　　　　　　　　B. 21 点至 22 点之间

　　C. 21 点　　　　　　　　　　　D. 21 点之前

6. 学校有没有在晚自习时间安排上课或考试？（　　）

　　A. 每天都有　　　B. 偶尔有　　　C. 经常有　　　D. 从来没有

7. 你们学校有没有开设体育课？（　　）

　　A. 有　　　　　　　　　　　　B. 没有

8. 除了体育课，你每天在学校还参加其他体育锻炼活动吗？（　　）

　　A. 有　　　　　　　　　　　　B. 没有

9. 你上体育课的时间和参加体育锻炼的时间加起来平均每天（　　）。

　　A. 1 小时以上　　　　　　　　B. 半小时至 1 小时

　　C. 半小时以内

10. 你平均每天完成家庭书面作业需要多长时间？（　　）

　　A. 2 小时以上　　　　　　　　B. 1 小时至 2 小时

　　C. 半小时至 1 小时　　　　　　D. 半小时以内

11. 你的学校要求你们购买课外作业吗？（　　）

　　A. 没有要求购买　　　　　　　B. 要求购买 1 套

　　C. 要求购买 2 套　　　　　　　D. 要求购买 2 套以上

12. 你在双休日、寒暑假和其他节假日要到学校上课吗？（　　）

　　A. 从不上课　　　　　　　　　B. 偶尔上课

　　C. 经常上课　　　　　　　　　D. 每次都上

13. 你们学校有没有分快慢班或重点班、普通班？（　　）

　　A. 有　　　　　　　　　　　　B. 没有

14. 你们学校有没有开奥数或者其他竞赛班？（　　）

　　A. 有　　　　　　　　　　　　B. 没有

15. 你们学校有期中考试吗？（　　）

　　A. 有　　　　　　　　　　　　B. 没有

16. 你觉得学校的考卷难不难？（　　）

　　A. 难　　　　　B. 一般　　　　　C. 不难　　　　　D. 说不好

17. 每次考试前你会感觉紧张吗？（　　）

　　A. 每次都很紧张　　　　　　　　B. 有时感觉紧张

　　C. 经常感觉紧张　　　　　　　　D. 很少紧张

18. 你是如何知道自己在班上或年级的名次的？（　　）

　　A. 老师在班上公布的　　　　　　B. 老师私下告诉家长的

　　C. 老师私下告诉我的　　　　　　D. 我自己打听的

19. 你们老师是怎么排座位的？（　　）

　　A. 随便排的　　　　　　　　　　B. 按照成绩好坏排的

　　C. 按照个子大小排的　　　　　　D. 老师不排座位

20. 你们学校有没有按照考试成绩安排考场？（　　）

　　A. 有　　　　　　　　　　　　B. 没有

21. 你有没有在自己任课老师开的辅导班补课？（　　）

　　A. 有　　　　　　　　　　　　B. 没有

22. 你觉得自己的课业负担重吗？（　　）

　　A. 很重　　　　B. 较重　　　　　C. 较轻　　　　　D. 很轻

安徽省义务教育阶段学生课业负担监测问卷调查表Ⅲ
（学生家长卷）

1. 您的孩子是（　　）。

　　A. 小学生　　　　　　　　　　　B. 初中生

2. 您的孩子每天在学校上课时间平均为？（　　）

　　A. 8 小时以上　　　　　　　　　B. 7~8 小时

　　C. 6~7 小时　　　　　　　　　　D. 6 小时以内

3. 您的孩子放学回家有家庭书面作业吗？（　　）

　　A. 有　　　　　　　　　　　　B. 没有

4. 如果有，您的孩子平均每天完成家庭书面作业需要多长时间？（　　）

    A. 2 小时以上　　　　　　　　　B. 1 小时至 2 小时

    C. 半小时至 1 小时　　　　　　　D. 半小时以内

5. 您孩子的学校要求您为孩子购买课外作业吗？（　　）

    A. 没有要求购买　　　　　　　　B. 要求购买 1 套

    C. 要求购买 2 套　　　　　　　　D. 要求购买 2 套以上

6. 您的孩子在双休日、寒暑假和其他节假日要到学校上课吗？（　　）

    A. 从不上课　　　　　　　　　　B. 有时候上课

    C. 经常上课　　　　　　　　　　D. 每次都上

7. 您孩子的学校有没有分快慢班或重点班、普通班？（　　）

    A. 有　　　　　　B. 没有　　　　　　C. 不清楚

8. 您孩子的学校有没有开奥数或者其他竞赛班？（　　）

    A. 有　　　　　　B. 没有　　　　　　C. 不清楚

9. 您孩子的学校每学期都有期末考试吗？（　　）

    A. 有　　　　　　B. 没有

10. 除了期末考试，您孩子的学校还有期中考试吗？（　　）

    A. 有　　　　　　B. 没有　　　　　　C. 不清楚

11. 每次考试前您孩子会感觉紧张吗？（　　）

    A. 每次都很紧张　　　　　　　　B. 有时感觉紧张

    C. 经常感觉紧张　　　　　　　　D. 很少紧张

12. 学校老师是怎么给孩子的试卷评分的？（　　）

    A. 按百分制　　　　　　　　　　B. 按五分制

    C. 按等级制　　　　　　　　　　D. 不评分

13. 您是怎么知道孩子的考试成绩和名次的？（　　）

    A. 老师在班上公布的　　　　　　B. 老师私下告诉孩子的

    C. 老师私下告诉我的　　　　　　D. 我自己打听的

14. 您孩子的老师是怎么排座位的？（　　）

    A. 随便排的　　　　　　　　　　B. 按照成绩好坏排的

    C. 按照个子大小排的　　　　　　D. 不清楚

15. 您孩子的学校有没有按照考试成绩安排考场？（　　）

    A. 有　　　　　　B. 没有　　　　　　C. 不清楚

16. 您的孩子有没有在任课教师开的辅导班补课? ( )

　　A. 有　　　　　　B. 没有

17. 您觉得孩子的课业负担重吗? ( )

　　A. 很重　　　　　B. 较重　　　　　C. 较轻　　　　　D. 很轻

安徽省义务教育阶段学生课业负担监测问卷调查表Ⅳ
(教师卷)

1. 您的身份是 ( )。

　　A. 小学教师　　　B. 中学教师

2. 你所在学校每天上课时间大约为 ( )。

　　A. 6 小时以内　　B. 7 小时　　　C. 8 小时　　　　D. 9 小时及以上

3. 你们学校开设的课程包括下面哪些课程? ( )

　　A. 音乐　　　　　B. 体育　　　　　C. 美术　　　　　D. 信息技术

　　E. 综合实践活动　F. 研究性学习等课程

4. 学生每天在校园内体育锻炼时间大约为 ( )。

　　A. 1 小时及以上　B. 45 分钟　　　C. 半小时　　　　D. 半小时以下

5. 学生平均每天完成家庭书面作业时间大约为 ( )。

　　A. 2 小时以上　　　　　　　　B. 1 至 2 小时

　　C. 1 小时以下　　　　　　　　D. 没有书面作业

6. 学校双休日、寒暑假和其他节假日上课的情况是 ( )。

　　A. 从不上课　　　B. 有时候上课　　C. 经常上课

7. 学校有没有在晚自习时间上课或考试? ( )

　　A. 有　　　　　　B. 没有

8. 您觉得学校组织的考试难不难? ( )

　　A. 难　　　　　　B. 一般　　　　　C. 不难

9. 学校上学期期末考试有没有给学生排名次? ( )

　　A. 有　　　　　　B. 没有

10. 班级有没有在考试后按照成绩好坏排座位? ( )

　　A. 有　　　　　　B. 没有

11. 学校有没有分快慢班或重点班、普通班？（　　）

　　A. 有　　　　　　B. 没有

12. 学校有没有开奥数或者其他类型的竞赛班？（　　）

　　A. 有　　　　　　B. 没有

13. 任课教师有没有在校外开设辅导班？（　　）

　　A. 有　　　　　　B. 没有

14. 您觉得学生的课业负担（　　）

　　A. 很重　　　　B. 较重　　　　C. 较轻　　　　D. 很轻

关于委托制定《义务教育阶段学生学业负担监测系统指标》的证明

合肥师范学院：

　　2015 年 4 月，我处会同评估中心委托你校基础教育改革与发展协同创新中心制定了《义务教育阶段学生学业负担监测系统指标》。该指标是安徽省承担的国家教育体制改革试点项目"规范办学行为减轻学生课业负担改革"中的重要监测标准。你校协同创新中心组织专家团队进行大量的政策研究和民意调查，反复论证，最终结果得以采用。

　　《义务教育阶段学生学业负担监测系统指标》主要内容分为监测方式、对象和样本比例、监测指标体系、监测组织实施、监测问卷库四个部分，并根据指标内涵设计了具有操作性的"安徽省义务教育阶段学生课业负担监测问卷调查表"（分小学生、中学生、学生家长、教师等 4 类）。该指标依据国家与安徽省教育政策、中小学办学规范而设置，具有一定的科学性与客观性。

　　特此证明。

安徽省教育厅基础教育处

2015 年 7 月 10 日

安徽省义务教育阶段学生课业负担2016年度监测报告

项目名称：安徽省教育厅基础教育处委托项目 "2016 年度安徽省义务教育阶段学生课业负担监测分析"
时　　间：2016 年 11 月
成果形式：监测报告

一、监测目的

为贯彻落实《安徽省中长期教育改革和发展规划纲要（2010—2020 年）》，根据安徽省教育改革和发展规划领导小组《关于印发推进安徽省县域义务教育均衡发展等三项改革实施方案的通知》（皖教改〔2012〕1 号）精神，依托第三方专业评估机构，通过问卷调查，随机抽取安徽省部分地区义务教育阶段学生、教师及家长，监测并适时发布安徽省义务教育阶段学生课业负担总体状况，从而为在全省范围内基本实现规范办学行为，切实减轻学生课业负担，建立起稳定的、适应素质教育要求的教育、教学秩序提供咨询参考与决策依据。

二、监测对象与方法

（一）监测对象

以安徽省域在籍的在校学生、家长及教师为监测对象，本年度重点监测对象主要集中为在校学生的家长。在选取区域上分别从城市学校和农村学校、合肥地区和其他地区实行分类整群取样。

（二）监测方法

2016 年 11 月 15 日至 2016 年 12 月 25 日，合肥师范学院基础教育协同创新评测团队主要通过网络问卷的调查途径采集数据，辅以教师、学生及家长的访谈方式进行印证。本次调查面向在校学生家长共发放 6492 份网络问卷，其中，面向小学段学生家长共发放网络问卷 4659 份，面向初中段学生家长共发放网络问卷 1833 份，有效问卷率为 100%。根据学校所在区域，分别对小学段和初中段问卷进行城市学校和农村学校、合肥地区和其他地区分类比较，其中，农村学校问卷 2535 份，城市学校问卷 3957 份；合肥地区问卷 1458 份，其他地区问卷 5034 份（图 1）。另外，为了交叉印证，课题组还先后在城市与农村地区发放并回收 604 份纸质问卷。

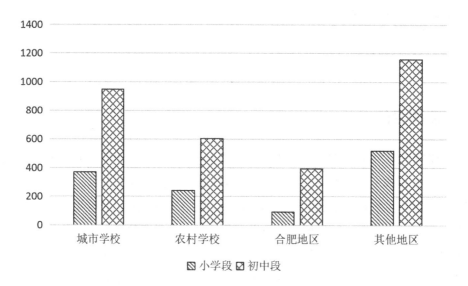

图 1　安徽省义务教育阶段学生课业监测抽样人数分布图

本研究采用 SPSS17.0 对问卷调查的数据进行统计，予以描述性分析、卡方检验及 T 检验。SPSS 中的描述性分析过程可以生成相关的描述性统计量，如：频数、均值、方差、标准差等。通过这些描述性统计量，可以对课业负担的综合特征进行全面了解。卡方检验是对计数资料进行假设检验方法，主要是比较安徽省城市学校、农村学校、合肥地区和其他地区的样本率（构成比）以及在课业负担多个维度上的关联性分析。其根本在于比较理论频数和实际频数的吻合程度或拟合优度问题有没有显著差别。

（三）监测内容

根据教育部、安徽省教育厅有关政策及规定，本次监测利用由安徽省基础教育改革发展协同创新中心研制并由省教育厅采纳的"义务教育阶段学生课业负担监测指标体系（2015 年版）"来确定监测内容。义务教育阶段学生课业负担监测指标体系具体见表 1。

表 1　安徽省义务教育阶段学生课业负担监测指标体系（2015）

监测指标	监测指标内容要点
在校时间及安排（T）	1. 学生在校学习时间（不含课间休息、课外活动和社会实践），小学生每天不超过 6 小时，初中生每天不超过 7 小时。
	2. 寄宿制学校晚自习结束时间不超过晚上 9 点。
	3. 学校不组织走读生集体晚自习。
	4. 不利用晚自习时间组织文化课补习或学科教学活动。
	5. 保证学生每天在校园内至少有 1 小时的体育锻炼时间。
作业量（W）	6. 小学一、二年级不留书面课外作业。
	7. 小学生平均每天完成家庭书面作业时间控制在 1 小时内，初中生平均每天完成家庭书面作业时间控制在 2 小时内。
	8. 推行"课外零负担书面作业"模式，鼓励当堂作业。
	9. 学校印制学生作业每生、每学期、每学科不超过 1 套。
教学及评价管理（M）	10. 学校不以任何名目在双休日、寒暑假和其他法定节假日组织学生集体上课或补课。
	11. 学校不分重点班和非重点班。
	12. 无随意增减课程和课时、增加课程难度、赶超教学进度和提前结束课程现象。
	13. 未经省级教育主管部门同意，学校不组织学生参加各种违背教育规律的竞赛和竞赛辅导。
	14. 小学一、二年级每学期只进行期末考试，不组织期中考试。
	15. 小学、初中推行日常考试成绩无分数评价。
	16. 学校、班级不以任何方式公布学生考试成绩、按考试成绩给学生排名次。

以指标体系为依据，设计出安徽省课业负担监测问卷家长卷。家长卷内容包括学生的学校课业负担、家庭压力以及个体反馈三个方面，重点监测对象为学校课业负担，包括在校时间及安排、作业量、教学及评价管理三个方面。

三、监测结果

根据教育评价学和心理测量学基本原理，将本次课业负担监测指标进行加权合成建立课业负担指数（Academic Burden Index，ABI），作为衡量课业负担的综合指标，取值范围为 0.1~1.0。主要结论如下：

（一）安徽省义务教育阶段学生课业负担指数状况

1. 安徽省义务教育阶段学生课业负担水平处于合理区间

本次监测结果发现，安徽省中小学生课业负担指数 ABI=0.424，其中在校时间 T=0.109，作业量 W=0.119，教学评价管理 E=0.195，均低于 0.5。由此可以研判，安徽省义务教育阶段学生课业负担较为适度，无论是从研究理论还是教育实践均表明，适度的课业负担水平（指数）有利于学生学习动机的激发，对于提高学习效能和教育质量也是有益的。

表2　安徽省义务教育阶段学生课业负担整体指数（ABI）

抽样总体	课业负担（ABI）	在校时间安排（T）	作业量（W）	教学评价管理（M）
	0.424 ± 0.129	0.109 ± 0.053	0.119 ± 0.040	0.195 ± 0.088

2. 初中段学生课业负担高于小学段学生

虽然安徽省义务教育阶段学生课业负担指标处于合理区间，但小学段与中学段学生课业负担指数具有显著差异。小学段较低，ABI（P）= 0.384；初中段较高，ABI（J）= 0.526 > 0.5，可以得出：初中段学生课业负担水平明显高于小学段学生。这一结果可能与初中段学科门类增多、学科内容增繁、学业难度增加和学习面临的竞争性要求相关联。

表3　安徽省义务教育阶段学生课业负担指数比较（分学段）

抽样总体	课业负担（ABI）	在校时间安排（T）	作业量（W）	教学评价管理（E）
小学段	0.384 ± 0.108	0.100 ± 0.051	0.112 ± 0.037	0.172 ± 0.076
初中段	0.526 ± 0.122	0.133 ± 0.051	0.139 ± 0.040	0.254 ± 0.087
全部	0.424 ± 0.129	0.109 ± 0.053	0.119 ± 0.040	0.195 ± 0.088
F	301.733	87.416	103.447	209.014
P	0.000***	0.000***	0.000***	0.000***

3. 农村学校学生课业负担略高于城市学校

农村学校学生课业负担 ABI = 0.435，高于城市课业负担 ABI = 0.417，但单看作业量（W）指标仍是城市学校学生课业负担指数略高。

表 4　安徽省义务教育阶段学生课业负担指数比较（分城乡）

抽样总体	课业负担（ABI）	在校时间安排（T）	作业量（W）	教学评价管理（M）
城市学校	0.417 ± 0.133	0.107 ± 0.054	0.121 ± 0.039	0.189 ± 0.089
农村学校	0.435 ± 0.121	0.113 ± 0.052	0.117 ± 0.041	0.206 ± 0.085
全部	0.424 ± 0.129	0.109 ± 0.053	0.119 ± 0.040	0.195 ± 0.088
F	5.046	3.348	3.526	9.308
P	0.006**	0.035*	0.029*	0.000***

4. 合肥地区课业负担高于全省其他地区，但差异不显著

合肥地区课业负担 ABI = 0.433，高于其他地区课业负担 ABI = 0.422，也高于全省课业负担指数 ABI = 0.424，但差异不显著。这一结果可能与合肥地区的教育资源紧张，竞争压力过大有关。

表 5　安徽省义务教育阶段学生课业负担指数比较（分区域）

抽样总体	课业负担（ABI）	在校时间安排（T）	作业量（W）	教学评价管理（M）
合肥地区	0.433 ± 0.128	0.108 ± 0.053	0.119 ± 0.042	0.206 ± 0.087
其他地区	0.422 ± 0.129	0.110 ± 0.534	0.120 ± 0.040	0.192 ± 0.088
全部	0.424 ± 0.129	0.109 ± 0.053	0.119 ± 0.040	0.195 ± 0.088
F	1.512	0.225	0.021	4.674
p	0.221	0.798	0.979	0.009**

（二）安徽省义务教育阶段学生课业负担具体情况

为了更加具体地了解安徽省义务教育阶段学生课业负担状况，以下从小学段与中学段两个方面进行分析。

1. 小学段学生课业负担具体情况

合肥地区小学段的抽样相对其他地区较多。本报告从城乡、合肥与其他地区两个纬度进一步分析全省小学段学生课业负担状况。

（1）小学生课业负担合肥略高于其他地区，农村略高于城市，差异均不显著

数据显示，合肥地区小学生课业负担指数（ABI = 0.402），高于其他地区小学

生（ABI = 0.378），农村小学生课业负担指数（ABI = 0.398）高于城市小学生（ABI = 0.375）。但进一步统计分析显示，全省小学生的课业负担水平在区域比较及城乡比较方面均无显著差异。将合肥地区、其他地区学校小学生分别与全体小学生比较，城乡学校学生分别与全体小学生比较，也未发现显著性差异。

表 6　小学生课业负担整体指数

课业负担	抽样总体	合肥地区	其他地区	城市学校	农村学校
抽样数	4659	1182	3477	2847	1812
课业负担指数（ABI）	0.384 ± 0.108	0.402 ± 0.108	0.378 ± 0.107	0.375 ± 0.109	0.398 ± 0.105

统计分析还发现，从在校时间及安排、作业量、教学评价管理和学生主观感受、家庭压力等五个方面，合肥与其他地区比较，城乡比较也均没有出现显著性差异。

表 7　小学生课业负担具体表现

课业负担	抽样总体	合肥地区	其他地区	城市学校	农村学校
在校时间及安排（T）	0.100 ± 0.051	0.101 ± 0.518	0.099 ± 0.051	0.097 ± 0.517	0.105 ± 0.050
作业量（W）	0.112 ± 0.037	0.115 ± 0.039	0.111 ± 0.037	0.114 ± 0.037	0.109 ± 0.039
教学评价管理（E）	0.172 ± 0.076	0.187 ± 0.077	0.168 ± 0.076	0.165 ± 0.075	0.184 ± 0.077
学生主观感受（F）	0.414 ± 0.238	0.432 ± 0.248	0.408 ± 0.234	0.419 ± 0.238	0.408 ± 0.236
家庭压力（H）	0.294 ± 0.215	0.294 ± 0.215	0.294 ± 0.215	0.319 ± 0.219	0.256 ± 0.203

（2）小学生在校时间适中

监测依据：《教育部关于当前加强中小学管理规范办学行为的指导意见》《安徽省教育厅关于进一步加强中小学管理规范办学行为的意见》

监测内容：小学生在校学习时间每天不超过 6 小时。

数据显示，仅有 32.58% 的小学生每天在校时间不超过 6 小时，其余 67.42% 的小学生均超过 6 小时，其中，11.53% 的小学生每天上课在 8 小时以上，20.99% 的小学生是 7 ~ 8 小时，34.90% 的小学生是 6 ~ 7 小时。如图 2 所示。

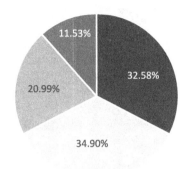

图 2　小学生每天在校学习时间

　　从地区分布来看，在合肥地区中，小学生在校上课学习时间不超过 6 小时所占的比例是 34.26%，65.74% 的小学生在校上课学习时间在 6 小时以上。在其他城市中，小学生在校上课学习时间不超过 6 小时所占的比例是 32.01%，67.99% 的小学生在校上课时间在 6 小时以上。数据显示，与合肥地区相比，其他城市小学生在校时间偏长。

　　从学校所在区域来看，在城市学校中，小学生在校上课学习时间不超过 6 小时所占的比例是 34.77%，65.23% 的小学生在校上课时间在 6 小时以上。在农村学校中，小学生在校上课学习时间不超过 6 小时所占的比例是 29.14%，70.86% 的小学生在校上课学习时间在 6 小时以上。

　　（3）小学生体育锻炼时间不足

　　监测依据：《国家中长期教育改革和发展规划纲要（2010—2020 年）》《国务院关于基础教育改革与发展的决定》《安徽省规范办学行为减轻学生课业负担改革实施方案》

　　监测内容：保证学生每天在校园内至少有 1 小时的体育锻炼时间。

　　数据显示，31.42% 的小学生每天在校锻炼时间不足半小时，49.45% 的小学生在校锻炼的时间为半小时至 1 小时，而只有 19.12% 的小学生每天体育锻炼能达到 1 小时以上。如图 3 所示。

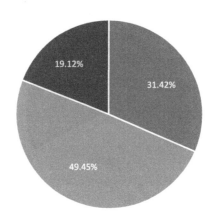

■ 每天锻炼时长不足半小时 ■ 每天锻炼时长半小时至1小时 ■ 每天锻炼时长1小时以上

图3　小学生每天在校体育锻炼时间

从地区分布来看，合肥地区小学生每天体育锻炼在 1 小时以上的占 20.56%，其余 79.44% 的小学生体育锻炼时间不足 1 小时。其他地区小学生每天体育锻炼在 1 小时以上的有 18.64%，其余 81.36% 的小学生体育锻炼时间不足 1 小时。由此可见合肥地区小学生在校体育锻炼时间较长。

从学校所在区域来看，在城市学校中，小学生每天体育锻炼在 1 小时以上的有 19.70%，其余 80.30% 的小学生体育锻炼时间不足 1 小时。在农村学校中，小学生每天体育锻炼在 1 小时以上的有 18.21%，其余 81.79% 的小学生体育锻炼时间不足 1 小时。由此可以说明，相对于农村学校的小学生，城市学校小学生体育锻炼时间稍长些。课题组认为，这与城市学校的体育设施完备，学校对相关教育措施的认真执行密切相关。

（4）小学书面作业时间适中

监测依据：《安徽省教育厅关于印发〈安徽省中小学办学行为规范〉等文件的通知》

监测内容：小学生平均每天完成家庭书面作业时间控制在 1 小时内，其中小学一、二年级不留书面课外作业。

数据显示，仅有 20.99% 的小学生完成家庭书面作业时间能在 1 小时以内，

79.01% 的小学生完成家庭书面作业时间均超标，其中 12.81% 的小学生完成作业时间在 3 小时以上，25.50% 的小学生完成作业时间在 2 小时至 3 小时之间，40.70% 的小学生完成作业时间为 1 小时至 2 小时（图 4）。

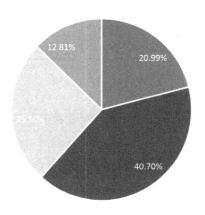

■1小时以内 ■1小时至2小时之间 ■2小时至3小时之间 ■3小时以上

图 4　小学生每天完成书面家庭作业所需时间

在小学一、二年级，97.37% 学生没有书面课外作业，仅有 2.63% 的一、二年级学生反映学校布置有书面课外作业。可见，小学低年级课外作业时间控制较好。

从地区分布来看，合肥地区小学生每天完成家庭书面作业的时间在 1 小时以上的有 77.41%，在 1 小时以内的有 22.59%。其他地区小学生每天完成家庭书面作业的时间在 1 小时以上的有 79.55%，在 1 小时以内的有 20.45%。

从学校所在区域来看，城市学校小学生每天完成家庭书面作业的时间在 1 小时以上的有 82.30%，在 1 小时以内的有 17.70%。而农村学校布置家庭作业较少，小学生每天完成家庭书面作业的时间在 1 小时以上的有 73.84%，在 1 小时以内的有 26.16%。可见，城市学校学生家庭书面作业较多。

表8 小学生在校学习时间、体育锻炼时间及书面作业时间的百分比量表 单位/%

样本分布	学习时间		体育锻炼时间		书面作业时间	
	≥6小时	<6小时	≥1小时	<1小时	≥1小时	<1小时
合肥地区	65.74	34.26	20.56	79.44	77.41	22.59
其他地区	67.99	32.01	18.64	81.36	79.55	20.45
城市学校	65.23	34.77	19.70	80.30	82.30	17.70
农村学校	70.86	29.14	18.21	81.79	73.84	26.16

（5）禁止集体补课制度遵守较好

监测依据：《安徽省教育厅关于印发〈安徽省中小学办学行为规范〉等文件的通知》

监测内容：禁止中小学校以任何名目利用节假日组织学生集体补课。

监测结果显示，78.36%的小学生在双休、节假日从不到学校上课，只有少部分学校上课，值得注意的是仍有4.57%的小学生节假日都上课。（图5）

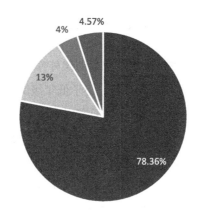

■ 从不 ■ 偶尔 ■ 经常 ■ 每次都上

图5 小学生双休日、节假日集体补课情况

从地区分布来看，合肥地区中，小学生在双休日节假日从不到学校上课的占76.90%，偶尔或者经常每次都去上课的占18.27%。其他地区中，小学生在双休日节假日从不到学校上课的占78.86%，偶尔或者经常去上课的占16.65%。

从学校所在区域来看，城市学校中，小学生在双休日节假日从不到学校上课的占79.45%，偶尔或者经常去上课的占15.49%。农村学校中，小学生在双休日节假日从不到学校上课的占 76.66%，偶尔或者经常去上课的占 19.54%。

（6）考试名次知晓度普遍偏高

监测依据：《国务院关于基础教育改革与发展的决定》

监测内容：学校和教师不得公布学生考试成绩和按考试结果公开排队。

数据显示，65.10% 的小学生考试成绩是老师在班级或通过班群公布的，4.89% 是老师私下告诉学生的，3.35% 是老师私下告诉家长的，还有 26.66% 是家长自己打听到的。（图 6）

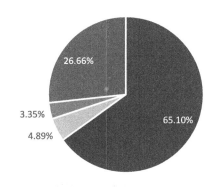

图 6　小学生考试名次知晓情况

从地区分布来看，在小学段，合肥地区家长自己打听到名次的占 28.24%，64.49% 是老师在班级或通过班群公布的，7.27% 是老师告诉家长或者直接告诉学生的。其他地区中，家长自己打听到名次的占 24.17%，66.06% 是老师在班级或通过班群公布的，9.77% 是老师告诉家长或者直接告诉学生的。

从学校所在区域来看，城市学校中，家长自己打听到名次的占 22.34%，69.29% 是老师在班级或通过班群公布的，8.38% 是老师告诉家长或者直接告诉学生的。农村学校中，家长自己打听到名次的占 28.13%，63.68% 是老师在班级或通过班群公布的，8.20% 是老师告诉家长或者直接告诉学生的。

（7）在"禁止学校划分重点班和非重点班"制度方面违规较少

监测依据：《义务教育阶段学生课业负担监测指标体系》

监测内容：学校不分重点班和非重点班。

安徽省小学划分重点班和非重点班（或称之为快、慢班）现象依然存在，但与初中段相比，违规现象并不突出。本次监测结果显示，6.70% 的小学有分重点、非重点班现象，76.24% 的小学没有分重点、非重点班。（图 7）

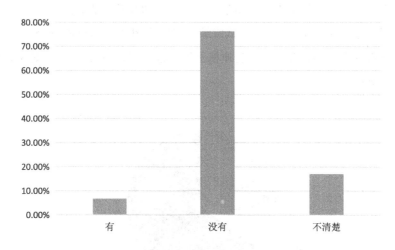

图 7　小学段学校分重点、非重点班情况

从地区分布来看，在合肥地区中，6.11% 的小学生学校有分重点、非重点班，79.14% 的没有分重点、非重点班。在其他地区中，7.62% 的小学生学校有分重点、非重点班，71.69% 的没有分重点、非重点班。

从学校所在区域来看，在城市学校中，11.68% 的小学生学校有分重点、非重点班，64.21% 的学校没有分重点、非重点班。在农村学校中，5.00% 的小学生学校有分重点、非重点班，80.33% 的学校没有分重点、非重点班。

表 9　小学生节假日补课情况、考试名次知晓方式及学校有没有分重点班的百分比量表

单位 /%

样本分布	节假日补课情况		考试名次知晓方式		学校有没有分重点班	
	经常或每次都上	偶尔或从不	老师私下告知或自己打听	老师直接宣布	有	没有
合肥地区	8.88	91.12	35.51	64.49	6.11	79.14
其他地区	8.89	91.11	33.94	66.06	7.62	71.69
城市学校	10.64	89.36	30.71	69.29	11.68	64.21
农村学校	6.13	93.87	36.32	63.68	5.00	80.33

2.初中段学生学校课业负担的具体情况

根据抽样初中学校所在的区域,本报告从城市学校和农村学校、合肥地区和其他地区学校的角度进一步分析安徽省初中阶段学生课业负担状况。

（1）合肥地区初中段学生课业负担略高于其他城市

数据显示,合肥地区初中生课业负担水平最高（ABI = 0.564）,高于其他地区和全省初中生整体水平,农村学校初中生的课业负担水平略高于城市初中生,但差异不显著。另外,将城市学校、农村学校、其他地区学校分别与全体初中生比较,也未发现显著性差异。

表10　初中生课业负担整体状况

课业负担	抽样总体	合肥地区	其他地区	城市学校	农村学校
抽样数	1833	276	1557	1110	723
课业负担（ABI）	0.526 ± 0.122	0.564 ± 0.123	0.519 ± 0.121	0.525 ± 0.129	0.527 ± 0.110

通过进一步的卡方分析发现,合肥地区和其他地区初中生在作业量、在校时间、教学评价与管理和主观感受等方面均没有出现显著性差异;城市学校和农村学校的初中生在作业量、在校时间、教学评价与管理和主观感受等方面也没有出现显著性差异。

表11　初中生课业负担具体表现

课业负担	抽样总体	合肥地区	其他地区	城市学校	农村学校
抽样数	1833	276	1557	1110	723
整体学生课业负担（ABI）	0.526 ± 0.122	0.564 ± 0.123	0.519 ± 0.121	0.525 ± 0.129	0.527 ± 0.110
在校时间及安排（T）	0.133 ± 0.051	0.136 ± 0.049	0.132 ± 0.051	0.133 ± 0.051	0.133 ± 0.051
作业量（W）	0.139 ± 0.040	0.138 ± 0.047	0.139 ± 0.039	0.141 ± 0.040	0.136 ± 0.040
教学评价管理（E）	0.254 ± 0.087	0.290 ± 0.079	0.248 ± 0.087	0.251 ± 0.091	0.259 ± 0.081
学生主观感受（F）	0.576 ± 0.234	0.614 ± 0.236	0.569 ± 0.234	0.591 ± 0.240	0.552 ± 0.225
家庭压力（H）	0.342 ± 0.229	0.386 ± 0.246	0.334 ± 0.226	0.387 ± 0.231	0.272 ± 0.210

（2）初中生在校上课时间偏长

监测依据：《教育部关于当前加强中小学管理规范办学行为的指导意见》《安徽省教育厅关于进一步加强中小学管理规范办学行为的意见》

监测内容：初中生走读生每天在校教学活动时间不超过 7 小时。

本次调查发现初中生在校时间普遍偏长，仅有 16.36% 的初中生每天在校时间不超过 7 小时，其余的 83.64% 的初中生每天在校时间均超过 7 小时，尤其是有 50.25% 的初中生在校时间超过 8 小时。（图 8）

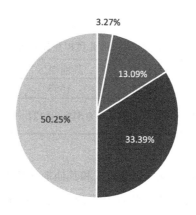

■6小时以内 ■6～7小时 ■7～8小时 ■8小时以上

图 8　初中生每天在校上课时间

从地区分布来看，合肥地区初中生在校时间不超过 7 小时所占的比例是 9.78%，其中超过 64.13% 的初中生在校时间超过 8 小时。其他地区初中生在校时间不超过 7 小时所占的比例是 17.53%，其中有 47.78% 的初中生在校时间超过 8 小时。

从学校所在区域来看，农村学校初中生在校时间不超过 7 小时所占的比例是

表 12　初中生在校学习时间安排情况百分比量表

单位 /%

样本分布	≥8 小时	7~8 小时	6~7 小时	6 小时以内
总体	50.25	33.39	13.09	3.27
合肥地区	64.13	26.09	5.43	4.35
其他地区	47.78	34.68	14.45	3.08
城市学校	47.30	35.68	13.78	3.24
农村学校	54.77	29.88	12.03	3.32

15.35%，其中有 54.77% 的初中生在校时间超过 8 小时。城市学校初中生在校时间不超过 7 小时所占的比例是 17.02%，其中有 47.30% 的初中生在校时间超过 8 小时。

（3）初中生在校体育锻炼时间严重不足

监测依据：《国家中长期教育改革和发展规划纲要（2010—2020 年）》《国务院关于基础教育改革与发展的决定》《安徽省规范办学行为减轻学生课业负担改革实施方案》

监测内容：大力开展阳光体育运动，保证学生每天锻炼 1 小时。

根据调查显示，仅有 12.11% 的初中生每天在校体育锻炼时间达到 1 小时以上，46.15% 的初中生每天在校体育锻炼时间在 30 分钟至 1 小时之间，41.73% 的初中生每天在校体育锻炼时间不足 30 分钟。如图 9 所示。

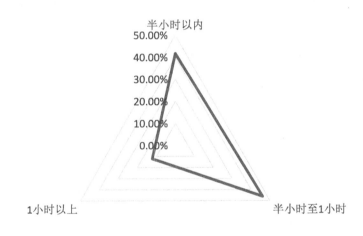

图9　初中生每天上体育课和参加体育锻炼的时间

从地区分布来看，合肥地区初中生每天在校体育锻炼时间在 1 小时以上所占比例为 14.13%，有 36.96% 的初中生每天在校体育锻炼时间不足 30 分钟。其他地区初中生每天在校体育锻炼时间在 1 小时以上所占比例为 11.75%，有 42.58% 的初中生每天在校体育锻炼时间不足 30 分钟。

从学校所在区域来看，农村学校初中生每天在校体育锻炼时间在 1 小时以上所占比例为 12.45%，有 34.44% 的初中生每天体育锻炼不足 30 分钟。城市学校初中生每天在校体育锻炼时间在 1 小时以上所占比例为 11.89%，有 46.49% 的初中生每天在校体育锻炼时间不足 30 分钟。

表 13　初中生每天上体育课和参加体育锻炼的时间的百分比量表

单位 /%

时间安排	≥ 1 小时	0.5~1.0 小时	< 0.5 小时
合肥地区	14.13	48.91	36.96
其他地区	11.75	45.66	42.58
城市学校	11.89	41.62	46.49
农村学校	12.45	53.11	34.44

（4）初中生书面作业时间普遍过长

监测依据：《安徽省教育厅关于印发〈安徽省中小学办学行为规范〉等文件的通知》

监测内容：初中生平均每天完成家庭书面作业时间控制在 2 小时内。

根据本次调查结果显示，43.70% 的初中生每天完成家庭书面作业的时间在 3 小时以上，30.11% 的初中生平均每天完成家庭书面作业的时间为 2 ~ 3 小时，18.66% 的初中生平均每天完成家庭书面作业的时间为 1 ~ 2 小时，7.53% 的初中生平均每天完成家庭书面作业的时间为不到 1 小时。如图 10 所示。

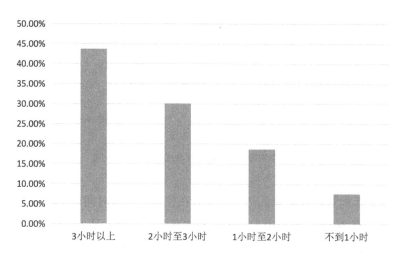

图 10　初中生平均每天完成家庭书面作业时间

从地区分布来看，合肥地区初中生平均每天完成家庭书面作业的时间超过 2 小时的所占比例为 77.18%，15.22% 的初中生完成家庭书面作业的时间为 1 ~ 2 小时，7.61% 的初中生完成家庭书面作业的时间在 1 小时内。其他城市学校初中生平均每天完成家庭书面作业的时间超过 2 小时所占的比例是 73.22%，19.27% 的初中生平均每天完成家庭书面作业的时间为 1 ～ 2 小时，7.51% 的中学平均每天完成家庭书面作业的时间在 1 小时内。

从学校所在的区域来看，农村学校的初中生平均每天完成家庭书面作业的时间超过 2 小时所占的比例是 65.15%，33.61% 的初中生每天完成家庭书面作业的时间在 3 小时以上，而城市学校 79.46% 的初中生平均每天完成家庭书面作业的时间超过 2 小时，50.27% 的初中生每天完成家庭书面作业的时间在 3 小时以上。

表 14　初中生完成家庭书面作业时间（分区域）百分比量表

单位 /%

时间安排	≥ 3 小时	2 ～ 3 小时	1 ～ 2 小时	< 1 小时
合肥地区	51.09	26.09	15.22	7.61
其他地区	42.39	30.83	19.27	7.51
城市学校	50.27	29.19	14.05	6.49
农村学校	33.61	31.54	25.73	9.13

（5）初中生购买课外作业情况

监测依据：《安徽省教育厅关于印发〈安徽省中小学办学行为规范〉等文件的通知》

监测内容：学校印制学生作业每生、每学期、每学科不得超过 1 套。

数据显示，仅有 33.55% 的初中生没有购买课外教辅资料，31.42% 的初中生购买了 1 套课外教辅资料，有 7.86% 的初中生购买了 2 套，而 27.17% 的初中生要求购买两套以上的课外教辅资料。如图 11 所示。

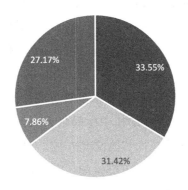

■ 没有要求购买　■ 要求购买1套　■ 要求购买2套　■ 要求购买2套以上

图 11　初中生每学期购买课外教辅情况

从地区分布来看，合肥地区 65.21% 的初中生没有购买课外教辅资料或者仅购买了 1 套课外教辅资料，34.78% 的初中生被要求购买 2 套或 2 套以上课外教辅资料。其他地区 64.94% 的初中生没有购买课外教辅资料或者仅购买了 1 套课外教辅资料，35.06% 的初中生被要求购买 2 套或 2 套以上课外教辅资料。可见，合肥地区初中生购买教辅资料超标略低于其他城市。

从学校所在的区域来看，城市学校的初中生没有购买课外教辅资料或者仅购买了 1 套课外教辅资料所占的比例是 67.30%，32.70% 的初中生被要求购买 2 套或 2 套以上课外教辅资料，而农村学校的初中生没有购买课外教辅资料或者仅购买了 1 套课外教辅资料所占的比例是 61.41%，38.59% 的初中生被要求购买 2 套或 2 套以上课外教辅资料。可见，农村学校初中生购买教辅资料超标高于城市学校。

表 15　初中生购买课外教辅资料情况百分比量表

单位 /%

样本分布	没有要求购买	购买 1 套	购买 2 套	购买 2 套以上
合肥地区	38.04	27.17	6.52	28.26
其他地区	32.76	32.18	8.09	26.97
城市学校	35.41	31.89	7.03	25.68
农村学校	30.70	30.71	9.13	29.46

（6）普遍坚持"禁止在法定节假日补课"制度

监测依据：《安徽省教育厅关于印发〈安徽省中小学办学行为规范〉等文件的通知》

监测内容：禁止中小学校以任何名目利用节假日组织学生集体补课。

根据调查结果显示，64.65% 的初中生双休日、寒暑假和节假日从不到校上课，18.49% 的初中生偶尔上课，8.67% 的初中生经常上课，有 8.18% 的初中生每次都要上课。如图 12 所示。

从地区分布来看，合肥地区初中生双休日、寒暑假和其他节假日从不到校上课的学生比例为 66.30%，11.96% 的初中生偶尔上课，4.35% 的初中生经常上课，17.39% 的初中生每次都要上课，而其他城市初中生双休日、寒暑假和其他节假日从不到校上课的学生比例为 64.35%，19.65% 的初中生偶尔上课，9.44% 的初中生经常上课，6.55% 的初中生每次都要上课。

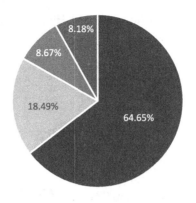

■ 从不 ■ 偶尔 ■ 经常 ■ 每次都上

图 12　初中生节假日到校上课情况

从学校所在区域来看，农村学校初中生双休日、寒暑假和其他节假日从不到校上课的学生比例为 60.17%，25.31% 的初中生偶尔上课，8.71% 的初中生经常上课，5.81% 的初中生每次都上。而城市学校初中生双休日、寒暑假和其他从不到校上课的学生比例为 67.57%，14.05% 的初中生偶尔上课，8.65% 的初中生经常上课，9.73% 的初中生每次都要上课。

无论是从整体上来看，还是分地区、区域来看，大部分初中生在双休日、寒暑假和其他节假日都不上课，学校制度遵守较好。但值得注意的是，也有 8.18% 的初中生每次都要上课。

表 16　初中生节假日到校上课情况百分比量表

单位 /%

样本分布	从不	偶尔	经常	每次都上
合肥地区	66.30	11.96	4.35	17.39
其他地区	64.35	19.65	9.44	6.55
城市学校	67.57	14.05	8.65	9.73
农村学校	60.17	25.31	8.71	5.81

（7）考试名次知晓度普遍较高

监测依据：《国务院关于基础教育改革与发展的决定》《安徽省中小学办学行为规范》

监测内容：学校和教师不得公布学生考试成绩和按考试结果公开排队。

根据本次调查结果显示，75.78%的初中生知晓考试名次是老师直接在班上宣布的，9.17%的初中生知晓考试名次是老师私下告诉家长或者学生的，15.05%的初中生知晓考试名次是自己打听的。如图13所示。

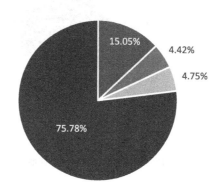

图 13　初中生知晓考试名次途径

从地区来看，在合肥地区，86.96%的初中生知晓考试名次是老师直接在班级或通过班群公布的，8.70%的初中生知晓考试名次是老师私下告诉家长或者学生的，4.35%的初中生知晓考试名次是家长自己打听的。在其他城市，73.80%的初中生知晓考试名字是老师直接在班级或班群公布的，9.25%的初中生知晓考试名次是老师私下告诉家长或者学生的，16.96%的初中生知晓考试名次是家长自己打听的。

从学校所在区域来看，在农村学校中，73.44%的初中生知晓考试名次是老师直接在班级或通过班群公布的，7.88%的初中生知晓考试名次是老师私下告诉家长或者学生的，18.67%的初中生知晓考试名次是家长自己打听的。在城市学校中，77.30%的初中生知晓考试名次是老师直接在班级或通过班群公布的，10.00%的初中生知晓考试名次是老师私下告诉家长或者学生的，12.70%的初中生知晓考试名次是自己打听的。

无论是从整体上来看，还是分地区、区域来看，大部分初中生的考试名次知晓度都比较高。

表 17　初中生知晓考试名次途径百分比量表

单位 /%

样本分布	老师在班级或班群公布的	老师私下告诉孩子的	老师私下告诉我的	我自己打听的
合肥地区	86.96	4.35	4.35	4.35
其他地区	73.80	4.43	4.82	16.96
城市学校	77.30	4.59	5.41	12.70
农村学校	73.44	4.15	3.73	18.67

《安徽省中小学办学行为规范》规定，"严禁公布学生考试成绩，不以考试成绩或升学率给班级、学生排列名次。不得按考试成绩给学生排队和安排座位、考场。"根据本次调查结果显示，59.08% 家长表示知道学校是按照考试成绩安排考场的，25.53% 的家长表示孩子所在的学校没有按照考试成绩安排考场，另外有 15.38% 的家长表示不清楚学校如何安排考场（图 14）。

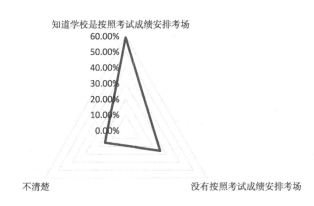

图 14　初中生考场座位安排

由此可见，不少中学仍在班级公布学生考试成绩，以考试成绩或升学率给班级、学生排列名次。

（8）在"禁止学校划分重点班和非重点班"制度方面违规较多

监测依据：《义务教育阶段学生课业负担监测指标体系》

监测内容：学校不可划分重点班和非重点班。未经省级教育主管部门同意，学校不组织学生参加各种违背教育规律的竞赛和竞赛辅导。

本次调查结果显示 34.86% 的初中生家长表示学校有重点班，51.23% 的初中生家长表示学校没有划分重点班，另有 13.91% 的家长表示不清楚学校是否设置重点班、重点、非重点班。本次调查结果还显示 14.08% 的初中生家长表示学校有组织学生上奥数等竞赛班，63.83% 的初中生家长表示学校没有组织，另有 22.09% 的家长表示不清楚学校是否组织。

表 18 初中段设置重点班和上竞赛班情况的百分比量表

单位 /%

样本分布	学校有没有分重点班			是否上竞赛班		
	有	没有	不清楚	有	没有	不清楚
合肥地区	77.17	11.96	10.87	13.04	52.17	34.78
其他地区	27.36	58.19	14.45	14.26	65.90	19.85
城市学校	32.70	55.14	12.16	14.59	64.32	21.08
农村学校	38.17	45.23	16.60	13.28	63.07	23.65

从地区来看，在合肥地区中，11.96% 的初中生表示学校没有分重点班，77.17% 的初中生表示学校有划分重点班；在合肥地区中，13.04% 的初中生需要上竞赛班，52.17% 的初中生不需要上竞赛班。在其他城市中，58.19% 的初中生表示学校没有分重点班，27.36% 的初中生表示学校有分重点班，在其他城市中，14.26% 的初中生需要上竞赛班，65.90% 的初中生不需要上竞赛班。需要注意的是，在合肥地区，学校开设重点班的情况较为严重。

从学校所在区域来看，在农村学校中，45.23% 的初中生表示学校没有分重点班或非重点班，有 38.17% 的初中生表示学校有重点班；在农村学校，13.28% 的初中生需要上竞赛班，63.04% 的初中生不需要上竞赛班。在城市学校中，有 32.70% 的初中生表示学校有分重点班，55.14% 的初中生表示学校没有分重点班；在城市学校，14.59% 的初中生需要上竞赛班，64.32% 的初中生不需要上竞赛班。可以看到的是，城市学校对于禁止开设重点班的制度遵守较好，而农村学校违规情况较为严重。

综上调查表明，安徽省义务教育学段学生课业负担适度，但初中段学生学业负担较重，尤其是合肥市初中生和农村学校初中生。为了进一步印证结论，本着方便取样的原则，对合肥市及所辖县的初中教师和学生进行深度访谈。城市师生普遍反映，合肥地区的升学压力较大，学校普遍过度重视考试，家长则过度关注分数是造成合肥地区初中段学生课业负担尤其严重的主要原因。农村师生大多反映师资力量不足，家长指导不够，学生基础差是造成农村学校初中段学生课业负担尤其严重的主要因素。

（三）安徽省义务教育阶段学生的家庭压力情况

1. 安徽省义务教育学段学生的家庭压力处于合理区间

本次监测结果发现，家庭压力指数 ABI（H）= 0.342 < 0.5，可以认为安徽省

义务教育学段学生的家庭压力适度，但小学段和初中段家庭压力有显著差异。其中，小学段学生家庭压力指数 ABI（PH）= 0.294，初中段学生家庭压力指数 ABI（JH）= 0.342，相对于小学段，初中段的家庭压力指数有所偏高。

表 19　义务教育阶段学生的家庭压力指数

课业负担	全部	小学段	初中段	P
家庭压力（H）	0.308 ± 0.220	0.294 ± 0.215	0.342 ± 0.229	0.000***

2. 小学段学生家庭压力情况

虽然监测数据显示小学段学生家庭压力处于合理水平，但仍然存在一定的家庭压力，这里的家庭压力多是与家长给孩子报名各种课外补课、辅导机构和额外给孩子布置家庭作业造成的。

（1）课外补课及辅导情况

监测数据显示，53.57% 的小学生家长会给孩子报名各种课外补课及辅导，其中，有 31.68% 的家长偶尔会让孩子参加补课及辅导，17.90% 的家长是经常让孩子参加课外补课及辅导，仅有 3.99% 的家长选择经常让孩子参加课业补课及辅导，值得表扬的是，有 46.43% 的家长坚持不让孩子参加课外补课及辅导。如图 15 所示。

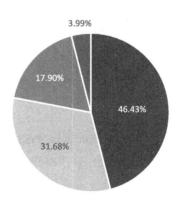

■ 从不　■ 偶尔　■ 经常　■ 非常频繁

图 15　小学段学生课外补课情况

从地区分布来看，在合肥地区，有 46.70% 的家长选择从不给孩子报名任何补习班，但仍有 53.30% 的家长选择让孩子参加各种补课及辅导，其中，有 30.71% 的家长偶尔让孩子参加课外补课及辅导，19.80%的家长经常让孩子参加补课及辅导，2.79%的家长非常频繁地让孩子参加各种补课及辅导。在其他地区，有46.33%的家长选择从不给孩子报名任何补习班，但仍有53.67%的家长选择让孩子参加各种补课及辅导，其中，有32.01%的家长偶尔让孩子参加课外补课及辅导，17.26%的家长经常让孩子参加补课及辅导，4.40%的家长非常频繁地让孩子参加各种补课及辅导。数据显示，合肥地区和其他地区都有53%以上的家长选择让孩子参加补课及辅导，对比数据发现，合肥地区和其他地区差异不显著。

从学校所在区域来看，城市学校中，58.90%的家长选择让孩子参加课外补课及辅导，其中，有33.30%的家长偶尔让孩子参加课外补课及辅导，20.44%的家长经常让孩子参加补课及辅导，5.16%的家长非常频繁地让孩子参加各种补课及辅导。相比城市学校，农村学校的补课情况相对较好，有54.80%的家长选择让孩子参加课外补课及辅导，其中，有29.14%的家长偶尔让孩子参加课外补课及辅导，13.91%的家长经常让孩子参加补课及辅导，2.15%的家长非常频繁地让孩子参加各种补课及辅导。

表20　小学段学生课外补课及辅导情况的百分比量表

单位/%

样本分布	从不	偶尔	经常	非常频繁
小学段	46.43	31.68	17.90	3.99
合肥地区	46.70	30.71	19.80	2.79
其他地区	46.33	32.01	17.26	4.40
城市学校	41.10	33.30	20.44	5.16
农村学校	54.80	29.14	13.91	2.15

（2）课外作业[1]情况

监测数据显示，在小学段，有74.64%的家长会选择给孩子布置课外作业，其中有55.25%的家长偶尔给孩子布置课外作业，16.36%的家长经常给孩子布置课外作业。值得注意的是，3.03%的家长非常频繁地给孩子布置课外作业。如图16所示。

从地区分布来看，在合肥地区，75.38%的小学生家长会给孩子布置课外作业，其中，56.35%的家长偶尔给孩子布置课外作业，15.48%的家长经常给孩子布置课外作业，值得注意的是，3.55%的家长非常频繁地给孩子布置课外作业。在其他地区，布置课外作业的情况略有降低，74.37%的小学生家长会给孩子布置课外作业，其中，

1　本文的课外作业是指学生家庭自行安排布置的课外作业。

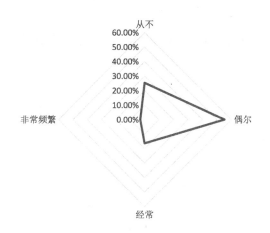

图 16　小学段学生课外作业情况

54.87% 的家长偶尔给孩子布置课外作业，16.65% 的家长经常给孩子布置课外作业，值得注意的是，2.85% 的家长非常频繁地给孩子布置课外作业。

从学校所在区域来看，城市学校中，77.45% 的家长或多或少会给孩子布置课外作业，其中，56.69% 的家长偶尔给孩子布置课外作业，17.49% 的家长经常给孩子布置课外作业，值得注意的是，3.27% 的家长非常频繁地给孩子布置课外作业。在农村学校中，70.20% 的家长或多或少会给孩子布置课外作业，其中，52.98% 的家长偶尔给孩子布置课外作业，14.57% 的家长经常给孩子布置课外作业，值得注意的是，2.65% 的家长非常频繁地给孩子布置课外作业。

表 21　小学段学生课外作业情况的百分比量表

单位 /%

样本分布	从不	偶尔	经常	非常频繁
小学段	25.37	55.25	16.36	3.03
合肥地区	24.62	56.35	15.48	3.55
其他地区	25.63	54.87	16.65	2.85
城市学校	22.55	56.69	17.49	3.27
合肥地区	29.80	52.98	14.57	2.65

3. 初中段学生家庭压力情况

监测数据显示，初中段学生家庭压力高于小学段，且差异显著，主要是由于初中段学生面临升学压力，为提高成绩，多数家长选择课外给孩子报名各种课外补习班和额外给孩子布置任务。

（1）课外补课及辅导情况

监测数据显示，72.50% 的初中生家长会给孩子报名各种课外补课及辅导，其中，有 31.91% 的家长偶尔会让孩子参加补课及辅导，30.28% 的家长是经常让孩子参加课外补课及辅导，值得注意的是，有 10.31% 的家长选择非常频繁地让孩子参加课业补课及辅导，仅有 27.50% 的家长坚持不让孩子参加课外补课及辅导。如图 17 所示。

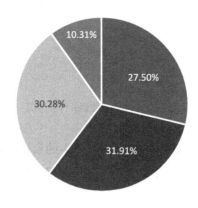

■ 从不 ■ 偶尔 ■ 经常 ■ 非常频繁

图 17　初中段学生课外补课情况

从地区分布来看，在合肥地区，仅有 26.09% 的初中生家长选择从不给孩子报名任何补习班，但仍有 73.91% 的家长选择让孩子参加各种补课及辅导，其中，有 21.74% 的家长偶尔让孩子参加课外补课及辅导，32.61% 的家长经常让孩子参加补课及辅导，19.57% 的家长非常频繁地让孩子参加各种补课及辅导。在其他地区，有 27.75% 的家长选择从不给孩子报名任何补习班，但仍有 72.25% 的家长选择让孩子参加各种补课及辅导，其中，有 33.72% 的家长偶尔让孩子参加课外补课及辅导，29.87% 的家长经常让孩子参加补课及辅导，8.67% 的家长非常频繁地让孩子参加各种补课及辅导。数据显示，合肥地区和其他地区都有 73% 以上的家长选择让孩子参加补课及辅导，对比数据发现，合肥地区和其他地区差异不显著。

从学校所在区域来看，城市学校中，80.00% 的初中生家长选择让孩子参加课外补课及辅导，其中，有 29.73% 的家长偶尔让孩子参加课外补课及辅导，35.95% 的家长经常让孩子参加补课及辅导，14.32% 的家长非常频繁地让孩子参加各种补课及辅导。相比城市学校，农村学校的补课情况相对较好，有 61.00% 的家长选择让孩子参加课外补课及辅导，其中，有35.27%的家长偶尔让孩子参加课外补课及辅导，21.58%的家长经常让孩子参加补课及辅导，4.15%的家长非常频繁地让孩子参加各种补课及辅导。

表22　初中段学生课外补课情况的百分比量表

单位 /%

样本分布	从不	偶尔	经常	非常频繁
初中段	27.50	31.91	30.28	10.31
合肥地区	26.09	21.74	32.61	19.57
其他地区	27.75	33.72	29.87	8.67
城市学校	20.00	29.73	35.95	14.32
农村学校	39.00	35.27	21.58	4.15

（2）课外作业情况

监测数据显示，在初中段，63.01%的家长会选择给孩子布置课外作业，其中有47.46%的家长偶尔给孩子布置课外作业，12.44%的家长经常给孩子布置课外作业。值得注意的是，3.11%的家长非常频繁地给孩子布置课外作业。如图18所示。

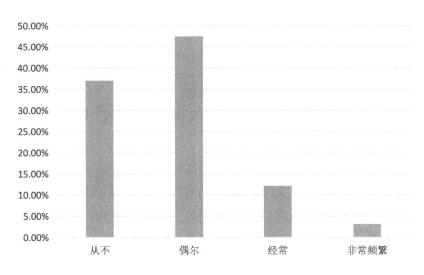

图18　初中段学生课外作业情况

从地区分布来看，在省会合肥地区，69.57%的初中生家长会给孩子布置课外作业，其中，56.52%的家长偶尔给孩子布置课外作业，9.78%的家长经常给孩子布置课外作业，3.26%的家长非常频繁地给孩子布置课外作业。在其他地区，布置课外作业的情况略有降低，61.85% 的小学生家长会给孩子布置课外作业，其中，45.86% 的家长偶尔给孩子布置课外作业，12.91% 的家长经常给孩子布置课外作业，3.08% 的家长非常频繁地给孩子布置课外作业。

从学校所在区域来看，城市学校中，32.97% 的家长从不给孩子布置课外作业，67.03% 的家长或多或少会给孩子布置课外作业，其中，50.27% 的家长偶尔给孩子布置课外作业，12.97% 的家长经常给孩子布置课外作业，非常频繁地给孩子布置课外作业的家长占 3.78%。在农村学校中，43.15% 的家长从不给孩子布置课外作业，56.85% 的家长或多或少会给孩子布置课外作业，其中，43.15% 的家长偶尔给孩子布置课外作业，11.62% 的家长经常给孩子布置课外作业。城市学校的家长布置课外作业的比例高于学校，课题组认为，这与城市孩子父母重视教育，而农村孩子父母多在外忙碌，无暇关注孩子学习有关。

表 23　初中段学生课外作业情况的百分比量表

单位 /%

样本分布	从不	偶尔	经常	非常频繁
初中段	36.99	47.46	12.44	3.11
合肥地区	30.43	56.52	9.78	3.26
其他地区	38.15	45.86	12.91	3.08
城市学校	32.97	50.27	12.97	3.78
合肥地区	43.15	43.15	11.62	2.07

（四）安徽省义务教育阶段学生课业负担的个体感受

1. 家长眼中孩子的课业负担情况

本次监测结果发现，家长视角下学生课业负担的主观感受指数 ABI（F）= 0.460 < 0.5，可以认为多数家长认为学生课业负担适度，但小学段和初中段家庭压力有显著差异，其中，小学段主观感受指数 ABI（PF）= 0.414，初中段 ABI（JF）= 0.576。相对小学段的课业负担，多数家长认为初中段学生课业负担更重。

表 24　义务教育阶段学生课业负担的主观感受值

课业负担	全部	小学段	初中段	P
学生主观感受（F）	0.460 ± 0.248	0.414 ± 0.238	0.576 ± 0.234	0.000***

2. 小学段家长眼中孩子的课业负担情况

（1）面对考试情绪

监测结果显示，在小学段，仅有36.19%的家长觉得孩子在考试前不会感觉紧张，63.81%的家长觉得孩子面对考试感到紧张，其中，有12.49%的家长觉得孩子每次在考试前都会感觉紧张，9.08%的家长觉得孩子经常感觉紧张，42.24%的家长觉得孩子偶尔感觉紧张。如图19所示。

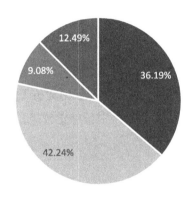

■ 不紧张 ■ 偶尔感觉紧张 ■ 经常感觉紧张 ■ 每次都很紧张

图19　小学段学生面对考试的紧张程度

从地区分布来看，在省会合肥地区，65.48%的家长觉得孩子面对考试感到紧张，其中，有13.20%的家长觉得孩子每次在考试前都会感觉紧张，10.15%的家长觉得孩子经常感觉紧张，42.13%的家长觉得孩子偶尔感觉紧张，仅有34.52%的家长觉得孩子在考试前不会感觉紧张。在其他地区，63.24%的家长觉得孩子面对考试感到紧张，其中，有12.25%的家长觉得孩子每次在考试前都会感觉紧张，8.71%的家长觉得孩子经常感觉紧张，42.28%的家长觉得孩子偶尔感觉紧张，仅有36.76%的家长觉得孩子在考试前不会感觉紧张。

从学校所在区域来看，城市学校中，有64.91%的小学生家长觉得孩子面对考试感到紧张，其中，有12.22%的家长觉得孩子每次在考试前都会感觉紧张，10.12%的家长觉得孩子经常感觉紧张，42.57%的家长觉得孩子偶尔感觉紧张，仅有35.09%的家长觉得孩子在考试前不会感觉紧张。在农村地区，有62.09%的小学生家长觉得孩子面对考试感到紧张，其中，有12.91%的家长觉得孩子每次在考试前都会感觉紧张，

7.45% 的家长觉得孩子经常感觉紧张，41.72% 的家长觉得孩子偶尔感觉紧张，仅有 37.91% 的家长觉得孩子在考试前不会感觉紧张。

表 25　小学段学生面对考试紧张程度的百分比量表

单位 /%

样本分布	每次都很紧张	经常感觉紧张	偶尔感觉紧张	不紧张
小学段	12.49	9.08	42.24	36.19
合肥地区	13.20	10.15	42.13	34.52
其他地区	12.25	8.71	42.28	36.76
城市学校	12.22	10.12	42.57	35.09
合肥地区	12.91	7.45	41.72	37.91

（2）个体感受

本次监测结果显示，11.33% 的小学生家长感觉孩子的课业负担很重，37.80% 的小学生家长感觉较重，41.15% 的小学生家长感觉较轻，9.72% 的小学生家长感觉学业负担很轻。如图 20 所示。

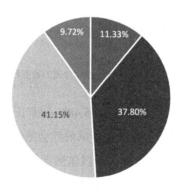

■很重　■较重　■较轻　■很轻

图 20　小学段学生家长眼中孩子的课业负担情况

从地区分布来看，在合肥地区，11.06% 的家长感觉小学生课业负担很重，39.09% 的家长感觉小学生课业负担较重，40.25% 的家长感觉小学生课业负担较轻，9.59% 的家长感觉小学生课业负担很轻。其他地区中，11.75% 的家长感觉小学生课业负担很重，35.76% 的家长感觉小学生课业负担较重，42.55% 的家长感觉小学生课业负担较轻，9.93% 的家长感觉小学生课业负担很轻。省会城市学生的负担明显高于其他地区。

从学校所在区域来看，城市学校中，14.47% 的家长感觉小学生课业负担很重，38.83% 的家长感觉小学生课业负担较重，36.04% 的家长感觉小学生课业负担较轻，10.66% 的家长感觉小学生课业负担很轻。农村学校中，10.27% 的家长感觉小学生课业负担很重，37.45% 的家长感觉小学生课业负担较重，42.88% 的家长感觉小学生课业负担较轻，9.40% 的家长感觉小学生课业负担很轻。

表 26　小学段学生家长眼中孩子的课业负担情况的百分比量表

单位 /%

样本分布	很重	较重	较轻	很轻
合肥地区	11.06	39.09	40.25	9.59
其他地区	11.75	35.76	42.55	9.93
城市学校	14.47	38.83	36.04	10.66
合肥地区	10.27	37.45	42.88	9.40

3. 初中段学生家长眼中孩子的课业负担情况

（1）面对考试情绪

监测结果显示，在初中段，仅有 19.97% 的家长觉得孩子在考试前不会感觉紧张，80.03% 的家长觉得孩子面对考试感到紧张，其中，有 21.11% 的家长觉得孩子每次在考试前都会感觉紧张，20.62% 的家长觉得孩子经常感觉紧张，38.30% 的家长觉得孩子偶尔感觉紧张。如图 21 所示。

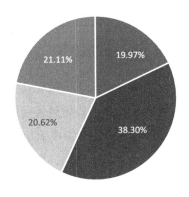

■ 不紧张 ■ 偶尔感觉紧张 ■ 经常感觉紧张 ■ 每次都很紧张

图 21　初中段学生面对考试的紧张程度

从地区分布来看，在合肥地区，79.35%的家长觉得孩子面对考试感到紧张，其中，有22.83%的家长觉得孩子每次在考试前都会感觉紧张，22.83%的家长觉得孩子经常感觉紧张，33.70%的家长觉得孩子偶尔感觉紧张，仅有20.65%的家长觉得孩子在考试前不会感觉紧张。在其他地区，80.15%的家长觉得孩子面对考试感到紧张，其中，有20.81%的家长觉得孩子每次在考试前都会感觉紧张，20.23%的家长觉得孩子经常感觉紧张，39.11%的家长觉得孩子偶尔感觉紧张，仅有19.85%的家长觉得孩子在考试前不会感觉紧张。

从学校所在区域来看，城市学校中，有81.35%的小学生家长觉得孩子面对考试感到紧张，其中，有21.62%的家长觉得孩子每次在考试前都会感觉紧张，22.70%的家长觉得孩子经常感觉紧张，37.03%的家长觉得孩子偶尔感觉紧张，仅有18.65%的家长觉得孩子在考试前不会感觉紧张。在农村地区，有78.01%的小学生家长觉得孩子面对考试感到紧张，其中，有20.33%的家长觉得孩子每次在考试前都会感觉紧张，17.43%的家长觉得孩子经常感觉紧张，40.25%的家长觉得孩子偶尔感觉紧张，仅有21.99%的家长觉得孩子在考试前不会感觉紧张。

表27　初中段学生面对考试的紧张程度的百分比量表

单位 /%

样本分布	每次都很紧张	经常感觉紧张	偶尔感觉紧张	不紧张
初中段	21.11	20.62	38.3	19.97
合肥地区	22.83	22.83	33.70	20.65
其他地区	20.81	20.23	39.11	19.85
城市学校	21.62	22.70	37.03	18.65
农村学校	20.33	17.43	40.25	21.99

（2）个体感受

根据调查结果显示，77.57%的初中生学生家长认为孩子的课业负担很重或较重，22.42%的初中生家长认为孩子的课业负担较轻或很轻，这与目前初中生的学习压力非常吻合。其中，27.82%的家长认为课业负担很重，49.75%的家长认为课业负担较重，19.64%的家长认为课业负担较轻，而2.78%的家长却认为课业负担很轻。如图22所示。

从地区分布来看，在合肥地区中，84.78%的初中生家长认为孩子课业负担很重或较重。其中，38.04%的家长认为课业负担很重，46.74%的家长认为课业负担较重，仅有 15.22% 的家长不认为课业负担重。在其他城市中，76.30% 的初中生家长认为孩子的课业负担很重或较重，其中，26.01% 的家长认为课业负担很重，50.29% 的家长认为课业负担较重，仅有 23.70% 的家长不认为课业负担重。由此，从家长的视角可以看出，相比其他城市，合肥市初中生有比较高的课业负担。

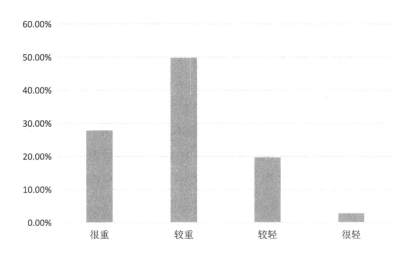

图 22　初中段学生家长眼中孩子的课业负担情况

从学校所在区域来看，在农村学校中，76.35% 的初中生家长认为孩子的课业负担很重或较重，其中，21.99% 的家长认为课业负担很重，54.36% 的家长认为课业负担较重，仅有 23.65% 的家长不认为课业负担重。在城市学校中，78.38% 的初中生家长认为孩子的课业负担很重或较重，其中，31.62% 的家长认为课业负担很重，46.76% 的家长认为课业负担较重，仅有 21.62% 的家长不认为课业负担重。由此，从家长的视角可以得出，相较于农村学校，城市学校的初中生的课业负担略高于农村学校。

表 28　初中段学生家长眼中孩子的课业负担情况百分比量表

单位 /%

样本分布	很重	较重	较轻	很轻
合肥地区	38.04	46.74	13.04	2.17
其他地区	26.01	50.29	20.81	2.89
城市学校	31.62	46.76	19.19	2.43
农村学校	21.99	54.36	20.33	3.32

（五）课业负担、家庭压力和家长主观感受三者的关系

本调查进一步分析了家长的主观压力感受与学生课业负担及家庭压力之间的关系。结果发现，家长的主观压力感受受到学生课业负担和家庭压力的双重影响，学校课业负担影响较大。

调查者以家长的主观感受为因变量，学生课业负担、家庭压力为自变量进行回归分析。回归分析形成一个回归方程模型。结果显示，该模型的校正 R^2 值为 0.208，说明自变量可以解释因变量变异的 20.8%；F 值为 285.086（P<0.001），说明回归效果显著。表明家长的主观感受与学校课业负担、家庭压力之间存在显著线性相关关系。回归模型中，的回归系数是：自变量学校课业负担的回归系数是 0.784. 家庭压力的回归系数为 0.146，各回归系数的 t 值的相伴概率均小于 0.001，该回归方程为：主观感受 =0.784* 学校课业负担 +0.146* 家庭压力 +0.083。同样说明了学校课业负担、家庭压力与家长主观感受显著相关，其中，学校课业负担对家长的主观压力感受影响较大。

表 29　学校课业负担、家庭压力对家长主观感受的回归分析

因变量	自变量	校正 R^2	F	非标准系数	t	常量	t
主观感受	学校课业负担	0.208	285.086***	0.784	20.730***	0.083	4.982***
	家庭压力			0.146	6.607***		

四、对策与建议

数据分析显示，安徽省义务教育学段学生课业负担水平（ABI 指数）总体适中，但存在学段差异和城乡差异，初中段学生的课业负担均高于小学段，农村学校的学生课业负担高于城市学校，而城市学校的家庭压力明显高于农村学校。差异背后依然存在诸多办学行为不规范问题，如学生在校上课时间偏长、体育锻炼时间不足、书面作业多、课外补课现象较普遍、考试成绩知晓度较高，部分学校依旧划分重点班和非重点班（或快慢班）等。切实规范办学行为减轻课业负担，需要学校、家长和社会各界进行全方位、多层次考量，相互配合共同努力，落实到义务教育全过程，促进学生健康快乐成长。

（一）转变教育观念，进一步规范办学行为

根据监测数据显示，67% 以上的小学生和 96% 以上的初中生在校上课时间超标，80% 以上的中小学生阳光体育锻炼时间不足规定，65% 以上的小学生和 75% 以上的初中生的教师在班级公布学生考试成绩。义务教育阶段诸多学校的课业负担多是由于学校办学行为不规范，教育行政部门监管不力所致。因此，教育行政部门和学校应以学生发展为本，按照教育规律和学生身心发展规律办学，尝试从相关教学改革、管理、评价等政策和制度进行设计，深入探索规范办学行为减轻学生课业负担的长效机制，形成政府统筹、部门协同、教育为主、学校负责、家庭配合、社会支持的保障机制。如建立学校教学活动安排公示制度，以及减负监测、公告及问责制度和家校联动机制，切实规范学校办学行为等，有效解决学生在校上课时间长、体育锻炼时间不足、书面家庭作业多，以及学校设置重点班等不规范的办学行为问题。

（二）深化教学改革，有效提升学生核心素养

《安徽省规范办学行为减轻学生课业负担改革实施方案》中明确规定：小学生在校活动时间不超过 6 小时，初中生在校活动时间不超过 7 小时。但实际调查结果却与之大相径庭，部分小学中、高年级学生早晨要提前到校上早读课，下午放学后也会参加晚自习，在校活动时间远远超过 6 小时，其中，67.42% 的小学生在校上课时间远远超过 6 小时，而初中阶段这一现象更为严重，96.73% 的初中生在校学习时间超过 7 小时。课堂教学始终是教育教学的主阵地，也是造成学生过重课业负担的主要因素，因此，要实现学生"减负"就必须要向课堂要"效率"。学校推进的教学改革要以提升学生的核心素养为基础，将核心素养融入课程标准，并基于此改进课程实施，推进教师培训，指导教学改革。首先，学校应在相关政策制度和理论研究导引下，深化课程改革，创新教育教学方式，探索学科教学"减负增效"的课堂教学模式，进一步提升教学质效。其次，教师应积极参加培训，更新教学观念，提升课堂教学能力，引导学生自主探究学习，使课堂氛围活跃起来，提高课堂教学效率，以减轻课业负担。同时，教师还应采用分层作业模式，要根据本班学生的实际，对作业的内容灵活处理。根据本班学生的差异状况布置不同内容的作业，如数学学科的课后作业，可布置困难学生一题一解，优秀生一题多解，一题多变。通过作业改革，减轻学生过重的课业负担，激发学生完成作业的乐趣。

（三）创新合作模式，强化家校教育协同

数据显示，家长在课外给孩子报各种课外补课和辅导机构以及布置家庭作业的情况较为普遍，其中，在小学段有 53.57% 的家长会给孩子报课外补课和辅导机构，在初中段更为严重，这一比例高达 72.50%；在小学段有 74.64% 的家长在课外为孩子额外布置家庭作业，在初中段，部分家长由于教育能力有限，无力辅导孩子作业而更多选择送孩子去课外补课和辅导机构，所以这一比例有所下降，为 63.01%。过重的家庭压力同样会影响孩子的身心健康和全面发展，为此，必须加强家校协同合作，倡导理性家庭教育，切莫让校外"增负"对冲校内"减负"。

各级教育行政部门和学校要积极引导家长树立正确的家庭教育观，规范家庭教育行为，营造良好的家庭教育环境；要通过家长会、家长委员会、家长学校等多种教育活动形式，增强学校与家长间的联系和互动，加强家校协同合作。倡导理性家庭教育，家长要与孩子多沟通，与学校多联系，通过多种方式了解孩子的学习情况和校内生活状况；在充分了解孩子的基础上，与孩子一起制定学习目标，制定科学的学习计划，鼓励和督促孩子按计划认真执行；家长要了解更多关于孩子心理发展方面的知识，掌握一些缓解心理压力、疏导焦虑情绪的方法，在孩子有过重的心理压力应及时地进行疏导。

（四）科学规划设计，完善课业负担监测体系

经过持续 5 年的监测，安徽省义务教育阶段学生课业负担监测体系已初步形成，但仍存有诸多不完善的问题。例如，在本年度监测中，网络问卷覆盖面不够均衡，合肥及周边地区偏多，在回收的 6492 份问卷中，合肥地区就有 1458 份，占比 22.46%。而且问卷的编制偏重学校课业负担，在家长卷设置的 19 道题目中，涉及家庭压力和学生主观感受内容偏少。今后应该采用区域布点，进一步扩大参与面，加强省、市、校三级课业负担评测网络平台的建设，定点采样，提高调查的信度与广度；在实现问卷全覆盖的同时，还要优化问卷内容，合理设置与家庭压力、学生主观感受相关的监测指标，积极引导理性的家庭教育，促进家庭教育和学校教育科学协同发展。

（2017 年 2 月）

合肥市教育科学规划课题成果集中鉴定评审总结报告*

项目来源：合肥市教育科学研究院课题委托评审
时　　间：2017 年 10 月
成果形式：总结报告

2017 年 10 月 20 至 21 日，2017 年合肥市教育科学规划课题成果集中鉴定评审会在合肥师范学院举行。本次评审会是由合肥市教育局通过第三方评价的方式，全面委托安徽省基础教育改革与发展协同创新中心对近三年合肥市教育科学规划课题进行成果鉴定，课题涉及学前教育、中小学全部学科和学校管理等多项领域，共计 136 项。

一、评审组织

合肥市教育局与合肥师范学院均高度重视本次评审工作，双方通过多轮协商，不断优化评审方案，并提前研判评审中将会出现的问题，提出相应的预案与对策。合肥师范学院成立了以副校长曹卓良教授为组长的评审工作组，并在全校动员相关基础教育学科和学校管理领域的主要专家参与本次评审，基础教育改革与发展协同创新中心和教师教育学院具体负责组织评审。

经过认真研究，本次评审共邀请了 34 位来自高校、科研院所和中小学校的专家和一线教师来组建评审团队。所有的专家被分为 9 个评审小组和 1 个督察组，督察组由合肥师范学院副校长曹卓良、合肥市教科院副院长费维重和合肥师范学院科研处处长王子迎等组成，主要负责对评审工作监督与指导，确保评审过程的公平、公正；9 个评审小组则根据学科、学段划分，并依据课题量设立组长 1 名，组员 3 至 5 人，其中同行专家不少于 2 人。另外，安排了 10 名合肥师范学院 2017 级教育硕士研究生作为每个评审小组的评审秘书，承担评审材料的整理工作。评审前召开专门会议，统一了评审标准，强化了纪律要求。

---

* 此为钱立青作为项目负责人在 2017 年合肥市教育科学研究项目总结会上发言材料。

二、评审结果

督察组首先开展了形式审查，对申报的 136 项课题材料逐一检查与核对，形成并向合肥市教育局提交了《合肥市教育科学规划课题成果集中鉴定形式审查问题清单》，最终对其中 3 项申报结项资料不全的课题作出了暂不进行评审的决定。

评审中各评审小组依据《合肥市教育科学规划课题结题鉴定参考评分表》，本着"公平、公正、规范、从严"的原则，采用"逐一审阅、共同评议"的方式，对所有申报成果鉴定材料进行认真地集中鉴定。评审专家通过审阅课题材料，在互相讨论沟通的基础上，统一评审尺度，严格打分，并针对不同课题提出意见和建议，最后由评审小组组长形成评审组的集体鉴定意见，确保了评审质量。经各位专家的认真评审，针对 133 项市教育科学规划课题分别予以量化赋分，评审定等，其中优秀等次 20 项，占评审总数的 15.84%，良好等次 43 项，占 32.33%，合格等次 60 项，占 45.11%，不合格等次 10 项，占 7.52%。总体通过率为 92.48%。每项课题都撰写了 400 字左右的评审意见，作出具体的评审与指导。

三、总体情况

从提交的研究资料和研究成果来看，评审的 133 项课题研究总体情况良好，绝大部分的课题目标定位比较适切，主体内容条理清楚，研究方法合理得当，研究路线设计科学有序，报告框架结构注重逻辑性，突出问题意识，形成了一大批具有一定的学术价值和实践价值的成果。具体表现在以下几个方面：

（一）选题依据

从研究取向上看，大多数课题都能够以教育教学改革发展中的理论与实践问题为主要研究内容，结合本校实际和发展需求，突出学生发展，注重理论联系实际，注重解决学科教学和教育管理中的实际问题，注重研究成果的实践应用。大多数课题研究目标较为明确，研究思路正确，研究框架较合理，研究方法可行，能够做到理论与实际相结合，并取得了一定的研究成效，在一定程度上达到了预期的研究目标。

（二）研究过程

多数课题研究过程扎实、实施方法方式多样，能够按照课题设计要求，完成研究任务，体现了中小学教育科研的实践性、应用性和基础性。如课题《家校互动微课堂的实践研究》，各项研究过程性材料呈现较为完整、规范，能够展示课题研究的过程、成果和应用价值，创设形式多样的家校合作模式，开发了"菜单式"家校互动微课堂体系，课程内容涉及小学生成长的方方面面，充分发挥了家长的能动性。

（三）研究方法

大多数课题能够结合实际，依据研究设计，创新研究方法，充分运用问卷法、观察法、行动研究法等开展课题研究，保证了课题研究的针对性、实效性。如课题《包河区小学语文微课整体研发与应用研究》围绕合肥市包河区语文课程资源开发现状和语文教学实际，提出了微课研发、设计、制作及应用的系列实施方案，课程内容全面涉及小学语文教学，具有较强的针对性、新颖性、实效性和推广性。

（四）研究态度和学术规范

从研究态度和学术规范上看，大多数课题的研究人员态度端正、作风严谨，能够结合本校特点、本岗位工作和学生发展需求，开展课题研究。研究过程规范，开题报告、中期报告和结项报告完善。大多数课题研究者具备了一定的学术研究基本素养，文本体例大多能做到标准统一，格式规范。文字表达简洁流畅，图表结合，引据准确。研究过程、研究方法和成果展示，都在不同程度体现了课题研究的学术规范性，彰显了教育一线教师较高水平的教育科研素质。如课题《小学中高年级书法教学中技能与兴趣同步培养的实践研究》，将书法技能训练与兴趣培养有机结合起来，整体思考，注重过程性研究，规范师生要求，既提高了学生的书法技能，又有效激发了学生的书法兴趣，拓展了学生的语文生活空间，学生、教师都获得了诸多奖项，实践性成果丰硕。

（五）研究成果

绝大多数课题能遵循课题申报要求，保质保量完成研究任务，不少项目研究硕果累累，质量较高，形势喜人。在成果的呈现方式上也是多种多样，不拘一格，主要运用研究论文、画册、校本教材、光盘等手段呈现，很好地体现出基础教育科研的实践性、应用性和丰富性。

四、存在的问题与建议

（一）存在的不足

在课题研究总体情况良好的前提下，评审组仍然发现了一定的不足和问题。

（1）部分研究课题题目过大，研究目的设定宽泛，研究对象比较笼统，导致课题的核心概念不清，对研究主题挖掘不深，以至于最终研究成果不明显，成果质量不高。

（2）部分课题的研究理论论证和分析依据不足，理论对实践的指导意义不够，少数课题对研究涉及的基本理论理解不透，导致研究成果极具工作总结取向，而非真正意义上的研究报告。

（3）部分课题研究目标与研究内容吻合度不高，研究结果和研究目标需要进一步提高其关联度。

（4）有些课题研究提供的实践性做法、实作性成效较多，缺乏对研究过程的总结和成果提炼，更忽视了发掘已有研究成果的可推广、可示范的价值。

另外，还有少数课题研究存在研究方法简单，研究内容空泛，研究成果呈现单一，实践应用价值不高的现象，研究者缺乏基本的学术规范，甚至这些课题材料完全是一种资料堆积，没有梳理与归纳，可谓为结题而结题。

（二）提出的建议

针对以上课题研究中存在的问题，评审组从全市教育科研发展和教师专业发展的角度，给广大教师在今后申报与研究课题方面提出了一些建议：

（1）课题申报环节上要结合本区域、本校的实际和发展需求，以教育教学改革发展中实际问题为导向确定课题。课题研究不要求大求全，研究范围要重点突出，展现团队的自身研究优势。研究的切口大小要适当，充分考虑其可行性，便于1~2年周期内完成。

（2）要处理好理论与实践关系。基于选题要多查阅文献，学习相关理论，加强理论对实践的指导。建议形成U-S组合协同研究，由高校教师来强化理论的指导，而一线教师重在实践中创新。

（3）合理选择研究方法，课题应根据研究内容来设计科学合理的研究方案，确定具体的研究方法，可结合运用问卷法、观察法、行动研究法等多元研究方法开展课题研究。

（4）在学术规范方面应加强培训，对科研骨干教师组织安排学习如何撰写研究报告，如何设定和表述项目目的、研究内容以及如何设计研究路径等，进一步提高一线教师的科研水平，充分发挥教育科研在推进教育改革、指导教育实践、提高教育质量方面的作用。

（2017 年 10 月）

合肥市新优质学校创建包河、庐江两区县评估报告*

项目来源：合肥市第三批新优质学校创建工作评估论证
时　　间：2019年10月
成果形式：评估报告

一、新优质学校创建工作及成效

（一）领导重视，新优质学校创建列入区域重点工作

各地各校充分认识到创建新优质学校是市政府实施"三大提升工程"的重要举措之一，包河区和庐江县及各校的领导都高度重视，特别是庐江县以分管教育副县长亲自规划、指导新优质学校创建工作，给予试点学校人力物力最大的支持。三年来，两区县都投入创建资金，改善学校办学条件，校容校貌焕然一新。在创建过程中，各地教育局将新优质学校创建工作列入日常重点工作内容之一，发挥着重要的推动作用。

（二）明确定位，科学论证制定规划

参与创建的新优质学校大都是相对薄弱的学校。三年来，创建学校认真梳理学校办学的优势和劣势，理清办学思路，明确办学目标和学校核心价值理念，学校班子成员、教师、学生、家长、社会各界能形成共识，能凝心聚力，各校创建工作积极性高，校园环境建设、教育教学工作，周边群众对学校管理满意度都有明显的变化，社会各界反映良好，新优质学校创建效果明显，师生充满信心。各地教育主管部门认真组织开展新优质学校规划论证工作，从"专家库"抽取相关人员组成专家组，深入各试点学校，现场对创建发展规划进行论证和指导。基本按规划制定—公开论证—中期论证—终期论证—新一轮规划启动的程序强化新优质学校创建工作的落实。

---

* 2019年10月9至11日，由合肥师范学院基础教育改革与发展协同创新中心执行主任钱立青为组长、中国人民大学附中副校长孙江波、合肥市教育局督导办原主任杨书清、蜀山区政府督学吴保新、合肥市红星路小学校长朱清萍、合肥市莲花小学校长姚赛明月等组成的合肥市第三批新优质学校创建工作评估论证第四小组，前往包河、庐江两县（区）的9所创建试点学校进行了评估论证。此为评估总结报告，由钱立青执笔。

（三）问题导向，加强业务指导与学习交流

强化问题导向，对学校创建过程中进行督导，针对督导过程中发现的学校发展规划、课程建设、名师工作室、创新实验室建设等问题进行及时的指导，并协调解决创建过程中出现的各种新问题、新情况。各地除参加市教育局安排的各种学习交流外，还利用各种机会组织创建学校校长和项目负责人现场观摩学习，召开新优质学校创建工作现场交流会议和创建工作推进会。通过现场交流比较，形成了无形的推动力量。

庐江教育局在区县范围内筛选在学校文化建设、学科教研、教师发展、和谐师生关系、课程建设、评价改革等方面有专项研究并取得一定成果的同志进入专家库。组织本地"专家"对学校进行业务培训与指导。包河区积极与华东师范大学合作，成立专家指导团队，同时安排区内名校长作为本土专家全程指导全区"新优质学校"创建工作，定期调研创建推进情况，为创建提供方法指导与技术支持。对创建学校已经开展了期中督评。通过这种方式，学校发现了创建过程中存在的问题，深化了学校对创建工作的认识，更加丰富了新优质学校创建的内涵。

（四）评建结合，强化创建工作保障到位

三年来各地都借助创建新优质学校的东风，持续加大教育投入，强化教育保障。在新优质创建校硬件建设方面投入经费，在校园文化及师资队伍建设方面给予优先安排。通过改革创新、重点项目引领，不断促进学校内涵发展，区域教育获得了较快的发展。包河区还配套开展"发展性协商式"特色督导，调动每一所创建学校发展的积极性。把督导的要求与创建校的真实发展有机联系起来，这样的协商式督导，着眼于新优质学校的个性化发展，并把学校规划中的关键要素细化成目标进行考量，强化了创建过程中各项工作的落实。

二、主要问题与建议

（一）存在的问题与现象

（1）新优质学校创建中存在理念的泛化与项目的窄化问题。不少学校的创建理念与创建项目之间的关联性不强，项目定位大小不一，有的专题单一，有的包罗万象，创建成果的呈现上多全盘表达，无序罗列，一定意义上体现创建工作还缺少品质性

与精准性。

（2）部分名师工作室的示范与引领作用不明显，尤其对本学科以外的教师影响还是停留在初级阶段，属浅表性。特别是外区外校挂牌的名师工作室，其教研活动的常态性机制与规范都没有很好地落实。

（3）在创新实验室建设，最初的项目选择上存在视野与格局问题，有些学校设置的创新实验室只追求配置完备，既与创建工作关联性不大，更没发挥学生动手参与性，普及面也不足。有些最初的设置就不科学，如将心理健康室直接作为创新实验室，无法发挥创新实验室的真正意义的功用。

（4）地处农村的创建学校今后发展制约因素主要集中在教师队伍建设，目前教学的业务水平、年龄结构、学科结构都存在问题，稳定性和活力更为突出。

（5）评估工作自身问题是，参与评估的人员要对创建工作有一定的理解、研究与思考，一要统一厘清评估标准与边界，二是切实处理好新优质的专项评估与综合评估的关系。

（二）几点建议

（1）进一步加强对创建学校的专业指导与精准帮扶。新优质创建工作是一项内涵丰富且专业指向明确的工作，需要一定的专业精准指导。一是指导发展规划的研制，结合校本的发展基础、认清优势和起点，找准学校发展方向。二是定位自己的创建目标，如何提炼办学理念和主要实验项目。使创建目标更能切合学校实际，切合校情，阶段性目标与总体目标相吻合，创建措施更具体可行。三是过程指导，针对性提出问题与建议。四是技术性指导，包括资料整理、文本格式等。

（2）巩固创建成果，将新优质学校创建工作进一步引向纵深。以常规管理一日督导、发展性协商式等方式，从规范学校的办学行为，提高课堂教学质量等方面入手，开展长期和定期的督导，确保创建成果得到固化。同时以创建成果为新起点，继续制定新一轮的三年发展规划，确保创建工作的可持续发展。

（3）积极推进区域教育资源优化整合，发挥区县教育集团和学区联盟对新优质创建校的示范辐射作用。新优质学校创建工作的主体是学校，但教育主管部门也责无旁贷，既要主动做好服务工作，更要发挥推动引领作用。精细管理，强化创建工作全程指导。加强创建校间办学互动、资源共享，建立联动机制，特别是农村学校，要因地制宜，整合现有的资源与条件，促进创建校办学水平整体提升。

（4）加大政策支持，强化农村学校的教师队伍建设。对创建学校教师队伍建设实行一定的政策倾斜，鼓励区域内骨干教师到创建学校交流或支教。建议将一些名师工作室从过去的"配置"状态转向"扎根"状态。

（2019 年 11 月）

关于采纳《合肥市域城乡义务教育一体化学校创新发展与路径选择》的成果证明

合肥师范学院基础教育改革与发展协同创新中心：

为推进城乡义务教育一体化，促进全市义务教育优质均衡发展、中小学高质量发展，2019 年初，我局委托基础教育改革与发展协同创新中心钱立青主任为研究团队负责人，以新优质学校创建为例开展"城乡义务教育一体化改革发展"的相关研究。钱立青研究团队针对当前新优质学校创建的实际和区域教育资源现状，通过数据分析，提出了相应的建设性意见，并结合其主持的省高校人文社科研究重点项目"基于协同创新的省域统筹基础教育资源均衡配置问题研究"的相关成果，形成了《合肥市域城乡义务教育一体化学校创新发展与路径选择》的成果报告。报告图文并茂，数据翔实，观点清晰，对我市教育资源配置以及优质均衡发展的政策研制，具有一定的参考价值。其相关建议已经被 2019 年 4 月举办的"合肥市 2019 年城乡义务教育一体化暨中小学高质量发展推进会"采纳。

特此证明。

合肥市教育局
2019 年 6 月 25 日

附　录

附表 1 基础教育发展相关的研究项目（2014—2019 年）

项目来源与项目类别	项目名称	起讫时间	完成情况
安徽省哲学社会科学规划项目	公共政策视角下的安徽省基础教育资源均衡配置问题研究	2010.12—2016.11	已完成
安徽省教育科学规划项目	台湾基础教育研究	2014.04—2017.05	已完成
安徽省教育厅基础教育处委托项目	《义务教育阶段学生课业负担监测系统指标》研制	2015.01—2015.07	已完成
合肥市教育局委托项目	合肥市"十三五"教育事业发展规划编制研究报告	2015.01—2015.08	已完成
合肥市经开区事业发展局委托项目	合肥市经开区"十三五"教育发展规划研制	2015.06—2015.09	已完成
安徽省人民政府妇儿工作委员会委托项目	安徽省农村留守儿童心理健康与安全保护状况调研	2015.09—2016.01	已完成
合肥市西园新村小学委托项目	合肥市西园新村小学校本课程体系构建	2015.09—2016.07	已完成
合肥市香樟雅苑小学委托项目	合肥市香樟雅苑小学校本课程体系构建	2015.09—2016.07	已完成
皖新传媒集团委托项目	合作共建校园订阅号联盟	2015.09—2016.12	已完成
安徽省教育厅基础教育处委托项目	新型城镇化背景下义务教育发展问题研究	2015.12—2015.07	已完成
宁波状元郎电子科技有限公司委托项目	数字化校园系统技术开发	2016.09—2016.12	已完成
合肥市蜀山区教育体育局委托项目	蜀山区中小学校三年发展规划与章程审核	2016.10—2016.12	已完成
安徽华年教育科技有限公司委托项目	中小学教学常规管理系统开发	2016.10—2017.02	已完成
安徽省人民政府妇儿工作委员会委托项目	安徽省城乡社区儿童之家建设状况调研	2017.01—2020.05	已完成
安徽省人民政府妇儿工作委员会委托项目	安徽省托幼机构建设状况调研	2017.01—2020.05	已完成
安徽高校人文社会科学研究重点项目	基于协同创新的省域统筹基础教育资源均衡配置问题研究	2018.01—2020.12	已完成
安徽省教育厅精品线下开放课程	陶行知教育思想与实践	2018.06—2021.12	在研
安徽省高等学校质量工程教学研究重点项目	基于 U-S 协作的中小学经验性资源反哺师范生培养的探索	2019.11—2021.11	在研
安徽高校人文社会科学研究重点项目	U-G-S 协同机制下教师教育供给侧改革问题反思与发展路径探析	2019.12—2021.12	在研

附表 2 政府部门对部分研究成果的采纳证明（2014—2019 年）

成果名称	成果形式	采纳单位	采纳时间
关于《2014 年安徽省义务教育阶段学生课业负担监测报告》的采纳证明	监测报告	安徽省教育厅基础教育处	2014.12.26
《铭记·传承：安徽省中学校长暨教育督导干部研修班赴台湾铭传大学培训纪念》采纳证明	资料文本	安徽省教育厅外事处	2015.01.04
《中国安徽—澳大利亚北领地（2014）基础教育改革与发展交流文集》采纳证明	学术文集	安徽省教育厅外事处	2015.02.06
关于《南陵县教育质量监控体系建设的调研报告》的采纳证明	调研报告	南陵县教育局	2015.03.22
关于委托制定《义务教育阶段学生课业负担监测系统指标》的证明	调研报告	安徽省教育厅基础教育处	2015.07.10
关于开展"新型城镇化背景下义务教育发展问题研究"专题工作研究的委托函	调研报告	安徽省教育厅基础教育处	2015.07.10
合肥市"十三五"教育事业发展规划编制研究报告	研究报告	合肥市教育局	2015.08.10
关于采纳《蜀山区中小学校三年发展规划与章程审核意见》的函	调研报告	合肥市蜀山区教育体育局	2016.12.25
安徽省人民政府妇女儿童工作委员会办公室关于研究成果的采纳证明	调研报告	安徽省人民政府妇女儿童工作委员会办公室	2016.12.26
关于《2015 年安徽省义务教育阶段学生课业负担监测报告》中明光市样本单位采纳意见的函	监测报告	明光市教育体育局	2016.12.31
关于《中小学校长培训与专业化发展》的成果采纳证明	著作	安徽省教育厅教育管理干部培训指导中心	2018.06.28
关于采纳《师德建设长效机制建设的研究》的成果证明	研究报告	安徽省教育厅师资处	2018.11.19
关于《安徽省统筹推进城乡义务教育一体化改革发展的六点建议》采纳情况的函	调研报告	安徽省教育厅基础教育处	2018.12.31
关于《组建浮山中学教育集团可行性论证报告》采纳情况的函	论证报告	枞阳县教育体育局	2019.12.10
关于采纳《合肥市域城乡义务教育一体化学校创新发展与路径选择》的成果证明	调研报告	合肥市教育局	2019.06.25
关于《合肥市城乡义务教育集团化办学发展情况调研报告》采纳证明的函	调研报告	合肥市教育局	2019.12.20

参考文献

［1］王铁军.教育现代化论纲［M］.南京：南京师范大学出版社，1999.

［2］褚宏启.中国教育管理评论.第3卷［M］.北京：教育科学出版社，2005.

［3］孙培青.中国教育史［M］.上海：华东师范大学出版社，2000.

［4］熊贤君.中国近代教育行政史［M］.北京：人民教育出版社，2014.

［5］周俊.中小学管理案例教学［M］.北京：教育科学出版社，2004.

［6］殷爱苏，周川.校长与教育家［M］.福州：福建教育出版社，2004.

［7］褚宏启，杨海燕，等.走向校长专业化［M］.上海：上海教育出版社，2009.

［8］顾泠沅，毛亚庆.校长的十二项专业历练：义务教育学校校长专业标准解读［M］.北京：北京师范大学出版社，2015.

［9］钱立青.安徽基础教育发展评论.第1卷［M］.合肥：安徽大学出版社，2016.

［10］钱立青.安徽基础教育发展评论.第2卷［M］.合肥：安徽大学出版社，2017.

［11］钱立青.安徽省基础教育综合改革创新案例［M］.合肥：安徽大学出版社，2015.

［12］钱立青.安徽省基础教育发展报告·2016［M］.重庆：重庆大学出版社，2016.

［13］钱立青.中小学校长培训与专业化发展［M］.武汉：武汉大学出版社，2017.

［14］张义兵.美国的"21世纪技能"内涵解读：兼析对我国基础教育改革的启示［J］.比较教育研究，2012，（05）：86-90.

［15］钱立青.教师继续教育培训机构实行评估认定的探索性思考［J］.中小学教师培训，2005（11）：26-28.

［16］钱立青.问题为本：提高中小学校长培训绩效的教学模式变革［J］.中国教育学刊，2007（4）：37-39+64.

［17］钱立青，郑德新.省域统筹教育资源均衡发展研究［J］.中国教育学刊，2015（9）：55-58.

［18］吴昕春，陈明生，钱雯，吴秋芬，钱立青，李健."U-G-S"三方合作培养模式调研报告［A］.安徽省基础教育改革与发展协同创新中心.安徽基础教育研究（2015年第2期）［C］.安徽省基础教育改革与发展协同创新中心，2015：2.

［19］钱立青．城乡一体化视阈下的省域统筹义务教育资源均衡发展研究 [A]．安徽省教育厅、安徽省台办．第四届皖台基础教育论坛交流文集 [C]．安徽省教育厅、安徽省台办：安徽省基础教育改革与发展协同创新中心，2015：6．

［20］钱立青．共享与反哺：校长培训中学习者经验性资源开发 [A]．澳大利亚北领地教育部、安徽省教育厅．中国安徽—澳大利亚北领地（2014）基础教育改革与发展交流文集 [C]．澳大利亚北领地教育部、安徽省教育厅：安徽省基础教育改革与发展协同创新中心，2014：6．

［21］Laurence Tamatea,Satpinder Daroch,Gary Fry,Gretchen Geng, 许俊农，吴秋芬，刘乐群，房桂兵，王明云，刘春燕，陈莉，何任荣，张立恒，韦立君，王从戎，张秀明，郭玮，钱立青．NT–AH 基础教育发展创新主题沙龙专家互动问答 [A]．安徽省基础教育改革与发展协同创新中心．安徽基础教育研究 2016 年第 3 期（总第 15 期）[C]．安徽省基础教育改革与发展协同创新中心，2016：3．

［22］钱立青，晋玉，汪昌华．安徽省中小学生课业负担监测分析报告：以 2014 年度义务教育阶段学生评测为对象 [J]．合肥师范学院学报，2016（01）：37–43．

［23］钱立青，靳文．"名校 +"集团化办学促进城乡义务教育一体化发展研究：以合肥市为例 [J]．合肥师范学院学报，2020（02）：84–87．

［24］许丽英．教育资源配置理论研究 [D]．长春：东北师范大学，2007．

［25］范涌峰．我国基础教育变革的趋势及方法论转向 [J]．教育科学研究，2021（06）：18–24．

［26］罗士琰，张辉蓉，宋乃庆．基础教育改革与发展的中国模式探析 [J]．江西师范大学学报（哲学社会科学版），2020（01）：123–129．

［27］钱立青．机制创新：省域统筹城乡义务教育资源均衡发展的提升路径 [J]．合肥师范学院学报，2014（2）：36–39．

［28］杨小微，张秋霞．新时代我国基础教育改革的难点与对策 [J]．新疆师范大学学报（哲学社会科学版），2020（03）：79–90．

［29］姚永强．我国义务教育均衡发展方式转变研究 [D]．武汉：华中师范大学，2014．

［30］汤颖，邬志辉．新时期农村基础教育改革的困境与路径 [J]．当代教育与文化，2019（03）：58–63．

〔31〕程明喜 . 改革开放以来我国中小学教师培训课程价值取向研究 [D]. 长春：东北师范大学，2019.

〔32〕彭泽平，金燕 .70 年基础教育办学体制改革：基本特征与未来展望 [J]. 现代教育管理，2020（02）：32–39.

〔33〕钱立青 . 创新中小学校长培训机制的思路与策略 [J]. 中小学校长，2008（3）：38–39.

〔34〕钱立青 . 问题为本：干部培训模式的构建与教学实践 [J]. 中国培训，2007（3）：20–21.

〔35〕刘复兴 . 试论新时代我国基础教育的结构性变革 [J]. 教育研究，2018（10）：57–63.

〔36〕汤颖 . 农村基础教育改革的关键议题及其应对 [J]. 教育学术月刊，2020（01）：60–64.

〔37〕林丹，柳海民 . 渐进改革：当代中国基础教育改革路向的理性选择 [J]. 教育研究，2009（07）：26–32.

后 记

　　基础教育改革与发展协同创新中心作为新型智库,自立项建设以来,积极作为,聚集了一大批国内外专家学者,致力于区域基础教育的改革与发展,取得了丰硕的成果,产生了积极的社会影响。

　　2014年,为进一步提高专业化指导服务力度,协同创新中心牵头组建了基础教育发展创新团队,重点开展基础教育政策研究以及教育发展规划。6年来,在安徽省教育厅主管部门和合肥师范学院领导的关心下,在众多专家的智慧引领下,团队深入省内外260多所学校和教育机构开展调查研究,承担了40多项课题(含委托课题)研究或实践指导,提交了发展规划、研究报告、咨询建议等研究成果230多件(部),并通过多渠道进行转化,有些成果得到了地方政府部门和有关机构的采纳与推广。

　　根据"基础教育发展创新文库"建设的要求,现对相关研究成果归类整理,并以"协同创新:新型智库助推基础教育改革发展"为题进行结集出版。由于时间较紧,其中许多成果资料未经打磨,多以原生态形式呈现;尚有不少研究只是初步的探索与尝试,成果是初显的、阶段性的。随着时代的发展和教育改革的不断深化,必然还有许多规律等待我们去认识、去把握、去研究,也需要我认真地思考、总结与提炼。真诚地希望大家理解并多提宝贵意见。

　　书稿整理过程得到安徽省教育厅、合肥市教育局、合肥师范学院的领导和专家以及团队同仁的指导与鼓励,重庆大学出版社对本书的出版给予了大力支持,对书稿的内容和编校质量认真把关,《合肥师范学院学报》编辑陈珊珊、教育硕士研究生张莉、唐燕南等协助本书编校工作,在此一并表示衷心的感谢!

编者

2021年9月28日